宋亚平 主编

湖北农业农村改革开放40年丛书
1978-2018

改革开放40年
湖北农业财税与农村金融

GAIGE KAIFANG 40 NIAN:
HUBEI NONGYE CAISHUI YU NONGCUN JINRONG

陶建平 杨芷晴 ○ 编著

中国社会科学出版社

图书在版编目（CIP）数据

改革开放 40 年：湖北农业财税与农村金融／陶建平，杨芷晴编著．—北京：中国社会科学出版社，2018.12

（湖北农业农村改革开放 40 年（1978－2018）丛书／宋亚平主编）

ISBN 978－7－5203－3149－4

Ⅰ.①改…　Ⅱ.①陶…②杨…　Ⅲ.①农业税—研究—湖北②农村金融—研究—湖北　Ⅳ.①F812.763.042②F832.763

中国版本图书馆 CIP 数据核字（2018）第 209579 号

出 版 人	赵剑英
责任编辑	赵　丽
责任校对	郝阳洋
责任印制	王　超

出　　　版	中国社会科学出版社
社　　　址	北京鼓楼西大街甲 158 号
邮　　　编	100720
网　　　址	http://www.csspw.cn
发 行 部	010－84083685
门 市 部	010－84029450
经　　　销	新华书店及其他书店

印　　　刷	北京明恒达印务有限公司
装　　　订	廊坊市广阳区广增装订厂
版　　　次	2018 年 12 月第 1 版
印　　　次	2018 年 12 月第 1 次印刷

开　　　本	710×1000　1/16
印　　　张	22.5
字　　　数	425 千字
定　　　价	108.00 元

湖北农业农村改革开放 40 年
（1978—2018）丛书

编 委 会 （按姓氏笔画为序）

孔祥智　杨述明　肖伏清　宋洪远　邹进泰

张忠家　张晓山　陈池波　郑凤田　项继权

赵凌云　贺雪峰　袁北星　党国英　钱远坤

徐　勇　徐祥临　覃道明　潘　维　魏后凯

主　　编　宋亚平

学术秘书　王金华

序

　　2018 年是中国改革开放 40 周年。40 年前，党的十一届三中全会作出了把全党工作的重点转移到社会主义现代化建设上来，实行改革开放的伟大决策。40 年来，我国农村一直昂首阔步地站在改革前列，承载着重大的历史使命。农业农村持续 40 年的变革和实践，激发了亿万农民群众的创新活力，带来了我国农村翻天覆地的巨大变化，为我国改革开放和社会主义现代化建设作出了重大贡献。

　　湖北是全国重要的农业大省，资源丰富，自古就有"湖广熟、天下足"之美誉。改革开放 40 年来，在党中央、国务院的正确领导下，历届湖北省委、省政府高度重视"三农"工作，始终把"三农"工作放在重中之重的位置，坚定不移深化农村改革，坚定不移加快农村发展，坚定不移维护农村和谐稳定，带领全省人民发扬改革创新精神，不断开拓进取、大胆实践、求真务实、砥砺奋进，围绕"推进农业强省建设，加快推进农业农村现代化"，作出了不懈探索与实践，取得了令人瞩目的成就。特别是党的十八大以来，农业农村发展更是取得了历史性的成就。

　　2017 年，湖北粮食再获丰收，属历史第三高产年，粮食总产连续五年稳定在 500 亿斤以上，为保障国家粮食安全作出了积极贡献。农村常住居民人均可支配收入达到 13812 元，高于全国平均水平。城乡居民收入差距比 2.31∶1，明显低于全国的 2.71∶1。全省村村通电话、有线电视、宽带比例分别达到 100%、90%、95.5%。全省农村公路总里程达到 23.6 万公里。从无到有、从有到好，公办幼儿园实现乡镇全覆盖，义务教育"两免一补"政策实现城乡全覆盖，社会保障制度实现了由主要面向城市、面向职工，扩大到城乡、覆盖到全民。2012—2017 年，全省 541.7 万人摘掉贫困帽子。

知史以明鉴，查古以知今。回顾过去 40 年湖北农业农村发展之所以能取得如此巨大的成就，最根本的是始终坚持了一面旗帜、一条道路，不断解放思想、实事求是、与时俱进，把中央各项大政方针和湖北的具体实际紧密结合起来，创造性开展各项"三农"工作的结果。改革开放 40 周年之际，《湖北农业农村改革开放 40 年（1978—2018）》这套丛书的编写出版，所形成的研究成果是对改革开放 40 年来湖北农业农村工作的全面展示。其从理论与实践相结合的高度，全景式展示了湖北农业农村发展所取得的辉煌成就与宝贵经验，真实客观记述了湖北农业农村改革开放 40 年走过的波澜壮阔的历程，深入分析了改革开放实践中出现的新问题、新情况，而且在一定的理论高度上进行了科学的概括和提炼，对今后湖北农业农村的改革和发展进行了前瞻性、战略性展望，并提出一些有益思路和政策建议，这对深入贯彻党的十八大、十九大精神，进一步深化农业农村改革，在新的起点开创农业农村发展新局面，谱写乡村振兴新篇章，朝着"建成支点、走在前列"的奋斗目标不断迈进，更加奋发有为地推进湖北省改革开放和社会主义现代化建设，都有着积极的作用。

作为长期关注农业农村问题，从事社会科学研究的学者，我认为这套丛书的编写出版很有意义，是一件值得庆贺的事。寄望这套丛书的编写出版能为湖北省各级决策者科学决策、精准施策，指导农业农村工作提供有益帮助，为广大理论与实践工作者共商荆楚"三农"发展大计，推动湖北农业全面升级、农村全面进步、农民全面发展提供借鉴。

李昌林

2018.9.12

湖北农业农村改革开放 40 年（1978—2018）丛书简介

　　2016 年 8 月，经由当时分管农业的湖北省人民政府副省长任振鹤同志建议，湖北省委、省政府主要领导给湖北省社会科学院下达了组织湖北省"三农"学界力量，系统回顾和深入研究"湖北农业农村改革开放 40 年（1978—2018）"的重大任务，以向湖北省改革开放 40 年献上一份厚礼。

　　根据任务要求，湖北省社会科学院组织由张晓山、徐勇等全国"三农"著名专家组成的编委会，经过精心构思，确定了包括总论（光辉历程）、农业发展、农村社会治理、农民群体、城乡一体、公共服务、集体经济、土地制度、财税金融、扶贫攻坚、小康评估在内的 11 个专题，共同构成本丛书的主要内容。丛书作者分别来自湖北省社会科学院、武汉大学、华中科技大学、华中师范大学、华中农业大学、中南财经政法大学、湖北经济学院等高等院校。

　　本丛书立足现实、回望历史、展望未来，系统地回顾和总结了改革开放以来湖北省农业农村改革、创新与发展的历程，取得的成就、经验以及存在的不足，并从理论和实践相结合的高度，提出一系列切合湖北实际，具有前瞻性、指导性和可操作性的对策建议。所形成的研究成果兼具文献珍藏价值、学术价值和应用价值，是一幅全景展示湖北省农业农村改革 40 年光辉历程、伟大成就、宝贵经验的珍贵历史画卷。

目　　录

第 一 章

改革初始阶段(1978—1984年)的
湖北农业财税发展

1978年底的中共十一届三中全会，拉开了中国改革开放的大幕，而这个引发中国翻天覆地变化大幕的起点是农村经济体制改革。伴随着农村经济体制改革，中国农村财税政策发生了重大变化，从计划经济型逐步走向市场经济型财税政策。

第一节　政策演变

一　改革的背景

（一）人民公社时期的农村财政体制

从1949年中华人民共和国成立到1957年，农村财政体制处于起步阶段，地位和作用相当薄弱。1952年结束土地改革后，全国范围内进行了大规模的农村合作社建设，其形式有互助组、初级合作社、集体农场或"高级社"三种，这三种形式在农村合作社运动中是循序渐进的。在1957年冬，共有753000个高级社建成，进入高级社这种形式的农村合作社的农户接近1200万人次。在1958年8月底到11月初的这三个月，高级社形式的农村合作社被合并成24000个公社。一是鉴于公社边界和当时的乡政权管理的范围基本相同；二是公社被最高决策层所接受，并予以高度肯定，所以将乡政府和公社合二为一，产生了在很长一段时间盛行的人民公社。人民公社集中了乡政府和公社二者职能，是一个政社合一的组织。人民公社这一时期的农村财政雏形出现于1958年12月。依据当时农村政治及经济形势的变化,党中央和国务院在 1958 年 12 月发布了《关于改进农村财贸管理体制的决定》(以下简称《决定》),《决定》规定"财政包干"将在人民公社中实行,这样的财政管理办法是适用于人民公社的。考虑到人民公社的财政制度是建立在乡财政和乡农业社的财务基础上,人民公社财政制度不仅包含公社自身的财务收支,还包括了乡政府的财政收支,中央政府于 1962 年调整了农村财政体制,将"财政包干"的管理体制改为"统收统支"的管理体制,除去人民公社来源于农业税分成而得到的财政收入外,其收入全部上缴至县财政,其支出也全部报给县财政。1970年后,随着人民公社的发展,江苏等省的部分区域依据地方情况,对人民公社财政建设不断加强,实行差异化的财政管理体制。人民公社财政的收支项如表 1—1 所示。

表 1—1 　　　　　　　　　　人民公社财政的收支项

收入项	支出项
一、国家预算收入	一、国家预算支出
1. 商业企业收入	1. 支援农业支出
2. 公社税收:农业税、工商税、工商所得税、屠宰税	2. 公社行政管理费
3. 其他收入:罚没收入等	3. 文教科学卫生事业费
	4. 抚恤和社会救济费
	5. 城镇人口下乡经费
二、地方预算外收入	二、公社财政社有资金支出
1. 农业税附加	1. 社办企业支出
2. 工商税及工商所得税附加	2. 农业支出
	3. 文教科学卫生支出
	4. 社会救济福利事业费
	5. 公社行政管理费及其他支出
三、公社社有收入	
1. 公社企业利润及折旧基金上缴	
2. 社办事业收入	
3. 生产大队的部分公积金上缴	
4. 公社其他收入	

资料来源:《人民公社财政与财务管理》编写组资料。

在独立性和完整性方面，人民公社时期的农村财政体制已经取得了不小进步。该财政体制已经起到其应起的时代作用，尤其在完成国家财政收支工作、推进公社发展以及农村公益事业的蓬勃发展等方面。尽管其发挥了应有的作用，但不得不说在各种条件制约下，这一时期的农村财政体制发展缓慢，财政体制的地位及作用发挥有限，独立性不强。且"统收统支"的财政体制下，中央政府控制着绝大部分的社会资源，而由于信息的不对称与不完全，无法为农村经济发展提供有力的资金扶持与政策支持。

（二）统一农业税条例实施，农业杂项负担加重

中华人民共和国成立后的第一部全国统一适用的农业税税法《中华人民共和国农业税条例》（以下简称《农业税条例》）颁布于1958年6月3日，其主要内容有："以农业收入为征税对象；以常年产量为计税依据，实行比例税制；实行由国家统一控制下的地区差别比例税率；农业税以征收粮食为主，货币为辅的方式征收；全国平均税率为常年产量的15.5%，最高税率不得超过常年产量的25%；省、市、自治区人民代表大会可以决定征收一般不超过农业税正税15%、最高不超过30%的地方附加。"[①] 根据《农业税条例》有关规定开征的农业特产税也是农业税的一部分，但又和农业税在课税目的及征收税制方面存在较大差异。农业特产税在1958年依据《农业税条例》进行税率调整，税率普遍都提高了，农民负担加重。

"大跃进"运动中"人有多大胆，地有多大产"的口号喊得响亮，也正是这种"浮夸风"的盛行，以致对农民高指标地征收农业税费，使其实际负担猛然加重。1958年，农民承担的农业税实际负担率为12.50%，1959年则为14.30%，1960年则为13.80%。在粮食及一系列农副产品产量持续急剧减少的情况下，农民的家庭收入也大幅下降，生活难以满足温饱需求，出现大量人口且主要是农民的饿死、冻死、病死的非正常死亡现象。中央在得知如此悲剧后，为改正农村工作中的错误，于1961年发布《关于调整农业税负担的报告》（以下简称《报

---

① 《中华人民共和国农业税条例》，1958年6月3日，中国网（http://www.chinaacc.com/new/63/67/101/1958/6/ad29540101113685915180c.htm）。

告》),《报告》中表明征收农业税的额度将调低,调为 222 亿斤细粮,相比于 1960 年减少了 42%。1958—1960 年这三年的农民农业税实际负担基本持平于 1949—1951 年这三年,农业税负担都较高。自 1960年后,农业生产得到扩大,各类农产品增产,这时国家实施增产不增税的政策,农民可以在扣除以往产量低时的农业税后留下增收部分。1962—1965 年,在《报告》中实行的调低的农业税税额①和增产不增收的政策的双重作用下,农民的税收负担率逐年递减,这四年分别为9.3%、8.7%、7.7%、7.0%。

表 1—2   1958 年农业特产税税率调整情况   (单位:%)

特产种类	1957 年	1958 年		备注
		国营与集体经济适用税率	私营个体税率	
林木	10	12	30	
原竹		15	18	
茶叶	5	6	12	
果蔗	16	20	30	
桂圆青	18	20	30	
桂圆肉		15	25	
其他水果	18	20	26	
鱼池	11	15	25	
海埕产品	10	12	20	其中包括蚝、蚶、蛤、蛏

资料来源:根据政策文件整理而得。

农业税征收以实物为主,而且在其实行过程中还与粮食的征购结合在一起,所以农业税数额会因粮食征购数量的变化而变化。那么,为了使农民的农业税负担得到基本稳定,中共中央决议从 1965 年起开始对粮食征购实行"一定三年"的管理办法,也就是保持农村各生产队的粮食

---

① 1961 年全国农业税征收基数调整为 222 亿斤细粮后,一直到 1965 年未变。

征购任务的稳定，保持粮食征购数量在三年内不变，各地区允许在中央
分配征购数量的基础上多征5%—10%的机动数量，机动数量是为了以丰
补歉，确保全国粮食征收及农业税任务的顺利完成。而后的《关于继续
实行粮食征购任务一定五年不变的通知》，又将粮食征购从"一定三年不
变"变为"一定五年不变"，通知要求"全国粮食征购基数从1970年的
726亿斤调整为765.5亿斤（1972年又调整为755亿斤）"；并且明确：
"各省、自治区、直辖市向下分配任务时，可以在中央确定的征购基数
上，增加5%左右的机动数，用于调剂受灾减免，保证完成中央的计划，
省以下各级不得层层加码"。①

表1—3　　　　　　　　1965—1975年农业税实际负担趋势　　　（单位:%）

年份	1965	1966	1967	1968	1969	1970	1971	1972	1973	1974	1975
各年实际负担率	7.0	6.5	6.1	6.7	6.7	6.2	5.9	5.6	5.4	5.1	4.9

　　资料来源：根据《中国农村经济统计大全（1949—1986）》有关数据计算整理。

　　如表1—3所示，到了"文化大革命"期间，农民的农业税负担仍旧
在减轻。然而，农业税负担减轻的幅度是很小的。在1961—1965年，农
业税由1961年的9.3%减少到1965年的7.0%，在这五年中农业税负担
减轻了25%，而在1965—1975年这十一年中，农业税负担却只减轻了
30%。虽然农业税负担逐步减轻，但是农民还需承受的非税负担却逐渐
加重。就拿湖北省来说，其在"文化大革命"时期的1973年就征收了
1.2405亿元的农村杂项费用，这一数值超过湖北省当年农业税税额的一
半，可想而知当时的农民税外负担之重。据保守估计，"文化大革命"十
年内，全国平均每年征收的农村杂项费用几乎和每年征收的农业税的
60%—80%相媲美，总额超过20亿元。可见，农村杂项费用负担是非常
重的。

　　再者，在各地农村发展有快有慢、土地数量变动等情况下，中国农

<hr>

　　①　《关于继续实行粮食征购任务一定五年不变的通知》，1971年8月21日，中国知网（ht-
tp：//xuewen. cnki. net/R200605 0150003997. html）。

民负担不平衡，畸轻畸重，严重挫伤农民从事农业生产的积极性。根据乡村工作者对湖北省生产队的调查，可以了解到其在 1971 年的农业税负担大致情况，状况调查表明：一些生产队人均产量超过 2000 斤，农业税负担率 3%；而一些生产队人均产量低于 500 斤，农业税负担率却远高于3%，达到 18%。

（三）"统收统支"财政体制下的农业发展滞后

中国实行的计划经济体制，它的逻辑起点是优先发展资金密集型重工业，它的特点是依托扭曲的宏观政策环境、将资源高度集中在一起实行按计划进行配置，它的微观经营机制缺乏自主权。既然优先发展重工业，那么在中国这样一个资本资源禀赋较低的背景下，要是地方财政掌握较大的财权，有限的资金必然呈现分散利用的状态；而且地方政府为了其地方利益，可能并不优先发展重工业，而是更多地将资金应用于非重工业的领域上。基于此，国家实行高度集中的财政管理体制显得尤为必要。何为高度集中的财政管理体制呢？其集中在中央财政对地方财政的"统收统支"，中央财政部门对地方预算与中央预算进行统一编制并监督预算的执行。地方收入数额是根据国民经济计划核定的，地方支出是根据企事业单位的行政隶属关系核定的，地方的收入留成还有中央的补助则是根据收支指标进行核定的。这样"统收统支"的财政管理体制虽为重工业的优先发展战略保驾护航，但是，如此高度集中的财政体制一方面阻碍了农民生产的积极性，另一方面也极大地制约地方政府工作的积极性。不仅如此，中央统一核定地方收支，管理地方事务，获得信息滞后且不完全，对农村的发展不利。

改革开放前期，农业生产形势严峻，农村发展止步不前，农民生活苦不堪言。出现这种现象的主要原因是，实行的生产队这种农业集体化形式不承认农民的土地产权，户籍制度限制农民的权益，计划管理使农民经营自主权丧失，统销统购以及工农剪刀差两种方式对农业剩余进行汲取。大多研究表明农民收入增长和农业高速发展是有相同变化趋势、有相关关系的，可是在上述制度实行时，这种关系却没有出现。农产品产量增幅小，农业生产成本增幅大，那么农村居民的家庭人均纯收入也不会有较大变化。具体情况可以见表 1—4 及表 1—5。

表1—4　　　　　　　　　主要农产品生产成本与纯收益　　　　（单位：元/亩）

作物	1965年		1975年		1976年	
	物质成本	减税后纯收益	物质成本	减税后纯收益	物质成本	减税后纯收益
粮食	11.41	-1.60	18.35	1.63	18.12	-2.78
棉花	23.30	25.61	37.78	10.41	37	-2.78
油料	12.12	1.29	16.77	-0.10	16.68	2.22

资料来源：《中国统计年鉴》。

如表1—4所示，1976年中国的粮食、棉花和油料每亩物质成本为18.12元、37元和16.68元，分别比1954年各农产品的每亩物质成本增长了58.90%、58.80%和37.60%。从1954年到1976年，粮食、棉花和油料的减税后每亩纯收益没有增加，反而明显地下降了，在1976年粮食和棉花的每亩纯收益更是为负值。

表1—5　　　　　1954—1976年农民人均纯收入与农业产值增长情况

年份	人均纯收入（元）	纯收入增速（%）	农业产值增速（%）	收入比产值增减（%）
1954	64.40			
1956	72.92	6.10	6.32	-0.22
1957	72.95	-2.10	3.57	-5.76
1962	99.09	2.97	-4.40	7.37
1963	101.32	3.99	11.61	-7.62
1964	102.38	3.11	13.63	-10.52
1965	107.20	7.88	8.21	-0.33
1976	113.05	1.22	2.79	-1.67
1954—1976年平均增速		2.36	2.55	-0.19

注：人均纯收入是当年价格，纯收入和产值增长速度按可比价格。

资料来源：《中国统计年鉴》。

表1—5说明，1954—1976年，农民的纯收入平均增速为2.36%，同时期的农业产值平均增速为2.55%，两者增速都很低。从收入比产值增减一列来看，除1962年外，农民人均纯收入增长都不如农业产值增长得快。农民收入

增长落后与农业发展引发了两方面的弊端:一是农业发展缓慢,动力匮乏,其自身的再投入不足,引致农产品供需失调,缺口增大,不仅不能支持国家财政、不能为优先发展重工业提供农业剩余的支持,还要国家采取限制农产品消费、购买巨额外汇来维持农产品供需的平衡,既耗费国家财力,又制约了工业的发展;二是农民的纯收入增长动力不足,农民的消费能力低下,对工业品的有效购买不足,使工业企业的经济效益严重下滑。

表 1—6　　　　　国家财政支援农村生产支出和各项农业事业费

时期	"一五"时期	"二五"时期	1963—1965 年	"三五"时期	"四五"时期	"五五"时期	"六五"时期
支援农村生产支出和各项农业事业费（亿元）	28.48	115.42	60.40	78.90	161.00	345.73	437.19
占财政支出的比重（%）	2.16	5.16	5.09	3.14	6.41	8.82	8.28

资料来源:中国财政杂志社（2007）。

"统收统支"财政制度时期,国家财政支农支出很少。表 1—6 提供了国家财政自"一五"时期至"六五"时期支援农村生产支出和各项农业事业费的情况,国家财政支援农村生产支出和各项农业事业费占整个国家财政支出的比重均处于较低水平,"五五"时期虽有较大提高,但仍不足 10%。这与我国 80% 以上是乡村人口的国情严重不对称,也可见传统财政制度下,农村的发展受到了很大的限制。

表 1—7　　　　　　　　　　中国城乡人口

年份	城镇人口		农村人口	
	绝对数（万人）	占全国人口比重（%）	绝对数（万人）	占全国人口比重（%）
1949	5765	11	48402	89
1953	7826	13	50970	87
1977	16669	18	78305	82

资料来源:国家统计局国民经济综合统计司（2005）。

　　国家通过工农产品价格剪刀差，压低了作为原材料的农产品的价格，降低了企业的原材料成本，提高了企业的收入。1952—1978 年，国家通过剪刀差，获得了数千亿元的收入。剪刀差成为经济建设的重要资金来源。冯海发、李微研究了新中国农业为工业化提供资金积累的数量问题。在他们看来，农业为工业提供资金积累的途径有三个：一是税收（包括农业税和农业税附加）；二是剪刀差；三是积蓄。[①] 1952—1978 年，农业为工业化提供资金积累的数量为 4352.97 亿元；其中剪刀差为 3320.37 亿元（见表1—8）。

表1—8　　　　1952—1978 年农业为工业化提供资金积累的数量

年份	农业提供的积累数量 （亿元）	剪刀差方式所占的比重 （%）	剪刀差数量 （亿元）
1952	55.66	44.1	24.55
1953	67.40	53.7	36.19
1954	81.60	53.2	43.41
1955	79.62	52.5	41.80
1956	83.03	61.8	51.31
1957	94.12	52.4	49.32
1958	133.56	68.6	91.62
1959	155.31	73.7	114.46
1960	158.13	80.5	127.29
1961	105.29	68.0	71.60
1962	121.02	61.1	73.94
1963	121.41	73.1	88.75
1964	150.96	72.9	110.05
1965	157.61	77.6	122.31
1966	194.64	76.8	149.48
1967	171.75	73.0	125.38
1968	141.30	75.2	106.26

---

　　① 冯海发、李微：《我国农业为工业化提供资金积累的数量研究》，《经济研究》1993 年第 9 期。

年份	农业提供的积累数量 （亿元）	剪刀差方式所占的比重 （%）	剪刀差数量 （亿元）
1969	160.58	79.2	127.18
1970	103.92	79.9	83.03
1971	219.18	81.5	178.63
1972	220.31	84.4	185.94
1973	254.02	80.9	205.50
1974	245.35	81.2	199.22
1975	264.52	84.6	223.78
1976	244.67	84.7	207.24
1977	270.95	84.2	228.14
1978	297.06	85.5	253.99
合计	4352.97	—	3320.37

资料来源：根据冯海发、李微《我国农业为工业化提供资金积累的数量研究》（《经济研究》1993 年第 9 期）计算。

"统收统支"财政制度下，城乡之间的收入差距极大，农民收入水平和生活消费水平都不如城镇居民。农村发展最终落实到农民的收支水平上。城乡差距可以通过全国城乡居民家庭人均收支和恩格尔系数反映出来。1957 年，平均每人生活消费支出在城镇居民家庭为 222.0 元，农村仅为 70.9 元；1964 年，城镇为 220.7 元，农村为 93.6 元。1978 年，城镇居民家庭平均每人可支配收入为 343.4 元，生活消费支出为 311.2 元，恩格尔系数为 57.5%；农村居民家庭平均每人纯收入为 133.6 元，生活消费支出为 116.1 元，恩格尔系数为 67.7%。

在 1976 年的时候，我国的财政压力巨大，农民负担加重，农业发展滞后甚至倒退，城乡差距也在不断扩大，在这样的背景下，调整农村财政管理体制，改变传统的经济运作形式已迫在眉睫，是中央和地方政府的共同选择。

二 改革的内容

（一）财政体制的改革：从"统收统支"到"财政包干"

1977 年财政部引入了"分灶吃饭"的财政包干体制，该体制最初在江苏等省实施试点运行并取得了一定成效，财政包干体制全面铺开于1980年。各省在贯彻执行"分灶吃饭"——新时期的财政管理体制时的指导思想、基本原则、守则条例是共同的，鉴于各地区经济状况、地理位置以及其他条件不同的情况，为促进各地区优势的发挥以及经济的快速发展，中央在执行这一"分灶吃饭"体制时，因地制宜、区别对待。

20世纪80年代实行的财政体制改革，以"划分收支、分级包干"①为主要内容，它是顺应改革开放发展的时代产物，比以前的财政管理体制更加先进。"划分收支、分级包干"的财政管理体制以确保中央财政必要的收入为前提，赋予地方政府更多的财力和自主权，从之前的中央和地方"一灶吃饭"改为"分灶吃饭"，用块块管理将以前的条条管理取而代之，这些都为地方责任、权力及利益的紧密联系做出贡献，且极大地调动了地方政府的积极性，有利于地方各项事业的快速发展。

1. 财政改革以降低中央集权为切入点，以提高农业生产效率为风向标

财政改革的初始阶段，人们意识到，不仅所有的财政资金都属于国家财政资金，而且各级政府的财政支出受到中央政府的统一约束，财权过多地集中在中央，这种过分集中的经济管理体制的弊病已被充分认识。因此，尽管没有明确的总体目标，但改革的具体措施首先表现为减少国家对经济管理体制的集权。

在计划经济为主、市场调节为辅的背景下，财政改革主要是体制内部的调整。在体制内增强各种经济主体的激励，是这个阶段财政改革的主旋律。财政不再过多地集中于中央，可以从财政对一些领域的支出增加看出，财政对农业的支出就有所提高；"一灶吃饭"改为"分灶吃饭"，就是为了激励地方政府。这样的体制改革使地方财政的自主性增强，且其财政的相对独立性也逐渐得到提升。

1978年实行的"增收分成、收支挂钩"的财政管理办法的主要内容有："其一，地方财政支出同收入挂钩，实行总额分成；其二，中央同地方对总额进行分成，其分成比例一年一变；其三，地方机动财力依据当年的实际财政收入多于上年的部分和已定的增收分成比例来分成；其四，

---

① "划分收支、分级包干"俗称"分灶吃饭"。

取消按固定数额留给地方的机动财力，地方的这一块既得利益，包含在增收分成比例内。"① 这种试行办法的核心是"增收分成"，为的是调动地方增产增收的积极性。可以明确地知道，只有在经济增长比较正常、财政收入稳定增加的情况下，地方才能从这种财政管理体制中得到好处。1978 年经济增速过快，再加上经济结构存在问题，历史欠账等问题需要解决，所以要对国民经济进行调整。具体的调整措施不仅导致地方财政支出压力增大，而且导致地方收入几乎没有什么增长或增收很少。在这样的背景下，"增收分成"对地方的意义就不是那么重要了。1979 年，除江苏仍实行"固定比例包干"办法，广西、宁夏、内蒙古、新疆、西藏、青海、云南实行民族自治地方的财政体制之外，其他地方实行"收支挂钩，超收分成"体制。这种体制维持了原体制的基本做法，但将"增收分成"改为"超收分成"。超收分成的做法是："超收部分，地方总额分成比例在 50% 以下的，按 50% 分成；地方总额分成比例在 50% 以上的，在确定的分成比例的基础上，再加 10%。"② 《关于实行"划分收支，分级包干"财政管理体制的暂行规定》由国务院在 1980 年 2 月颁布，规定从 1980 年开始实施"划分收支、分级包干"的财政管理体制。同年 4 月财政部颁发了《关于实行"划分收支、分级包干"财政管理体制若干问题的补充规定》，由此在中国大多区域实行该体制。

改革的根本目的是提高经济效益。农业是国民经济的基础，提高农业生产的效率首先进入决策者的视野。为了提高粮食生产的积极性，最直接的办法是缩小农产品剪刀差，提高粮食收购价格。提高粮食收购价格需要增加财政支出，需要财政的支持。再加上改革之前的 1974 年赤字 7.11 亿元，接着 1975 年发生赤字 5.27 亿元，1976 年依旧发生赤字，规模扩大至 29.62 亿元。从数值上看，这样的财政赤字规模不是很大，但也是以压缩了财政支出为前提才有较好情况的结果，压缩了财政支出还出现这样的财政赤字，可见当时的财政困难程度是较大的。而后在 1977 年出现财政盈余，为 30.93 亿元；1978 年也出现财政盈余，为 10.17 亿元。虽在这两年财政情况有所好转，但是财政支出的压力依旧较大，在两年

---

① 兴华：《1977—1978 年改进财政体制的新探索》，《中国财政》1983 年第 11 期。

② 王正喜：《实行"收入递增包干"财政体制后的思考》，《中国财政》1989 年第 3 期。

盈余后就发生了高达135.41亿元的财政赤字,是自1949年中华人民共和国成立以来最高的一次。1980年财政继续出现68.90亿元的赤字。也就是说,改革最开始的时候,国家财政就陷入了困境。

而农业改革相对于企业改革而言,成本较低。一方面,基于我国发展重工业的优先战略,财政投入于企业和城市的力度就大些,而对于农业、农村、农民的财政扶持力度就比较小,通过改革,农民不仅不会有损失还能增加收入。另一方面,提高农产品价格,推行联产承包责任制,实行的是制度创新激励,财政投入不会太多。因此,改革首先在农村起步,农业很快就得到了恢复和发展。

2. 税收经济调节作用初重视,财政改革制度破新篇

这个阶段改革的重点是农村改革。国家还采取了支持社队企业(乡镇企业)发展的财税改革。国务院在1979年发布的《关于发展社队企业若干问题的规定(试行草案)》,要求支持农业发展,鼓励社队企业的发展。国家对社队企业的资金来源给予一些支持政策,在税收方面也有一定优惠,比如低税、免税政策。财政部在1981年9月发出《关于加强农业税征收工作的通知》提出:"一、要加强农业税征收管理工作,保证完成农业税征收任务。二、要加强调查研究,切实掌握农村实行各种生产责任制以后,经济结构发生变化的实际情况,及时采取措施,落实农业税的征收任务。三、要做好农业税的缴纳和结算工作。四、要做好农业税减免工作。五、要切实加强对农业税征收工作的领导。"[①]

1983年财政部发布的《关于停止执行农业税起征点办法的通知》提到,"鉴于农村经济情况有了很大改善,应停止实行农业税起征点办法,对原享受起征点减免照顾的生产队恢复征收农业税。1979年实行起征点办法时核减的各省、自治区、直辖市的农业税额,原则上应于1983年恢复征收,确有困难的,最迟应在1984年全部恢复征税。恢复征税后增加的收入,按现行财政体制的规定处理"[②]。国务院在1983年11月发布了

---

① 《关于加强农业税征收工作的通知》,1981年9月,乐税网(https://www.le-shui365.com/s4856/push/121897.html)。

② 《关于停止执行农业税起征点办法的通知》,1983年8月13日,中华财税网(http://www.zgtax.net/plus/view.php? aid=107297)。

《关于对农林特产收入征收农业税的若干规定》，其中规定，"凡从事农林特产品生产，取得农林特产收入的单位和个人，都应当按照《中华人民共和国农业税条例》及本规定缴纳农业税。农林特产农业税的税率一般定为 5%—10%。各省、自治区、直辖市人民政府根据不同农林特产产品的获利情况，规定不同的产品税率"。① 它代表着农业特产税的正式诞生。

这一时期，是计划经济和商品经济共存的时期，计划体制与市场体制并存的时期，传统体制排斥经济杠杆作用，国家对经济实行的是直接控制，国民经济所有活动，事无巨细，尽由政府统揽。从国家角度看是这样，从企业角度看也是如此，国有企业无法对间接调节做出反应或者反应迟钝。也正是因为如此，即使采用了符合市场要求的经济调剂工具，也不得不诉诸计划的配合。但值得高兴的是，国家已经开始注意并重视税收调节经济的作用，财政改革逐渐打破了统收统支的制度。同时，为适应新经济力量的成长，财政制度做出了相应的调整。

20 世纪 50 年代至 90 年代，不可否认农业在中国国民经济中的重要地位，但也必须认识到国家这一时期实行优先发展重工业战略，因此这一时期的政策倾向是农村支持工业、农村支持城市。

3. 实施农业税起征点减免多种方案，整改财政部门多项工作

地方认真贯彻落实农村各项经济政策，逐步推进农业生产责任制，在很大程度上使得农民的生产热情高涨不下，进而使得农业生产进一步发展、农民生活水平不断地提高。截至 1983 年末，湖北省武汉市郊县的 7890 个生产队都根据其生产队的经济水平、劳动能力、资源条件，建立了相应的生产责任制，农业生产责任制的建立使得武汉农村呈现出朝气蓬勃、如日方升的好局面。

湖北省武汉市贯彻落实财政部的通知精神，对农业税征收起点实行减免政策。全市各级各部门严格按照政策要求执行农业税起征点办法，在执行过程中，核实并确定收入水平以及口粮的需求量，严格依照减免标准对减免对象实施农业税减免政策，还根据各地区的实际情况，因地制宜，以不同的方法应对。如何确定农业税减免对象呢？一般而言有三

---

① 《关于对农林特产收入征收农业税的若干规定》，1983 年 11 月 12 日，百度文库（https：//wenku. baidu. com/view/3289cdcbee06eff9aff8074e. html）。

种方法：其一，"以此核定，三年不变"，也就是减免对象三年持续不变，办理的操作及手续流程比较简单、方便，便于农民恢复生产，休养生息；其二，"全免三年不变，其他一年一定"，这种方法延续了第一种方法的积极意义，但是对象却不是一概而论、不加区分的，而是根据减免对象实际情况进行差异对待，重点关注那些全免的生产困难、底子差的生产队；其三，"根据经济情况的变化，全部实行一年一定"，这种方法在第二种方法的基础上更加细致地根据各地区当年的经济情况进行划分，时效短、工作量大、变动频率大，容易混淆一般照顾对象和重点照顾对象。如何分配农业税减免指标呢？具体而言，先扣除"全免""半免"两类指标，剩下的指标就统筹调剂，也即根据纳税后有困难的生产队的具体情况给予照顾，当然还需要考虑到灾歉减免以及土地占压等情况的减免需要。据统计，1983 年武汉市土地占压减免及灾歉减免的金额分别为 33 万元、24.5 万元，这样处理不仅落实了农业税起征点减免政策，还处理了当年的问题。

湖北实行财税分社，进行机构改革，天门县岳口财管所就是这一改革的产物，岳口财管所在改革中不断前进，取得显著成绩。就农业税征收方面而言，岳口财管所自接到上级下发的 1984 年农业税征收文件后，明确农业税征收任务，走访各村各组，结合天门县各村经济结构变化的特点以及上一年也就是 1983 年农业税试点执行的经验，做出三大改变：一是将改革之前的按季节征收，变成常年征收；二是不再由粮食、棉花门分征收农业税，而是交给村组干部征收；三是由"组交组结"变为"户交组结"。天门县岳口财管所大胆推行改革管理方法，实行岗位责任制，将全所分为三个组来进行农业税征收工作的开展，将镇分为三个片区，征收农业税时固定个人、固定个人所征收片区、固定个人征收农业税任务及职责，这样的方法使农业税征收效率得到较大提升，而且农业税征收进度也有所加快。就周转金管理工作方面，该所也从"管放不管收"改为"包放包收""勤放勤收"，使得资金周转率得以提升。①

----

① 湖北省天门县财政局办公室：《在改革中前进的岳口财管所》，《武汉财会》1984 年第 12 期。

4. 财政体制改革下的价格改革

市场经济体制的形成建立在价格改革的基础上,可以说,没有价格改革则没有市场经济体制。计划经济体制下,价格是由计划部门统一确定的。选择重工业优先发展战略,就必然意味着政府需要扭曲性的价格体系。价格改革是促使产品价格体系回归市场的必由之路,是政府定价权的释放过程。然而,价格改革将关系到全社会各类经济主体的相关利益,在对某些经济主体带来好处的同时也会给某些经济主体带来损失,因此需要国家采取财政手段来实行对农产品的价格补贴,以此缓解价格改革施予整个社会稳定的压力。可以看到,改革开放以来,财政几乎对每次的价格改革都给予财政补贴,从而保障了价格改革的顺利实施。

改革最开始的时候,为了确保农产品价格调整这一政策的顺利进行,国家加强了对其的财政补贴支持力度。从表 1—9 中可以看出,国家财政用于农业的支出从 1978 年以来一直创造新高,1978 年为 150.66 亿元,在 1985 年达到 153.62 亿元。财政对农村改革的支持一开始主要是通过支持改革粮食统购统销体制进行的。国家决定改革农产品统购、派购制度,实行按计划价格订购和按市场价格议购双轨并行的办法。建立高效率的全国统一粮食市场,最终是有利于农民,有利于农村改革的进行,有利于农村经济的发展。财政为农业生产以及国家粮食安全建立了保护屏障,它补贴价格改革、支持粮食流通体制改革。

表 1—9　　　　　　　　　　国家财政用于农业的支出

年份	合计 (亿元)	支农支出 (亿元)	农业基本 建设支出 (亿元)	农业科技 三项费用 (亿元)	农村 救济费 (亿元)	其他 (亿元)	用于农业支出 占总支出的 比重（%）
1978	150.66	76.95	51.14	1.06	6.88	14.63	13.43
1980	149.95	82.12	48.59	1.31	7.26	10.67	12.20
1985	153.62	101.04	37.73	1.95	12.90		7.66

注:1984 年数据未查到。

资料来源:国家统计局（2007）。

价格改革初始阶段，即 1979—1984 年"以调为主"。这个阶段，国家的主要目标是理顺价格，以此为主要目标实行的规模较大的价格调整计划就有六次，这些调整使得一些基础工业产品有了较大的价格增长。其中，关系到国计民生的粮食其收购价格的上调直接得到了财政的支持。

（二）经营体制的改革：从人民公社制到家庭联产承包责任制

人民公社是乡政府和农村合作社二者结合的产物，它是一个政社合一的组织，其高度集中的经营管理模式以及过分平均主义的分配方式极大地挫伤了农民生产的积极性，从而使得农业发展滞后、农民生活改善步伐较慢。在 1978 年中国就已经有超过 1 亿的农民不能过上温饱的生活。党的十一届三中全会确定，全党将推进农村改革、发展经济、改善民生作为之后工作的重中之重。中央在 1980 年明确提出"在农业领域普遍建立各种形式的生产责任制"。截至 1983 年 12 月，以家庭承包经营为基础、统分结合的双层经营体制基本在中国农村得以广泛推行。中央在 1984 年提出"土地承包期一般在 15 年以上"，此后的多份中央文件都"确立农户为农业经营主体，赋予农民长期而有保障的土地使用权和经营自主权"。农民作为经营主体，拥有自由的土地使用权，生产积极性很快就被调动起来，改革开放后的几年时间就能够看见农业生产迈进一大步。

1. 人民公社体制终解体，家庭联产承包责任制初建成

中国农村经济改革最先取得成功的方面是基本经营制度。家庭联产承包责任制，有着诱致性制度变迁的特点，它的内容核心是"包产到户"，它最初出现在安徽的凤阳及肥西两县，它的出现倾覆了人民公社时期"大锅饭"的状况，激发了农民的生产热情。但是当时这种生产责任制形式并未被国家认可，甚至在党的十一届三中全会通过的《关于加快农业发展若干问题的决定（草案）》中提到"不许分田单干，不许包产到户"；[①] 在党的十一届四中全会通过的《关于加快农业发展若干问题的决定》中也指出"不许分田单干，允许某些副业生产的特殊需要和边远山

----

① 《关于加快农业发展若干问题的决定（草案）》，1978 年 12 月 22 日，天涯社区（http：//wenda. tianya. cn/question/3c6d5135d85baa47）。

区、交通不便的单家独户搞包产到户"。① 虽有例外，但是该生产责任制仍旧没有得到一致认同。直到 1980 年的《关于进一步加强和完善农业生产责任制的几个问题》（以下简称《问题》）颁布，包产到户的家庭联产承包责任制才得到中央的肯定与支持，《问题》指出，"凡有利于鼓励生产者最大限度地关心集体生产，有利于增加生产，增加收入，增加商品的责任制形式，都是好的和可行的，都应加以支持"，"在那些边远山区和贫困落后的地区，长期'吃粮靠返销，生产靠贷款，生活靠救济'的生产队，群众对集体丧失信心，因而要求包产到户的，应当支持群众的要求，可以包产到户，也可以包干到户，并在一个较长的时间内保持稳定"，"实行包产到户，是联系群众，发展生产，解决温饱的一种必要措施"②。尽管这个文件没有明确指出包产到户的生产责任制的属性问题，但是可以看出中央对该责任制没有之前那么坚决地抵制。此后，中央在 1981 年、1982 年及 1983 年的中央"一号文件"中都提到了家庭联产承包责任制，用其指导农村工作与改革，肯定其伟大地位。1982 年的中央"一号文件"明确指出："包产到户、包干到户或大包干都是社会主义生产责任制"③，该文件指出包产到户、包干到户是社会主义性质，这一属性的肯定加速了包产到户、包干到户的实施进程。据统计，1981 年 10 月，农村实行包产到户、包干到户的生产队总共有 48.80%，而在 1982 年 11 月时包产到户、包干到户的生产队已经达到 78.66%。1983 年的中央"一号文件"认为，"联产承包责任制具有广泛的适应性，它是在党的领导下中国农民的伟大创造，是马克思主义农村合作化理论在中国实践中的新发展"④。至此，中国农业基本经营制度就由人民公社体制转变为以土地承包经营为核心的家庭联产承包责任制。

---

① 《关于加快农业发展若干问题的决定》，1979 年 9 月 28 日，中国网（http：//www.china.com.cn/chinese/zhuanti/jd/493900.htm）。

② 《关于进一步加强和完善农业生产责任制的几个问题》，1980 年 9 月 27 日，中国农经信息网（http：//www.caein.com/index.php/Index/Showcontent/index/bh/006001/id/1523）。

③ 1982 年中央"一号文件"《全国农村工作会议纪要》，1982 年 1 月 1 日，吾谷新闻（http：//news.wugu.com.cn/article/989249.html）。

④ 1983 年中央"一号文件"《当前农村经济的若干问题》，1982 年 12 月 31 日，360 个人图书馆（http：//www.360doc.com/content/18/0204/19/7499155_727710580.shtml）。

2. 完善家庭联产承包责任制，调整农产品购销政策

任何制度的推行不可能没有阻碍，家庭联产承包责任制也在其推行过程中出现一系列问题，主要有农民因土地承包期限过短而产生的缺乏安全感、承包过程中承包合同的缺位以及承包合同的不规范等问题。为应对上述问题，中央在 1984 年的"一号文件"中反复提到"要继续稳定和完善家庭联产承包责任制，并规定土地承包期限一般不低于 15 年"①。该政策的实施使农民得到充分的自主权进行生产经营，不再束缚于人民公社时期的固定死板的体制，农村经济组织的微观基础也得以重建，家庭联产承包责任制的推行促成中国农村经济社会实现历史性的大飞跃、大变化。

一项改革往往引发一系列连锁反应，为配合家庭联产承包责任制的推行，为了使农业生产力得到长足的发展，中央逐渐地在其他领域也实施起改革来，掀起一场改革热。家庭联产承包责任制的实施使得农民能够自主地生产经营，提高了农民的生产积极性，农业也得到了快速发展，农产品产量增长迅速且出现了农业剩余。而此时的统销统购制度已不再适用，它制约了农业经济的快速发展，也阻碍了农民家庭收入的增长。因此，农产品购销制度也必须进行调整，如此才能应对家庭联产承包带来的农业生产剩余的问题，由此，改革从生产领域扩展到流通领域。中央在 1979 年 9 月通过的《关于加快农业发展若干问题的决定》中提出："为了搞活商品流通，促进商品生产的发展，要坚持计划经济为主，市场调节为辅的方针，调整购销政策。""对重要农副产品实行统购派购是完全必要的，但品种不宜过多。今后，对关系国计民生的少数重要农产品，继续实行统购派购；对农民完成统派购任务后的产品（包括粮食，不包括棉花）和非统购派购产品，应当允许多渠道经营。"② 为促进农业发展，国家还决定从 1979 年夏粮开始售卖的时候将粮食统购价格提高 20%，对超购粮食则是在提高 20% 的基础上再增加 50%。此外，也提高了一些农

① 1984 年中央"一号文件"《关于 1984 年农村工作的通知》，1984 年 1 月 1 日，网易财经（http：//money.163.com/10/0126/18/5TVO4HML002544P9.html）。

② 《关于加快农业发展若干问题的决定》，1979 年 9 月 28 日，中国网（http：//www.china.com.cn/chinese/zhuanti/jd/493900.htm）。

副产品的收购价格，如油料、棉花及生猪。不仅如此，为发展农业，支援农村，减轻农民负担，国家在农业税方面也有所减免。可以说，这次农产品价格提高的比例以及农产品提价的种类都比以前要多，对农业税的减免同样是税收史上仅有的几次之一。截至 1984 年末，国家基本取消了 25 种指令性计划指标，其都是关于主要农产品产量和种植面积的，而且也降低了仍旧进行统购的农产品的计划收购量。虽然前面所说的农产品流通领域的改革都取得一定效果，对农业发展有好处，但是农产品购销制度仍没有被打破，依旧毫发无损。中国在 1985 年起才在农产品流通体制改革方面有实质性的成效与突破。

3. 稳步推进家庭联产承包责任制，探索调整农业生产结构

农民虽然在家庭联产承包责任制实施后获得了自主经营权与土地使用权，但是受到"以粮为纲"思想的禁锢，一直偏向于种植水稻、小麦等粮食作物，对经济作物的耕种较少，形成单一品种经营的局面，由此引致农业内部结构不合理，阻碍农业发展，农民收入增长缓慢。中央也意识到这个问题，于是开始发布文件调整农业生产结构，在 1979 年的《关于加快农业发展若干问题的决定》中明确指出："要有计划地逐步改变中国目前的农业结构和人们的食物构成，把只重视粮食种植业、忽视经济作物种植业和林业、牧业、副业、渔业的状况改变过来。"要"在抓紧粮食生产的同时，认真抓好棉花、油料、糖料等各项经济作物，实行粮食作物与经济作物并举，农、林、牧、副、渔五业并举"[1]。随后 1981 年《关于积极发展农村多种经营的报告》也指出："农业同林业、牧业、渔业和其他副业，粮食生产同经济作物生产，彼此既有相互制约的一面，又有相互依赖、相互促进的一面。只要保持合理的生产结构，建立良好的大农业生态体系，就能取得综合发展的效果。""各级人民政府应在粮食供求平衡的条件内，有计划地逐步把农业经济内部比例失调的状况调整过来。""多种经营，综合发展，应当作为中国繁荣农村经济的一项战略性措施。"[2] 上述政策

---

[1] 《关于加快农业发展若干问题的决定》，1979 年 9 月 28 日，中国网（http：//www. china. com. cn/chinese/zhuanti/jd/493900. htm）。

[2] 《关于积极发展农村多种经营的报告》，1981 年 3 月 30 日，法律快车（http：//law. lawtime. cn/d561848566942. html）。

指明了农业结构调整的方向，即粮食作物与经济作物并举，对农民的生产活动进行了正确引导，改正了之前"以粮为纲"的错误思想。

4. 大力促进生产专业化与多样化，逐步开展农业社会化服务

在家庭联产承包责任制实施、农村多种经营开展后，农民对农业生产产前、产后的关注也逐渐增多，对产前产后社会化服务需求也变得越来越多。但是归咎于中华人民共和国成立后严重的"左"倾错误，使得农业生产产前、产后脱节，严重阻碍农业社会化服务的发展。为实现农业生产的专业化和多样化，中央提出要开展社会化服务，在1983年的中央"一号文件"中提出"各项生产的产前产后的社会化服务，诸如供销、加工、贮藏、运输、技术、信息、信贷等各方面的服务，已逐渐成为广大农业生产者的迫切需要"。社会化服务需要技术与人力资本，"把从事农业科研、技术推广、教育培训等各方面的力量组织起来，形成一个合理分工、协调一致的工作体系，为农村建设提供富有成效的服务"①。在1984年中央"一号文件"《关于1984年农村工作的通知》中明确指出，"必须动员和组织各方面的力量，逐步建立起比较完备的商品生产服务体系，满足农民对技术、资金、供销、储藏、加工、运输和市场信息、经营辅导等方面的要求"②。

湖北省家庭联产承包责任制的执行是蕴藏在全国大政策的背景下，湖北省政府全面贯彻落实各项文件。在湖北农村执行的"分田到户"（也就是家庭联产承包责任制）让村民赞不绝口。在英山县红山镇乌云山村，县政府官员锁定了茶叶产业，确立了"农业抓特色，特色抓茶叶，茶叶抓质效"的发展思路，积极动员全村生产茶叶，宣传种茶致富之路。在县政府的积极引导下，茶园全部由茶农承包并进行耕作，茶场负责指导和创新种植技术、回收鲜叶，这种村镇统一管理，茶叶包收包销的做法，不仅提高了农民收入，还降低了茶场的运营成本和费用。农民根据自身能力种植茶园，负责自己生产的茶叶的采摘工作，缺工短工现象是不存在的。

---

① 1983年中央"一号文件"《当前农村经济的若干问题》，1982年12月31日，360个人图书馆（http://www.360doc.com/content/18/0204/19/7499155_727710580.shtml）。

② 1984年中央"一号文件"《关于1984年农村工作的通知》，1984年1月1日，网易财经（http://money.163.com/10/0126/18/5TVO4HML002544P9.html）。

可以说,家庭联产承包责任制的实施带动了一系列的农村改革,它不仅增强了农民的生产热情、解放了农村生产力,也为国家实现重工业优先发展战略做出了贡献,为后来工业经济的改革打好了基础。

第二节 政策效果评价

一 家庭联产承包责任制提高农民劳动积极性,促进农业快速发展

1978—1984 年,尽管中国的家庭联产承包责任制还不尽完善,关于农业的流通领域、社会化服务都刚起步,但是人民公社解体这一举世瞩目的成就,在刺激农民生产积极性、促进农业发展上不可小觑;且湖北省始终重视农业发展不放松,湖北省农业生产条件、农林牧渔业总产值、农业结构、农产品产量、农村居民生活水平较之 1978 年都取得了显著成就。

(一)湖北农业生产条件改善

表1—10 1978—1984 年湖北农业生产条件

年份	农业机械总动力 (万千瓦)	有效灌溉面积 (千公顷)	化肥施用量 (折纯量) (万吨)	农村用电量 (亿千瓦时)
1978	616.10	2597.90	159.80	6.59
1979	717.20	2625.00	44.00	7.19
1980	772.50	2635.60	55.90	9.61
1981	797.40	2630.50	57.40	11.11
1982	813.20	2634.50	69.70	12.25
1983	829.60	2637.20	79.70	16.04
1984	859.40	2630.90	88.90	15.19

注:1978 年化肥施用量为实物量。

资料来源:《新中国六十年统计资料汇编》。

湖北农业生产条件改善,可以从表1—10看出,1978—1984 年,湖北的农业机械总动力,从 1978 年的 616.10 万千瓦增加到 1984 年的859.40 万千瓦,年均增速 5.70%,这说明湖北省农业机械化在不断提高中;1984 年有效灌溉面积达 2630.90 千公顷,比 1978 年增加 1.27%,有

效灌溉面积一直在小幅度增长,为农民提供的优质土地越多,农民增收越有希望;化肥施用量由 1979 年的 44 万吨增加到 1984 年的 88.90 万吨,增加了一倍多,表明农民对农作物辛勤照顾,对病虫害防御投入越来越多,从而能保证产量的提升;1984 年农村用电量达 15.19 亿千瓦时,比 1978 年增长 1.31 倍,电是高科技的重要基础,是科技先进的标志,随着农村居民用电量的提升,可想而知,少数家电也已经在农村普及开来,农村居民的文化生活越来越丰富。农业生产条件的改善为农业的快速增长提供条件。

(二)湖北主要农产品产量增加

再从湖北省主要农产品的产量变化情况来看,其粮食总产量于 1984 年达到空前的 2263.01 万吨,相较于 1978 年增长了 31.14%,湖北粮食总产量一直保持稳定增速,为国家农业税增收提供稳定来源;棉花总产量在 1984 年达到 60.65 万吨,年均增长率 8.75%;油料总产量在 1984 年达到 55.35 万吨,比 1978 年增长 1.33 倍;水果总产量在 1984 年达到 15.56 万吨,比 1978 年多一半多;猪牛羊肉总产量在 1984 年达到 73.88 万吨,比 1978 年增加了 9.99 万吨;奶类产量在 1984 年达到 3.38 万吨,比 1978 年提高 73.3%;水产品产量在 1984 年高达 28.57 万吨,是 1978 年的 2.60 倍(见表 1—11)。

表 1—11　　　　　　1978—1984 年湖北主要农产品产量　　　　(单位:万吨)

年份	粮食	棉花	油料	水果	肉类	奶类	水产品
1978	1725.60	36.67	23.71	10.27	63.89	1.95	11.00
1979	1849.53	44.75	32.05	12.68	53.21	2.20	12.09
1980	1536.45	31.63	20.58	11.39	55.40	2.40	13.57
1981	1706.76	35.27	39.29	10.47	53.96	2.55	15.08
1982	1995.92	34.10	57.47	13.75	60.21	2.85	17.51
1983	1987.89	38.48	42.20	16.76	62.84	3.08	20.98
1984	2263.01	60.65	55.35	15.56	73.88	3.38	28.57

资料来源:《新中国六十年统计资料汇编》。

湖北省主要农产品产量均不断增产,这与家庭联产承包责任制的推进是密不可分的。实行家庭联产承包责任制，一是家庭作为经营单位，家庭人口一般不超过十人，规模较小易于管理，而且家庭承包的土地面积不大，土地情况方便了解，家庭兼顾经营者与劳动者身份，管理劳动者、应对环境突发情况都更加得心应手，以此增加产量；二是基于中国人多地少的国情，且当时外出务工较少，湖北大多农村居民以从事农业为主，农业劳动资源丰富，靠着投入大量劳动力实行传统的家庭为单位的精耕细作，不论质量还是产量都得到提升；三是经营权归农民后，农民的获得感更强，责任心更重，为了提高个人家庭生活水平，而不再是在公社里浑水摸鱼，而是更积极地耕作，耕作热情上涨，种粮积极性提高，而农业税当时秉着"增产不增收"的思想，技术进步带来的增产，更使农民负担降低不少。

（三）湖北农林牧副渔业总产值增长迅猛，农业结构调整优化

据统计，湖北省农林牧副渔业总产值在 1978 年仅为 84.46 亿元，但是仅 6 年时间就增长到 169.20 亿元，增长幅度达到 1978 年的一倍之多。从农林牧渔业各项来看，农业、渔业产值绝对值在 1980—1984 年一直保持稳定增长趋势，农业产值年均增长率达 17.44%，渔业产值年均增速惊人，高达 34.58%；林业产值在 1981 年下降后也一直上升，年均增速约为 0.88%；牧业产值在 1981 年下降后回升至 26.51 亿元，年均增长率为 11.28%；副业产值总体保持增长趋势（见表 1—12）。家庭联产承包责任制使以农业为主要收入来源的农户释放出极大的生产热情，促进产值增加。

表 1—12　　　　　　　　1978—1984 年湖北农林牧渔业总产值　　　　（单位：亿元）

年份	总产值	农业	林业	牧业	副业	渔业
1978	84.46					
1979	109.85					
1980	94.95	64.70	7.28	17.29	4.22	1.46
1981	111.68	82.78	6.47	14.88	5.94	1.61
1982	128.35	95.32	7.24	17.97	5.70	2.12
1983	134.09	97.53	7.29	20.05	6.26	2.96
1984	169.20	123.09	7.54	26.51	7.27	4.79

注：2003 年以后，农林牧渔业总产值包括农林牧渔服务业产值。

资料来源:《湖北统计年鉴》。

　　国家纠正"以粮为纲"的错误后,湖北各级政府也积极出台政策引导农业生产结构的调整,不仅农业产出增长迅猛,而且农业生产结构也得到优化。从表1—13可以看出,1980年,湖北农林牧副渔业总产值结构表现为,农业占68.14%、林业占7.67%、牧业占18.21%、副业占4.44%、渔业占1.54%;到1984年,农林牧副渔业占总产值的比重变为72.75%、4.46%、15.67%、4.30%、2.83%。由此可以看出,政策实施效果显著,一改湖北省长期以来的种植业为主的农业生产状况,农业逐渐地从以种植业为主转为种养业协调发展,湖北农业向农林牧渔业平衡发展迈进了一步(见图1—1)。

表1—13　　　　　**1980—1984年湖北农林牧渔业产值占比**　　　(单位:%)

年份	总产值	农业	林业	牧业	副业	渔业
1980	100	68.14	7.67	18.21	4.44	1.54
1981	100	74.12	5.79	13.32	5.32	1.44
1982	100	74.27	5.64	14.00	4.44	1.65
1983	100	72.73	5.44	14.95	4.67	2.21
1984	100	72.75	4.46	15.67	4.30	2.83

资料来源:《湖北统计年鉴》。

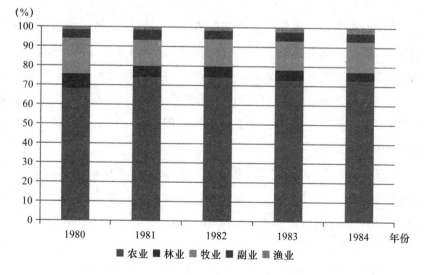

图1—1　1980—1984年湖北省农林牧副渔业总产值结构

资料来源:《湖北统计年鉴》。

(四) 农村经济健康发展

随着农村财政改革的逐步深入与家庭联产承包责任制的大力推进,湖北农村经济进一步发展。1984 年农村社会总产值达 256.22 亿元,比上年增长 32.75%,其中农业总产值 169.20 亿元,比上年增长 26.18%;农村工业总产值 50.13 亿元,比上年增长 50.50%;农村建筑业产值 18.30 亿元,比上年增长 48.18%;农村运输业总产值 6.46 亿元,比上年增长 58.72%;农村商业、饮食业总产值 12.13 亿元,比上年增长 31.99%(见表 1—14)。农村社会总产值持续增长,为农村经济创造巨大活力。

表 1—14　　　　**1980—1984 年湖北农村社会总产值**　　　　(单位:亿元)

年份	合计	农业总产值	农村工业产值	农村建筑业产值	农村运输业产值	农村商业、饮食业产值
1980	127.94	92.70	19.29	8.70	1.70	5.55
1983	193.01	134.09	33.31	12.35	4.07	9.19
1984	256.22	169.20	50.13	18.30	6.46	12.13

资料来源:《新中国六十年统计资料汇编》。

湖北农村商业、饮食产业的发展离不开财政的支持。据调查,天门县的岳口财管所认真贯彻中央"一号文件",积极支持"两户一联",在 1984 年投放大量资金发展农村商品生产,用 10850 元的周转金帮助了 13 个专业户以及 2 个联合体;财管所还筹集了 50 多万元间歇资金,用于解决部分乡镇企业、专业户流动资金不足的问题。在财政的支持下,湖北农村经济健康发展。[①]

1980—1984 年,农业总产值在农村社会总产值中的比重持续下降,农村工业产值、农村运输业产值均持续上涨,农村建筑业产值、农村商业饮食业产值的比例总体还是上涨的。这一变化趋势说明湖北农村经济

---

① 湖北省天门县财政局办公室:《在改革中前进的岳口财管所》,《武汉财会》1984 年第 12 期。

多样化发展进程持续推进中，在家庭联产承包责任制的背景下，农村居民不再单一地从事农业，而是多种经营，在农村工业、建筑业、运输业、商业、饮食业均有涉足，多样化形式越来越多，增收途径也越来越多（见表1—15）。

表1—15　　　　　1980—1984 年湖北农村社会总产值构成　　（单位:%）

年份	合计	农业总产值	农村工业产值	农村建筑业产值	农村运输业产值	农村商业、饮食业产值
1980	100.0	72.5	15.1	6.8	1.3	4.3
1983	100.0	69.5	17.2	6.4	2.1	4.8
1984	100.0	66.0	19.6	7.2	2.5	4.7

资料来源:《新中国六十年统计资料汇编》。

（五）湖北农村居民生活水平不断提升

在农业生产条件不断改善、农产品产量持续增加、农林牧渔业总产值升高的情况下，农村居民生活水平也不断提升。据统计，1984 年，农村居民家庭人均纯收入为 392.3 元，比 1983 年多了近 100 元，更是 1978 年收入水平的 2.55 倍之多；人均纯收入一直保持较高增速，平均增速达 23.51%。在改革开放第一年后，也就是 1979 年，农村居民家庭人均纯收入增速迅猛，为 44.52%，极大地改善了人们的生活。1984 年农村人均住房面积为 19.0 平方米，比 1980 年增加 5.0 平方米，住房面积越来越大，人民生活越来越好（见表1—16）。

可以从湖北省天门县某农户家在 1974 年以及 1980 年贴的两副春联看出这一时期农村改革给农民带来了翻天覆地的变化，从 1974 年的"过年只有两斤米，压岁并无一分钱"到 1980 年的"过年储米十余担，压岁存款上千元"，从尚不能温饱到年有余两，既丰收又有存款，这样显著的变化归功于家庭联产承包责任制的实行。

武昌县五里界公社光明三队 1980 年实行了家庭联产承包责任制，由吃大锅饭到大包干，生产不断发展，生活不断改善。从 1979 年的产量低、收入少、欠债多到 1982 年人均口粮达到 700 斤，除集体提留 3000 元外，人均收入达 286.1 元,比 1979 年增长 1.4 倍,而且有史以来第一次还清了贷款。当时普遍以"交了国家的,提了集体的,实惠归自己"来表达对家庭联产承办责任制的宣扬。[①]

表 1—16   1978—1984 年湖北农村居民人均纯收入及人均住房面积

年份	农村居民家庭人均 纯收入(元)	人均纯收入增速 (%)	农村人均住房面积 (平方米)
1978	110.5		
1979	159.7	44.52	
1980	170.0	6.45	14.0
1981	217.4	27.88	15.3
1982	286.1	31.60	16.5
1983	299.2	4.58	18.0
1984	392.3	31.12	19.0

资料来源:《新中国六十年统计资料汇编》。

恩格尔系数代表的是食品支出在个人消费支出中的份额。德国统计学家恩格尔在 19 世纪的时候分析人们生活消费的数据资料,由此发现了人们消费结构的变化规律。这个规律是,家庭总收入越低,食品消费的花费占家庭总收入或者是总支出的份额就越大;而当家庭总收入增加时,食品消费支出占比会减小。从图 1—2 中可以看到,1978—1984 年,湖北农村居民家庭恩格尔系数不断下降,尤其在改革开放前三年,农村家庭收入用来购买食物的比重直线下降,制度红利极大,农民生活水平不断提升。

二 "分灶吃饭"调动地方政府利民心

20 世纪 80 年代实行的财政体制改革,以"划分收支、分级包干"为主要内容,使农业持续快速发展,农业基础地位进一步加强。

---

① 田志刚、王延俊、闵绍謇:《进一步执行农业税起征点办法 促进穷队尽快改变面貌》,《武汉财会》1983 年第 1 期。

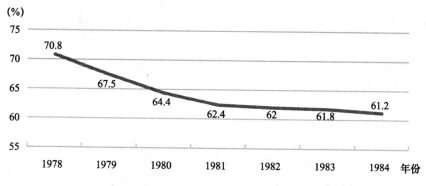

图1—2　1978—1984 年湖北农村居民家庭恩格尔系数变化趋势

资料来源:《新中国六十年统计资料汇编》。

(一) 财政补贴为价格改革保驾护航

改革以来,财政对价格改革做出了很大的支持,这集中体现在财政的政策性补贴支出上。1978—1984 年财政对农业的政策性补贴支出为955.39 亿元。历年分项补贴支出详见表1—17。

表1—17　　　　　　　　**财政对农业的政策性补贴支出**　　　(单位:亿元)

年份	棉粮油价格补贴	平抑物价等补贴	肉食品价格补贴	其他价格补贴	合计
1978	11.14				11.14
1979	54.85			24.35	79.20
1980	102.80			14.91	117.71
1981	142.22			17.19	159.41
1982	156.19			16.03	172.22
1983	182.13			15.24	197.37
1984	201.67			16.67	218.34

资料来源:中国财政杂志社 (2007)。

财政的政策性补贴支出为价格改革的实行保驾护航,不仅减轻了价格改革导致的社会动荡,维护了社会稳定,还助力于农村各项改革,创造良好环境。价格改革在当时面临一个关键阶段。基础产品和服务价格、资源要素价格改革,特别是水、电、油、气、土地价格和利率改革尚未完成。这些产品和服务占社会产品和服务的数量比例较低，但由于具有的价格传导性，因此，调整这些产品和服务的价格改革，会对社会各方带来影响。财政对价格改革的支持不是简单地增加财政补贴支出，而是区分不同的受影响者和最低生活保障制度以及政府调控的其他目标结合起来，进行更有针对性的补贴（见表1—18）。

表1—18　　　　　　　**1978—1984年湖北农村各类价格指数**

年份	农副产品收购价格总指数（上年＝100）	农村工业品零售价格总指数（上年＝100）	工农业商品综合比价	
			以农副产品收购价格总指数为100	以农村工业品零售价格总指数为100
1978	102.8	100.5	97.8	102.3
1979	123.6	100.2	81.1	123.4
1980	105.8	100.4	94.9	105.4
1981	108.0	100.5	93.1	107.5
1982	104.9	100.9	96.2	104.0
1983	102.2	100.7	98.5	101.5
1984	104.3	102.9	98.7	101.4

资料来源：《新中国六十年统计资料汇编》。

农村经济改革起步之时，国家就做出增加财政支出的决定，对农业的支出增加，将农副产品的收购价格上调。收购价格提高了，销售价格必然不能没有变化，相应地也会上升。若是销售价格过高，则会造成农副产品的消费者主要是城市居民的购买力下降，农产品就会过剩，市场就会混乱。为了确保价格改革的顺利开展，国家开始对城市居民在粮油价格、棉花价格还有其他农产品价格上给予补贴，刺激城市居民消费。财政的价格补贴在减轻价格改革带来的震动方面做了很大贡献。

可以看出，在改革开放初期的1978—1984年里，农副产品的收购价格主要由政府统一制定，其波动主要由政府调整价格所引起的。湖北农副产品收购价格指数分别上升2.8%、23.6%、5.8%、8.0%、4.9%、2.2%、4.3%，平均算来应该是每年上升7.4%。农副产品收购指数上升幅度最大的23.6%是在1979年，源于该年政府调整农副产品收购价格力度较大，除此之外，1978年、1980—1984年的农副产品收购价格指数增加都低于8%。同时期农村工业品零售价格指数在1978—1984年增幅分别为0.5%、0.2%、0.4%、0.5%、0.9%、0.7%、2.9%，平均每年递升0.9%，在1984年增幅最大（见图1—3）。农村工业品零售价格指数增幅远低于农副产品收购价格指数，但是农村工业品零售价格指数在政府价格调控下，增速保持稳定。

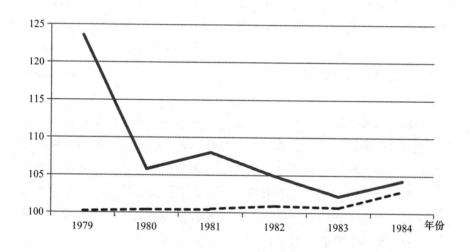

图1—3 1978—1984年湖北农村各类价格指数变化

资料来源：《新中国六十年统计资料汇编》。

价格双轨制的改革无疑是中国经济改革中重要的一项改革，其意义重大。改革的持续推进，指令性计划逐渐取消，使得价格在资源配置中的作用变得明显起来。理顺价格体系时在使一部分利益相关者获益的同时也会使一部分利益相关者遭受损失，但是短期内，给予利益受损者一些补贴这一举措，能够避免社会动荡，为价格改革的顺利进行保驾护航。这场价格改革也促使了诸如商品市场、生产要素市场、劳动力市场等市场的形成。

（二）财政支农有新篇

湖北省锁定中央提出的奋斗目标，在贯彻落实农村经济政策时以提高经济效益为核心,以政策武装头脑,改正农村工作者的错误。农村财政工作者作为接触该项工作的最前线,对党当时在农村推行的三条基本方针政策的学习最为深刻。这三条方针政策如下:其一,农村集体所有制、生产责任制这两制长期不变;其二,粮食生产方面不可放松,但改变"以粮为纲"思想,发展多种经济;其三,农业的发展离不开国家政策导向、离不开科学的指导思想与方法、离不开农业自身内部的积累。湖北省认真贯彻落实这三项基本方针政策,逐渐由无偿补助转变为有偿支援。对投资小、见效快的工程项目给予支持,更是在农业科技项目上投入很大,立竿见影,生产力快速形成,帮助农户加强管理、提高水平,挖掘潜力,讲究经济效益,实现增产增收。湖北省在促进生产多样化,发展多种经营时,因地制宜,充分利用各地区优势进行生产,取得经济成果。

就以武昌县来说,其丰富的山水资源以及优渥的自然条件为水产养殖业创造良好条件,适合种养业多种经营的发展模式。保证粮食生产不可懈怠,发展多种经营的方针,武昌县合理布局安排生产,并在资金和技术上给予支持和帮助,逐渐形成多种经营的局面,传统特产农作物也得以恢复,部分农作物的产量更是得到较大幅度的增长,比如茶叶、油桐、黄花、柑橘、鲜鱼、莲藕等。

湖北省武汉市对蔬菜、奶制品、鱼类等与人民生活息息相关的食品给予了较大的财政支持,在 1980—1982 年财政支持累计达 2391 万元,是这三年来发展多种经营累计资金的 78%。如此巨大的财政支持极大地促进了蔬菜、奶制品、鱼类产业设备建设的完善,使得其产量都得到大幅度增长,生产效率也大大提升,人民生活也得以改善。

中央文件指出:"联产承包责任制和各项农村政策的推行,打破了中国农业生产长期停滞不前的局面,促进农业从自给半自给经济向着较大规模的商品生产转化,从传统农业向着现代化农业转化。这种趋势,预示着中国农村经济的振兴将很快到来。"[①] 湖北在大潮流中顺势而为,为中国农村经济的振兴贡献力量。

---

① 《当前农村经济政策的若干问题》,1983 年 1 月 2 日,网易财经(http://news.163.com/08/1024/10/4P0UFB7I000130RC.html)。

（三）农业税收规模扩大，增速远低于人均纯收入

湖北农业税收入总的规模一直处于 2 亿元以下，1978 年农业税收入最低，为 1.49 亿元；1979 年最高，达 1.91 亿元，比 1978 年增长 28.19%。1978—1984 年农业税收入年均增长速度为 4.13%，可以看出，农业税增长率绝对值普遍大于 4.13%。以实物缴纳为主要形式的农业税是和粮食征购结合在一起进行的，所以农业税税额会受粮食征购量的变化而变化。湖北粮食产量稳步上升，这与农业税收入波动中上升有一定关联。1984 年湖北农业税增长率增至 11.76%，究其原因在于 1983 年湖北调增农业税负担（见表1—19）。

表1—19　　　　1978—1984 年湖北农业税收入及农业税增长率

年份	农业税收入（亿元）	农业税增长率（%）
1978	1.49	
1979	1.91	28.19
1980	1.42	−25.65
1981	1.60	12.68
1982	1.79	11.88
1983	1.70	−5.03
1984	1.90	11.76

资料来源：《湖北统计年鉴》。

1979 年国务院所发布的《关于发展社队企业若干问题的规定（试行草案)》要求支持农业发展，鼓励社队企业的发展。国家在社队企业的资金来源和税收上都实行了一些鼓励政策。国家对社队企业实行低税、免税政策。如此农业税税收优惠政策使湖北 1980 年农业税规模减小幅度达 25.65%，人均税额减少 26.02%。

虽然人均税收在波动中上升，但是农村居民家庭人均纯收入处于持续增长的好势头，且人均纯收入以 23.51% 的年均增速增长，远超过人均税收 3.96% 的增速（见表1—20）。除此，人均税收在人均纯收入中的比例持续下降，这一时期，农村居民农业税负担是较轻的。

表1—20 人均税收与人均纯收入

年份	人均税收（元）	增速（%）	农村居民家庭人均纯收入（元）	增速（%）	人均税收占人均纯收入比重（%）
1978	3.81		110.5		3.45
1979	4.88	28.08	159.7	44.52	3.06
1980	3.61	−26.02	170.0	6.45	2.12
1981	4.03	11.63	217.4	27.88	1.85
1982	4.46	10.67	286.1	31.60	1.56
1983	4.23	−5.16	299.2	4.58	1.41
1984	4.81	13.71	392.3	31.12	1.23
1978—1984 年人均税收年均增速		3.96	1978—1984 年农村居民家庭人均纯收入年均增速	23.51	

资料来源:《湖北统计年鉴》。

就武汉市根据各地情况实行农业税起征点减免这一政策,可以从 3 个县区 10 个典型生产队的变化情况来看,其中 4 个生产队在实行起征点办法后劳动热情高涨,粮食产量增加,进一步发展潜力巨大。

当时的武昌县五里界公社光明三队,在农业税起征点减免执行前多年都是一支经济基础差、发展落后的穷队,共有 22 户、119 人,耕地面积 290 亩,一部分地处丘陵,一部分是湖区洼地,高的易旱,低的易涝,水利设施、耕作机械缺乏,加上领导班子不稳定,因此产量低、收入少、欠债多。1979 年粮食亩产仅 290 斤,除交售余粮外,全部作口粮分光,吃粮水平只达 400 多斤,下年所需种子还靠国家调拨,人均分配收入仅 46 元,欠银行贷款 3500 元。1979 年以来,县财政部门从各方面进行支援,免征了农业税 18762 斤,拨给扶持款 3500 元,购买小拖拉机一台,解决了耕耙作业和运输的困难,新建了 17 千瓦小型机站一座,改两级提水为一级提水,扩大了灌溉保收面积,改变了原来"十天太阳田开口,三天大雨田洗手"的局面,从而提高了产量、增加了收入，降低了成本。①

（四）湖北财政独立性增强

"统收统支"的财政制度增加了中央集权，地方政府有事权没钱权，几乎完全依托于中央，如此高度集中的体制严重损害地方政府办事积极性。而在进行中央和地方财政"分灶吃饭"的改革后，增强了对地方政府激励，提高了地方财政的自主性，地方财政的相对独立性逐步增强。

湖北地方财政收入在 1978—1984 年也保持较高的增长态势，年均财政收入增速为 5.03%，比"文化大革命"时期增速提高约 3 个百分点。从表1—21 中可以看出，1984 年湖北财政收入达 42.12 亿元，比 1978 年增加10.74 亿元，增长 34 个百分点。在实行"分灶吃饭"的头一年，财政收入仅增长 0.76%，该时期财政体制改革效应滞后，但在 1980 年、1981 年以大于 7.5% 的增速增长。虽在 1982 年财政收入小幅下降，但于第二年立即以本阶段最高增速增长至 40.44 亿元，首次突破 40 亿元大关，增速在 1984 年放缓，财政收入持续增加至 42.12 亿元。可见，实行财政体制改革后，湖北财政收入稳定增长，财政独立性增强。

表1—21　　　　　1978—1984 年湖北地方财政收入及其增长率

年份	财政收入（亿元）	增速（%）
1978	31.38	
1979	31.62	0.76
1980	34.01	7.56
1981	36.87	8.41
1982	36.43	-1.19
1983	40.44	11.01
1984	42.12	4.15
1978—1984 年平均增速		5.03
1966—1976 年平均增速		2.22

资料来源：《新中国六十年统计资料汇编》。

_____

① 田志刚、王延俊、闵绍骞：《进一步执行农业税起征点办法　促进穷队尽快改变面貌》，《武汉财会》1983 年第 1 期。

总的来说，这一时期"分灶吃饭"的财政体制，是顺应改革开放发展的时代产物，它比以前的财政管理体制更加先进。"划分收支、分级包干"的财政管理体制以确保中央财政必要的收入为前提，赋予地方政府更多的财力和自主权，从之前的中央和地方"一灶吃饭"改为"分灶吃饭"，用块块管理将以前的条条管理取而代之，这些都为地方责任、权力及利益的紧密联系做出贡献，且极大地调动了地方政府的积极性，有利于地方各项事业的快速发展。但不可忽视的是，这样的放权体制使得中央的财政负担加重，中央财政对全局的宏观掌控能力下降，而且不可避免地会有一些地方政府为了实现地方利益而在财政收支方面弄虚作假，阻碍"分灶吃饭"体制的实行与贯彻。从湖北1978—1984年农村事业蓬勃发展来说，这一时期的财政体制无疑是利大于弊的，为改革开放初期农业健康发展奠定基础，为湖北农村居民乃至全国农村居民带来改革开放巨大的红利。

第 二 章

改革推进阶段(1985—1993年)的
湖北农业财税发展

在农村经济改革开放初期，湖北省农业经济获得了快速发展和巨大进步。农村经济的巨变之后，农村经济市场化过程中市场机制与管理体制之间的矛盾逐步增加，农业财税政策也在不断调整改革之中。

第一节　政策演变

一　深化农产品流通体制改革，完善家庭联产承包责任制

（一）取消统购统派制度，农产品流通的市场化改革开始起步

得益于家庭联产承包责任制和农产品收购价格与集市贸易的共同作用，中国一直以来存在的农产品供不应求的情况有了根本转变。基于此背景，1985年《中共中央、国务院关于进一步活跃农村经济的十项政策》的中央"一号文件"发布，文件规定："从今年起，除个别品种外，国家不再向农民下达农产品统购统派任务，按照不同情况，分别实行合同定购和市场收购。"① 这一文件的发布，标志着中国农产品购销体制开始由统购统销向合同定购与市场收购相结合的"双轨制"转变，统购统派体制在实行了30多年后被取消。在"双轨制"下，国家仍然对部分关乎国家粮食安全和人民基本生活的特殊农产品进行大比例的计划管理，即直接控制农产品的价格变化和购销额度；对于计划之外的部分，则交由市

---

① 《中共中央、国务院关于进一步活跃农村经济的十项政策》，1985年1月，人民网（http://finance. people. com. cn/GB/8215/135583/8145899. html）。

场进行自主调节，根据市场价格来运行，市场供求关系的变动直接决定价格的变化。不可否认，一方面农产品流通"双轨制"的实行带动了农产品的市场流通，但另一方面也带来了一些新问题，比如寻租和农产品的地区封锁等，既对广大农民的切身利益造成了损害，也在一定程度上阻碍了农产品流通。

因此，"双轨制"只能在一定背景、一定时间内存在，随着时间的推移和社会环境的变化，农产品流通体制必须不断地变革。1992 年召开的中共十四大提出建设社会主义市场经济体制，农产品流通领域相关改革在这一大方向下也不断地向市场化演进。国务院于 1993 年 2 月发出的《关于加快粮食流通体制改革的通知》中就明确提出了进一步加快粮食市场体系建设的要求。1993 年 7 月颁布实施的《农业法》对原《农业法》进行了部分修订，其中和农产品市场化相关的内容中将"逐步实行市场调节"改为"实行市场调节"，对关乎国家粮食安全和人民基本生活的特殊农产品由原本的国家直接控制到实施合理的宏观调控。这一修改从法律层面确定了农产品流通体制改革的基本方向。1993 年 11 月发布的《关于当前农业和农村经济发展的若干政策措施》提到，粮食统购统销制度已经结束，趋于市场化的购销体制逐步成型。并决定从 1994 年起，对国家订购的粮食实行"保量放价"，对于订购保留数量，对收购则根据市场价格进行。在"粮食价格和销购体制放开以后，国家对粮食实行保护价制度，并相应建立粮食风险基金和储备体系"。由此可见，1985—1993 年是该方面改革最为重要的几年，不仅结束了农产品统一购买、统一销售的局面，使得农产品开始流通，而且流通体制也不断地向市场化迈进。

（二）稳定以家庭联产承包经营为基础、统分结合的双层经营体制

农业改革第一阶段的成功，使得农业生产在 1978—1984 年连续六年取得大丰收，基本可以满足人民的温饱需求。但是也暴露出一些问题，其中最为严重的就是粮食生产的"跳崖式"下跌，粮食产量在 1985 年出现大幅下降，之后进入为期几年的徘徊停滞时期。随着农村经济体制改革的持续推进，在商品化的作用下，利益问题日趋明显。针对实践中土地承包制的"动摇"现象，为稳定统分结合的双重经营体制，进一步深化改革，1988 年 11 月《中共中央、国务院关于夺取明年农业丰收的决定》中，提出建立多层次、多形式的服务体系，从而提高对农户的服务

水平，推动农村商品经济的提升。这一服务体系不仅包括集体经营层面对合作组织的服务，还涵盖了对国有企事业单位、农民自主形成的专业合作社和专业户提供的某个或某些特定服务，同时加强技术单位、科研院校等服务农业的作用。这些举措对完善统分结合的双层经营体制起了推动作用。

1991年11月，《中共中央关于进一步加强农业和农村工作的决定》第一次提到"把以家庭联产承包为主的责任制、统分结合的双层经营体制，作为中国乡村集体经济组织的一项基本制度长期稳定下来；并不断加以完善"①，从纵深层面加快了农村改革。

1993年3月，双层经营体制作为农村经济的一项基本制度被写进《宪法》，得到国家根本大法的法律支持，从而能够长期稳定下来；1993年7月，双层经营体制又被写进《农业法》。

二 农业税收体系不断充实，折征代金成为新的征收方式

农业税是国家对一切从事农业生产、有农业收入的单位和个人征收的一种税，是国家参与农业收益分配的主要形式。其计税依据为农业收入，分为以常年产量计算和以产品收入计算。其中，以常年产量计算为主要方式，以产品收入计算主要是针对列举的农林牧产品。

1985年，国务院同意财政部《关于农业税改为按粮食"倒三七"比例价折征代金问题的请示》，农业税由征粮为主改为折征代金，即将纳税人应纳税额的实物量按照国家规定的征收价格折算成金额，以货币形式征收。其他农业税相关政策、规定和制度，主要是在之前根据1958年国家颁布的农业税条例制定的，在该时期也基本沿袭下来。除了延续一直以来征收的农业税，该时期又陆续对农业开征或恢复征收其他不同税种。

1987年4月1日，国务院发布《中华人民共和国耕地占用税暂行条例》，征税范围包括种植农作物耕地、鱼塘、园地、菜地及其他农业用地，以占用耕地的面积为计税依据，不同的人均耕地面积适用不同的税

---

① 《中共中央关于进一步加强农业和农村工作的决定》，1991年11月，人民网（http://www.people.com.cn/GB/shizheng/252/5089/5105/5191/20010429/455924.html）。

额, 每平方米在 12.5—45 元。其中, 湖北省每平方米平均税率为 25 元,
在全国处于中等水平。

1989 年 3 月 13 日, 国务院发布《关于进一步做好农林特产农业税征
收工作的通知》, 农林特产农业税在全国范围内规范征收。这一税种是国
家对从事农林特产生产的单位和个人的农林特产收入为对象征收的税,
并作为农业税的其中一个税种存在。其课税对象众多, 征税办法灵活,
各地可以根据中央规定的原则依具体情况自定。因此, 税率也呈现多样
化, 除国务院规定的某些大宗农林特产全国统一税率外 (海淡水养殖
10%, 果用瓜、水果 10%, 柑橘、香蕉、荔枝、苹果 15%, 原木 8%),
其他大部分农林特产的税率由各地依照本地不同农林特产的收益情况来
确定, 但不得低于 5%。湖北省由此进入农林特产税征收时期, 并于 1994
年发布《湖北省农业特产税征收管理实施细则》, 以法律形式规范了湖北
省农业特产税的征收工作。

1990 年, 湖北省契税征管工作全面恢复, 社会主义改造完成后逐渐
进入停顿状态的契税征收重新开始。契税在农业领域征收的主要是农业
用地使用权的出售、赠予和交换, 按照不动产的价格实行 3%—5% 的浮
动税率, 湖北省的税率为 4%。

由此, 形成了包括农业税、耕地占用税、农业特产税和契税在内的
"农业四税" (见表 2—1)。

表 2—1   "农业四税" 相关征税规定

税种	征税对象	计税依据	税率	纳税人
农业税	农业收入	常年产量、产品收入	地区差别比例税率:湖北平均 16%	从事农业生产、有农业收入的单位和个人
耕地占用税	占用农用耕地建房或从事其他非农用建设的行为	占用耕地的面积	地区差别税率:湖北每平方米平均税率 25 元	占用耕地建房和从事非农业建设的单位和个人

续表

税种	征税对象	计税依据	税率	纳税人
农林特产税	农林特产收入	常年产量、实际收入	大宗农林特产收入：8%—15% 其他：5%—30%	从事农林特产生产的单位和个人
契税	所有权发生转移的不动产	不动产价格	3%—5%的浮动税率：湖北 4%	境内转移土地、房屋权属，承受的单位和个人

资料来源：作者整理。

三　财政支持农业生产及乡镇企业发展

1985 年发布的中央"一号文件"《中共中央、国务院关于进一步活跃农村经济的十项政策》中"今年，国家将以一定的财力物力支持粮棉集中产区发展农产品加工业，调整产业结构。还决定拿出一批粮食，按原统购价（费用按财政体制分担）销售给农村养殖户、国营养殖场、饲料加工厂、食品加工厂等单位，支持发展畜牧业、水产养殖业、林业等产业。困难的地方可以赊销"。明确提出了支持农村产业结构调整，发展林、牧、渔业及农产品加工业。同时，鼓励乡镇企业发展，对乡镇企业实行信贷、税收优惠。"对饲料工业、食品工业、小能源工业的投资和其他乡镇企业的技术改造费，在贷款数额和利率上给予优惠。按税法规定，对新办乡镇企业定期免征所得税，期满后仍有困难的，可以继续定期减免。乡镇企业用于补助社会性开支的费用，可按利润的 10% 在税前列支。"[1]

1986 年中央"一号文件"《中共中央、国务院关于一九八六年农村工作的部署》继续聚焦农业生产和乡镇企业发展的问题。"要支持农民发展多种经营，广开生产门路，实行'以工补农'。乡镇企业的贷款，应按地区、按待业、按用途区别对待，对应当鼓励的行业和后进地区，对流

---

[1] 《中共中央、国务院关于进一步活跃农村经济的十项政策》，1985 年 1 月，人民网（http：//finance. people. com. cn/GB/8215/135583/8145899. html）。

动资金和技术改造，可适当放宽。"进一步提出了对乡镇企业的优惠政策。对于财政支农资金，明确说明了地方财政应加大对农业投入。"各省、自治区、直辖市以及各县，要保证用好中央各项农业资金，不应挪用。地方财政也要尽可能多拿出一部分钱投入农业，扭转一些地方农业投资递减的现象。水利投资要尽快恢复到 1980 年财政包干时的水平。"关于农业生产条件的改善和技术的发展也做了具体指示。"必须努力提高土地生产力。化肥供应量应逐年有所增加，同时扭转近年忽视有机肥的倾向，增加土壤有机质。继续加强江河治理，改善农田水利，对已有工程进行维修、更新改造和配套。要有计划地改造中低产田。建立必要的劳动积累制度，完善互助互利、协作兴办农田建设的办法。""鼓励群众投资兴建各种生产设施。人民银行、农业银行要制定不同区域和产业的信贷政策，支持产业结构调整和农业技术改造……在'七五'期间开发一百类适用于乡镇企业的成套装备并组织大批量生产，建立五百个技术示范性乡镇企业，为他们提供全套工艺技术、管理规程、产品设计和质量控制方法，每年短期培训一批农村知识青年和基层干部，使之掌握一两项本地区适用的先进技术。"[①]

可见，中央"一号文件"多次聚焦农业，并把农业产业结构优化、乡镇企业发展、农业生产条件提高和技术改造放在重要位置，明确提出加大财政对农业投入，促进农业各方面发展。

四 "三提五统"逐步规范化

1983 年，中央"一号文件"提出政社分设，乡镇一级逐步开始建立政府机关。但是因为财政困窘，资金问题开始暴露。预算内资金及部分农村税收附加十分有限，无法支撑乡镇政府的正常运行和职能履行。所以，资金缺口只有靠乡镇政府自行筹集来填补。其筹措资金的来源可以分为集体和个人。集体来源主要是指提留资金，即把农民缴纳给集体的资金划出一部分留作政府开支。个人来源就是指直接向农户征收资金，用于特定的事项，即所谓的"一事一收费"。全国各地乡镇政府主要都是

① 《中共中央、国务院关于一九八六年农村工作的部署》，1986 年 1 月，人民网（http：// cpc. people. com. cn/GB/64162/135439/8134318. html）。

通过这两种方法来筹集资金。资金需求得到了满足，政权建设和事业建设也稳定发展。

到了1984年，为了进一步拓宽资金来源，中央发布新规，正式允许收取乡统筹费。《中共中央关于一九八四年农村工作的通知》写道："中央、国务院各有关部门布置的农村教育、计划生育、民兵训练、优抚、交通等各项民办公助事业，都要逐项进行认真清理和改革。今后对这些经费，各地可根据农民的经济状况，由乡人民代表大会定项限额提出预算，报县人民政府批准，由基层统筹使用，一年定一次，中间不得任意追加，也不再从集体提留内开支。"① 第一次在中央一级正式规定允许收取乡统筹费。

1985年10月，《中共中央、国务院关于制止向农民乱派款、乱收费的通知》中提到："农民依法纳税和合理上缴集体提留是必要的，现在的问题是，除此以外，还要交纳各种摊派款项。""县和县以上政府和部门举办各项公共事业，均应纳入计划，经同级人民代表大会审查通过后实施。一律不许以任何形式自行向农民摊派。""乡和村兴办教育、修建公路、实施计划生育、优待烈军属、供养五保户等事业的费用，原则上应当以税收或其他法定的收费办法来解决。在这一制度建立之前，应按照中共中央1984年'一号文件'的规定，实行收取公共事业统筹费的办法。"② 强调了上缴集体提留和统筹费的义务性，对于乡统筹明确了五项费用，即所谓"五统"。其他摊派费用则要求经过人民代表大会审查通过，不得自行向农民摊派。

1986年9月，根据中央文件精神，湖北省人大常委会通过了《湖北省减轻农民负担的规定》。文件提出"农民的合理负担范围只限于国家税收、地方统筹费、集体提留和劳务负担"③，并对这四项负担做了相关规

①《中共中央关于一九八四年农村工作的通知》，1984年1月，人民网（http://cpc. people. com. cn/GB/64162/135439/8134254. html）。

②《中共中央、国务院关于制止向农民乱派款、乱收费的通知》，1985年10月，人民网（http://www. people. com. cn/item/flfgk/gwyfg/1985/112401198503. html）。

③《湖北省减轻农民负担的规定》，1986年9月，百度百科（https://baike. baidu. com/i-tem/%E6%B9%96%E5%8C%97%E7%9C%81%E5%87%8F%E8%BD%BB%E5%86%9C%E6%B0%91%E8%B4%9F%E6%8B%85%E7%9A%84%E8%A7%84%E5%AE%9A/18563091?fr = aladdin）。

定。国家税收严格按照国家税法计征。劳务负担每年每个劳动力控制在
十五个标工以内。地方统筹费和集体提留的提留比例控制在上一年农民
收入的 3%—5% 以内。且明确说明地方统筹用于教育、计划生育、民
兵训练、优抚、交通等项民办公助事业。集体提留只限于公积金、公益
金、管理费三项。即所谓的"三提五统"，湖北省"三提五统"制度
成型。

1990 年 2 月，《国务院关于切实减轻农民负担的通知》指出集体
提留包括公积金、公益金和管理费，同时第一次从国家层面明确了各
项负担的合理程度。一是规定了农民应该负担的项目。除了缴纳各项
农业税外，还需要向所在集体缴纳提留和统筹费，并且合理承担一些
义务工。二是规定了各项收费和劳务的合理范围。人均提留及统筹费
不超过上一年度人均纯收入的 5%。经济发展较好的地方，允许适度
提高这一比率。农村义务工则要求控制在每人每年承担 5—10 个标准
工范围内。同样，根据当地情况，标准可以有适度的提升。三是完善
提取方法。其中集体提留主要根据收入情况来进行负担，也可以根据
土地面积或是劳力来进行负担。而乡统筹费则是按照产业来分摊。农
村义务工主要是出劳力，不能出劳力的，经商讨批准按照以资代劳的
方式承担。

1991 年 12 月，国务院下发《农民承担费用和劳务管理条例》
（以下简称《条例》）再一次强调了村提留、乡统筹费不得超过上一
年农民人均纯收入的 5%，并且第一次对其他项目的收费做了规定。
有些项目费用经批准可以收取，如面对农民的行政事业性收费，向农
民集资的项目，在农村建立的各种基金，向农民发放牌照、证件和簿
册须经财政部门、物价主管部门及农民负担监督管理部门批准。还有
一些项目应遵循自愿原则开展，包括向农民发行有价证券、报刊和书
籍，组织农民参加保险等。同时，也明确规定了一些不得收取的费
用。国家机关工作人员在农村执行公务时所用资金不允许向农民和集
体经济组织分摊，严禁非法对农民罚款和没收财物。这一文件明确指
出了基层存在的以各种名义乱收费、乱摊派的现象，并做了规定和禁
止，将减轻农民负担工作纳入法制管理的轨道，对于解决该时期农民

费用负担加重问题有重要作用。

《条例》的发布一定程度上缓解了农民负担日益加重的现象，但很多地方依然存在向农民过度摊派费用，通过不合理的收费、罚款等榨取农民收入的问题。总体来看，农民负担问题没有得到根本解决，且有反复倾向。面对这种现状，1992 年 7 月，中央再次下发《国务院办公厅关于进一步做好农民承担费用和劳务监督管理工作的通知》（以下简称《通知》）文件，切实保护和充分调动农民群众的生产积极性，扎实做好减轻农民负担工作。除了对《条例》相关规定进一步强调外，还要求各级政府认真贯彻执行《条例》，并制定实施细则。同时，指出将尽快制定《违反〈农民承担费用和劳务管理条例〉处罚办法》，定期进行执法检查。对于不按《条例》执行，仍然乱收费、乱摊派的行为起到了震慑作用。

《通知》发布后，湖北省根据要求于 1993 年 4 月发布了《湖北省农民承担费用和劳务管理实施细则》。文件指出"发展农村集体经济是减轻农民负担的重要途径之一。各级人民政府要组织有关部门，制定具体的政策措施，支持乡、村办好合作基金会，发展乡、村企业，减轻农民负担"。提出了从开源角度减轻负担的方法。对"三提五统"各项费用的提取比例也做了明确规定。公积金按不超过上一年农民人均纯收入的 1% 提取，公益金按上一年农民人均纯收入的 0.5%—0.8% 提取，管理费按上一年农民人均纯收入的 1%—1.2% 提取。"乡村两级办学经费在乡统筹内所占比例，最高不得突破上年农民人均纯收入的 1.5%。计划生育费用的提取控制在上年农民人均纯收入 0.1% 以内。民兵训练经费按不超过上年农民人均纯收入 0.08% 提取。烈、军属优抚费，按优抚对象每人每年给予优待金相当于正常年景当地农民人均纯收入的标准提取，但总额不得超过上年农民人均纯收入的 0.2%。修建乡村道路经费一般控制在上年农民人均纯收入的 0.12% 以内。"对于其他名义的收费也做了类似《条例》的规定。[①]

---

① 《湖北省农民承担费用和劳务管理实施细则》，1993 年 4 月，法律教育网（http://www.chinalawedu.com/falvfagui/fg22016/139130.shtml）。

第二节 政策效果评价

一 农产品流通体制及家庭联产承包责任制改革

(一)农业继续保持增长,总体增速放缓

在对农产品流通体制进行改革并不断深化,及对家庭联产承包责任制进行完善的背景下,1985—1993年,湖北省农业依然呈现出增长态势。相比1985年的129.61亿元,农业总产值在1993年达到301.99亿元,增长了一倍以上。除1991年出现负增长外,其余年份均保持了5%以上的增长速度,最高增速出现在1990年,高达27.38%(见表2—2)。

表2—2 1984—1993年湖北省农业总产值及其增长率

年份	农业总产值(亿元)	增长率(%)
1984	123.09	26.21
1985	129.61	5.30
1986	146.79	13.26
1987	160.13	9.09
1988	175.12	9.36
1989	198.56	13.39
1990	252.92	27.38
1991	247.01	-2.34
1992	265.53	7.50
1993	301.99	13.73

资料来源:《湖北统计年鉴》及作者对相关数据的计算整理。

该时期年均增长率为11.15%,但相比1980—1984年年均17.44%的增长率,下降了6个百分点。在总体增长的情况下,其间增速也出现了两次跳崖式下跌,分别为1985年和1991年。1985年农业总产值增速由

上一年的 26. 21% 下跌至 5. 30%；1991 年更甚，由 27. 38% 下降至 2. 34%
的负增长（见图 2—1）。这与 1984 年中央正式允许地方收取提留统筹费，
及 1989 年在农业总产值没有出现大幅上升的情况下农业税收大比例增加
有重要关系。农民的税费负担加重，生产积极性受到打击，农业生产必
然向消极方向发展。

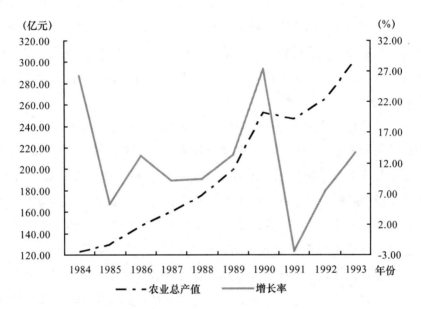

图 2—1　1984—1993 年湖北省农业总产值及其增长率变化

资料来源：《湖北统计年鉴》。

（二）"双轨制"下粮食生产徘徊不前

1985 年中央"一号文件"的发布使得农产品统购统销制度取消，之
后逐步形成农产品流通的"双轨制"，伴随着流通体制的改革，价格体制
也形成了"双轨制"。这些改革措施一定程度上改变了粮食流通体制过于
僵化的弊病，但并不能根除流通体制中存在的病根。所以，粮食生产在
"双轨制"下呈现出徘徊不前的状态。

购销和价格"双轨制"中粮食定购任务负担不合理，许多地方在完
成国家的定购任务之后，能够用于自主经营的粮食十分有限，所以农民
不愿意按合同完成定购任务。湖北省武昌县流芳镇的 8000 多农户，只有

50%的农户能主动完成定购任务，通过工作人员上门劝说完成任务的占20%左右，剩下的还有20%—30%的农户直接不交粮，需要工作人员强行执行。另外，粮食的收购价格一直处于较低水平。虽然，其间对某些粮食的收购价格做了轻微的调整，略有上升，但本质上粮价依然是背离其价值的，种粮的农民无法得到相应的价值补偿。对比议价粮和定购粮的价格，议价粮60元/百斤，定购粮28元/百斤，可见二者的价格差距之大。而开放的部分因为定购任务负担重，无粮源保证，即使价格高也不足以弥补定购中少收的钱。尤其是在价格控制放开之后，各类产品价格普遍上升。其中，农业生产资料的价格上升更为显著，直接影响了种粮农户的收益，生产积极性自然受到打击。

这是粮食产量变化的制度性原因。除此之外，影响粮食生产的内部原因还包括土地数量及质量、劳动力投入、农民素质等。该时期湖北省农业税总体上升，再加上逐渐确立的提留统筹费制度，农民负担加重，生产积极性降低，部分农民选择外出务工，土地闲置、荒废，保留下来的耕地因为劳动力减少，劳动投入也因此下降。外部冲击因素主要有技术、自然环境和农业基础设施等。该时期湖北省财政支农支出虽有增加，但相比总支出，在考虑农业总产值和农业人口比重的情况，支援农业支出就显得十分不足。农业投入不足带来的基础设施落后、生产技术难以提升，使得湖北省农业生产受制于自然灾害，影响粮食产量的不可抗力作用大，风调雨顺之年大丰收，天灾人祸之年大减产，产量易出现波动。

各方面因素的综合影响，最终导致湖北省粮食产量的徘徊和停滞，产量正负增长交替出现。

1985年湖北省粮食产量为2216.10万吨，相比1984年的2263.00万吨出现2.07%的小幅下降。其后保持两连增，在1987年达到2369.60万吨。1988年又出现负增长，降幅为4.65%，并延续了前一轮的波动规律，在下降后出现两连增。之后在1991—1993则是上升和下降交替出现。最终，1993年粮食产量为2325.70万吨，与1985年相比，八年间只增长了5%（见表2—3、图2—2）。

表2—3 1984—1993年湖北省粮食产量及其增长率

年份	粮食产量（万吨）	增长率（%）
1984	2263.00	13.86
1985	2216.10	-2.07
1986	2304.50	3.99
1987	2369.60	2.82
1988	2259.40	-4.65
1989	2370.40	4.91
1990	2475.00	4.41
1991	2244.10	-9.33
1992	2426.60	8.13
1993	2325.70	-4.16

资料来源：《湖北统计年鉴》及作者对相关数据的计算整理。

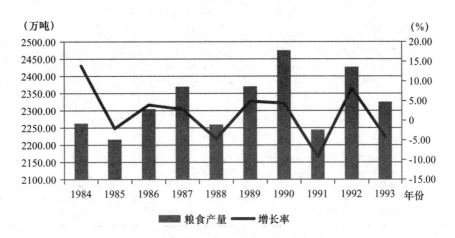

图2—2 1984—1993年湖北省粮食产量及其增长率变化

资料来源：《湖北统计年鉴》。

（三）农民收入增长，增幅下降

该时期湖北省农村居民家庭人均纯收入延续了上一时期的增长，1985年人均纯收入为421.24元，到1993年增长至783.18元，增长了86%。除1991年出现负增长外，其余年份都保持了3%以上的增长率。

但增长率变化幅度较大，最高达到 17.31%，最低仅有 3.49%。对于 1991 年收入的负增长，结合该年度粮食产量 9.33% 的负增长就不难理解了（见表 2—3、表 2—4）。虽然该时期因为农业负担加重，农民外出务工增多，但是农业生产仍是农民收入的主要来源，占据农民家庭收入的 70% 以上。而湖北省农业又以种植业为主，所以粮食产量对农民收入的影响是显而易见的。正因为如此，该时期粮食产量波动较大也部分导致了收入增长率大幅度变化。最终年均增长率落在了 8.06% 的水平，相比前一时期 23.51% 的增长率，下降了约 15 个百分点，增速放缓明显。

表 2—4   1985—1993 年湖北省农村居民家庭人均纯收入及其增长率

年份	农村居民家庭人均纯收入（元）	增长率（%）
1985	421.24	7.38
1986	445.13	5.67
1987	460.66	3.49
1988	497.84	8.07
1989	571.84	14.86
1990	670.80	17.31
1991	626.92	-6.54
1992	677.82	8.12
1993	783.18	15.54
年均增长率	—	8.06
1978—1984 年年均增长率	—	23.51

资料来源:《湖北统计年鉴》及作者对相关数据的计算整理。

二　农业税体系改革

（一）农业税收额波动上升

农业税由征粮改为折征代金后，因为常年产量、税率基本保持稳定，征收价格就成为影响农业税收额的主要因素。该时期国家曾连续调增粮食及主要农副产品收购价格，农业税折征代金额也由此变动，使得农业税收额水涨船高。

由表2—5可见，1985年湖北省农业税收入为2.50亿元，其后三年农业税基本保持稳定，维持在2.47亿—2.72亿元。1989年出现大幅上升，总额达到3.31亿元，增长率为34.01%。虽然后有小幅下降，但1992年再一次出现了高额提升，并延续这一水平，在1993年达到了3.87亿元。因此，1985—1993年农业税波动较大，并且波动特征呈现出小幅下降和大幅上升的趋势，最终总体上保持了5.61%的年均增长率，相比上一时期4.13%的年均增长率高了近1.5个百分点（见图2—3）。

表2—5　　　　　　　1985—1993年湖北省农业税收入及其增长率

年份	农业税（亿元）	增长率（%）
1985	2.50	31.58
1986	2.48	−0.80
1987	2.72	9.68
1988	2.47	−9.19
1989	3.31	34.01
1990	3.32	0.30
1991	3.05	−8.13
1992	3.86	26.56
1993	3.87	0.26
年均增长率	—	5.61
1978—1984年年均增长率	—	4.13

资料来源：《湖北统计年鉴》及作者对相关数据的计算整理。

（二）农民税收负担较改革初期加重

农业税收额的增加一方面提高了财政收入，另一方面却加重了农民税收负担。

该时期，除了收入增速趋缓，农民税收负担相比前时期也有较大程度加重。从图2—4可以看到，1978—1984年收入年均增长率为23.51%，远高于农业税年均4.13%的增长率，粮食产量年均4.62%的增长率也比农业税高。到了1985—1993年，农民收入年均增速大幅下降至8.06%，粮食产量年均增长率更是低至0.61%，而农业税年均增速反而提高到

5.61%，远高于粮食产量增速，虽然仍低于农民收入增速，但相比前一时期两者差距大幅度缩小，在这种情况下即使收入的增速相比农业税增速更高，农民还是会直观地感受到税收负担的加重。

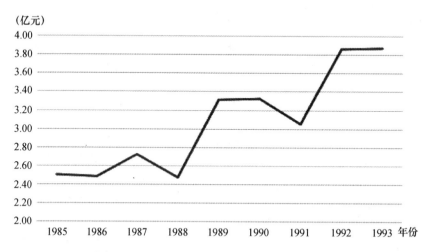

图2—3 1985—1993年湖北省农业税收额变化

资料来源:《湖北统计年鉴》。

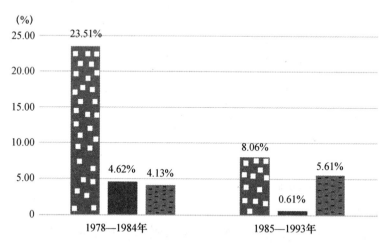

图2—4 两时期湖北省农村居民收入、粮食产量与农业税增长率对比

资料来源:《湖北统计年鉴》及作者对相关数据的计算整理。

根据表2—4及表2—6中农村居民人均收入及人均农业税额相关数据，对它们取对数处理后，利用Excel表格画散点图并进行线性拟合，拟合结果如图2—5所示。可以看到，两条直线斜率均为正，且1985—1993年的拟合线相比1978—1984年的拟合线更陡、斜率更大。即在两时期内，湖北省农村居民人均收入增加时，人均农业税额也增加。且人均收入同样增加1%时，1985—1993年时期相比1978—1984年时期，人均税额有更大比例提高。这就意味着，后一个时期农业税收负担比前一时期更为沉重。

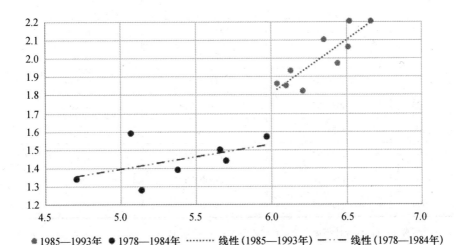

图2—5 两时期人均收入与人均农业税额对数值线性拟合结果
资料来源：《湖北统计年鉴》及作者对相关数据的计算整理。

三 财政支农政策

(一) 财政支农支出总额波动上升，占比下降

从相关统计资料可以看到，响应中央文件精神，湖北省财政支农支出从数额上看在该时期总体保持了上升。1985年湖北省财政支出中用于支援农业支出的费用为3.80亿元，占当年财政总支出的8.74%。到1988年这一数目增长至6.08亿元，三年间增长了60%；而占财政总支出的比重在此期间基本保持稳定，维持在8%—9%。1989年出现巨变，支农支出减少至4.10亿元，由1988年近20%的增长率下降至-32.57%的增长率，占比也由8.86%下降至5.19%。1990年开始又出现恢复性增长，在1993年达到6.09亿元，数额恢复到1988年水平。但在财政总支出连年增长的背景下，支农支出的占比只是小幅增长至 5.32% 。可见，支农支出占财政总支出的比重在 1985—1993 年出现了分化，前四年稳定在 8% 以上，后五年则在 5% 的水平浮动（见表 2—7、图 2—6）。由此可见，虽然总量趋于增加，但占比处于下降态势。

表 2—6　　　　　　1985—1993 年湖北省农村居民人均农业税额

年份	农村人口（万人）	农业税（万元）	人均农业税额（元/人）
1985	3882.55	25000.00	6.44
1986	3882.55	24800.00	6.39
1987	3947.30	27200.00	6.89
1988	3996.17	24700.00	6.18
1989	4039.95	33100.00	8.19
1990	4223.94	33200.00	7.86
1991	4264.27	30500.00	7.15
1992	4283.14	38600.00	9.01
1993	4308.48	38700.00	8.98

资料来源:《湖北统计年鉴》及作者对相关数据的计算整理。

表 2—7　　　　　　1985—1993 年湖北省财政支农支出及其占比

年份	支援农业支出（亿元）	增长率（%）	支农支出占财政总支出比重（%）
1985	3.80	-4.04	8.74
1986	4.93	29.74	8.49
1987	5.09	3.25	8.35
1988	6.08	19.45	8.86
1989	4.10	-32.57	5.19
1990	4.92	20.00	5.80
1991	5.20	5.69	5.23
1992	5.57	7.12	5.63
1993	6.09	9.34	5.32

资料来源:《湖北统计年鉴》及作者对相关数据的计算整理。

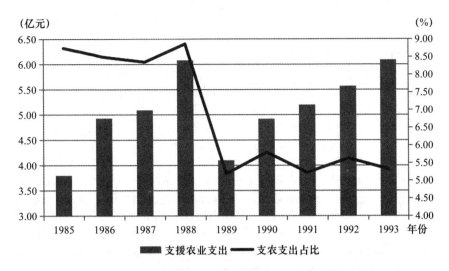

图 2—6 1985—1993 年湖北省财政支农支出及其占比变化

资料来源:《湖北统计年鉴》及作者对相关数据的计算整理。

(二) 乡镇企业发展

该时期湖北省通过一系列财政优惠政策助推乡镇企业发展。从表 2—8 可以看到,乡镇企业单位数从 1985 年的 84.06 万个增长到 1993 年的 137.76 万个,增长率为 63.88%,年均增长 6.37%。更为惊人的是乡镇企业总产值的提升。1985 年仅有 118.84 亿元,经过八年发展,总产值跃至 1019.88 亿元,增长了 7 倍多,年均增长率也高达 30.83%。在企业数量以较低速度增长的情况下,总产值的飞跃体现了湖北省乡镇企业规模的提升和生产效率的大幅提高。乡镇企业的发展也带动了地方就业。乡镇企业职工人数以年均 4.75% 的增长率从 1985 年的 358.72 万人提高到 1993 年的 519.84 万人。

表 2—8　　　　　　　　1985—1993 年湖北省乡镇企业发展情况

年份	乡镇企业单位数（万个）	增长率（%）	乡镇企业职工人数（万人）	增长率（%）	乡镇企业总产值（亿元）	增长率（%）
1985	84.06	110.68	358.72	46.36	118.84	62.59
1986	99.52	18.39	279.67	-22.04	151.29	27.31
1987	105.03	5.54	389.95	39.43	201.59	33.25

续表

年份	乡镇企业单位数（万个）	增长率（%）	乡镇企业职工人数（万人）	增长率（%）	乡镇企业总产值（亿元）	增长率（%）
1988	109.26	4.03	407.19	4.42	274.40	36.12
1989	107.38	-1.72	401.57	-1.38	327.27	19.27
1990	105.34	-1.90	388.98	-3.14	367.74	12.37
1991	104.33	-0.96	387.87	-0.29	393.01	6.87
1992	110.35	5.77	423.54	9.20	527.64	34.26
1993	137.76	24.84	519.84	22.74	1019.88	93.29
年均增长率	—	6.37	—	4.75	—	30.83

资料来源:《湖北统计年鉴》及作者对相关数据的计算整理。

　　具体来讲，以武昌县为例，1985年全县乡镇企业总计1729户，从业人员3.5万人，总产值1.9亿元，乡镇企业的发展初具规模。这些成果的取得离不开财政的支持。武昌县财政局配合有关部门"大力扶持副食品加工业，截至1987年全县农副产品粗加工和精加工企业达到六百多户，年产值达四千多万元；支持建材工业发展，以片石加工，石灰、砖瓦行业为主，加上预制构件等年产值达六千多万元；支持发展与大城市的横向经济联系，抓配套产品生产及加工，如汽车配件、摩托车配件、塑料、化工等；发挥骨干企业作用，注意发挥老企业的设备、技术应用能力"。对于乡镇企业发展较快，但存在技术落后、生产工艺简单、设备陈旧、人才缺乏的问题，"重点扶持了9户乡镇企业周转资金72万元。用于技术改造，如扶持金口镇布鞋厂周转资金5万元，更新改造了陈旧的设备……当年产值和实现利润均比上年有较大增长。同时，支持企业人才开发和技术引进，从外地引进技术人才49人；举办各种形式的短期技术培训班416人次；从企业内部一般技术工人中选派到外地学习9人"。1985年全县用于乡镇企业发展和挖潜改造的资金约1700万元。全县财政所共帮助组织农村闲散资金800多万元。[①]

―――――――――――

① 祝连生:《支持乡镇企业发展 发挥城郊优势》，《武汉财会》1987年第1期。

（三）农业产业结构调整

中央"一号文件"多次提到农业结构调整的问题，在文件指导下，湖北省在保证种植业总产值增长的情况下，大力发展林、牧、渔业。1985—1993年种植业总产值从129.61亿元增长至301.99亿元，实现了产值翻番。但种植业占农业总产值的比重从32.71%下降至22.78%，相反林、牧、渔业的比重则得到提升。尤其是渔业，湖北省江河、湖泊众多，拥有发展渔业的优势条件，利用这一优势，渔业总产值在八年间增长了4倍以上，从8.18亿元增长至42.77亿元，占农业总产值的比重也由4.25%提高至8.53%。林业和牧业的总产值1993年也比1985年分别增长了174.72%和242.94%。林业占农业总产值比重小幅提升至4.47%，牧业由20.32%增长至26.74%（见表2—9）。农业内部产业结构在保证种植业水平的同时相比之前更为均衡、多样，既有利于粮食的稳定，又有利于多种经营的发展。

表2—9　　　　　　1985—1993年湖北省农业产业结构情况

年份	种植业		林业		牧业		渔业	
	总产值(亿元)	占比(%)	总产值(亿元)	占比(%)	总产值(亿元)	占比(%)	总产值(亿元)	占比(%)
1985	129.61	32.71	8.15	4.24	39.08	20.32	8.18	4.25
1986	146.79	33.21	8.75	3.99	43.86	20.02	10.77	4.92
1987	160.13	30.93	9.97	3.99	54.86	21.97	14.19	5.68
1988	175.12	27.95	10.98	3.69	80.80	27.16	18.83	6.33
1989	198.56	27.69	11.75	3.51	91.47	27.30	20.66	6.17
1990	252.92	30.68	14.15	3.52	98.04	24.37	23.88	5.94
1991	247.01	27.04	16.81	4.15	102.19	25.23	25.06	6.19
1992	265.53	24.40	17.36	3.99	110.37	25.35	27.59	6.34
1993	301.99	22.78	22.39	4.47	134.02	26.74	42.77	8.53

资料来源：《湖北统计年鉴》及作者对相关数据的计算整理。

洪湖市万岭村在进行产业结构调整时，首先确保粮食种植面积，再把其他不适合种粮的土地拿来进行多种经营，发展养殖业，并且通过财政投入解决农户养殖过程中的资金问题，效果显著。1989年该村共产鱼

78 万斤,收入达 78 万元,扣除成本后实现利润 32 万元。养鱼的高收入弥补了种粮的低收入,同时为改善粮食生产条件提供了资金支持。通过资金分配,新修了灌溉渠道、增加了农机具,粮食生产也收获利好消息。最终实现了双丰收,农民收入增加,生活水平得到提升。[①]

(四) 农业生产条件一定程度上得到改善

该时期在财政政策、资金支持下,湖北省农业生产条件得到了一定程度的改善。机耕面积占总面积比重由 16.2% 提高到 31.0%,增长近一倍。化肥施用量也成倍增加,从 1985 年的 91.69 万吨增加至 1993 年的 182.82 万吨。有效灌溉面积占耕地总面积比重在此期间存在波动,总体上保持了小幅增长。值得一提的是水电站数量,乡村及村以下办水电站数量呈递减趋势,由 1995 个减少至 1177 个(见表 2—10)。由此可见,财政对农业的投入集中在生产资料方面,对农业基础设施、农田水利建设的投入存在不足。

表2—10   1985—1993 年湖北省农业机械化、用电、化肥、水利情况

年份	机耕面积比重(%)	乡村及村以下办水电站(个)	化肥施用量(折纯量)(万吨)	有效灌溉面积比重(%)
1985	16.2	1995	91.69	64.0
1986	15.2	1881	104.13	62.8
1987	13.7	1760	118.10	62.9
1988	25.3	1735	124.03	62.1
1989	29.2	1717	131.67	63.0
1990	31.5	1563	148.61	66.8
1991	34.7	1666	155.32	67.4
1992	40.3	1318	165.09	68.2
1993	31.0	1177	182.82	66.0

资料来源:《湖北统计年鉴》及作者对相关数据的计算整理。

洪湖市作为全国重点粮、鱼生产基地,对农业投入十分重视。

① 程乐成、杨代发:《财政部门扶持粮食生产的经验》,《武汉财会》1990 年第 7 期。

1986—1990 年,财政支农资金总计 5668 万元,对当地农业的发展产生了至关重要的影响。一是提高了农业机械化水平。1990 年洪湖市农业机械总动力达到 34.3 万千瓦,拖拉机 6065 台,柴油机 9899 台,机耕船 948 台,耕整机 1375 台,电动机 6077 台,农副产品加工机械 3851 台,为提高农业现代化水平创造了必要条件。二是优化了农业生产条件。截至 1990 年,共建成泵站 173 座,有效灌溉面积 82.36 万亩,23 个乡镇、474 个村通电,其中村级用电为 5670 万度。三是促进了农业科技水平的提升和生产技术的推广。已有或新建农业科研单位 5 个,培训机构 4 个。但是,该市也存在诸如生产基础薄弱、农业资金投入分散等问题。[1]

四 "三提五统"制度

(一)地方政府以各种名义乱收费

虽然中央政府多次下达文件提出规范提留统筹费用的收取,切实减轻农民负担,但上有政策下有对策,很多地区仍然存在以各种名义乱收费的现象,各种提留、摊派款名目繁多。以襄阳县为例,原本乡镇一级政府设立的提留项目为十项左右,平均每人提留 27 元。但在落实过程中,从乡镇到组,随着各级执行者对提留项目的逐级累加,最终农民负担的人均提留高达 120 元。包括了干部工资、报刊费、五保困难户费用、文化福利费、固定资产费、教育费附加、优抚费、计划生育活动费、交通费、民兵训练费、堤防保护费、集资建校费、牲畜包诊防疫费、治安费、卖场保护费、灭鼠防疫费、妇幼保健费、机械维修费、共同生产费、卫生事业费、广播事业费、邮电事业费、水费、招待费、乡镇临时勤杂人员工资等二十多项。除了这些常规性的项目,还会有部分临时性集资,比如办电、办企业等。

除此之外,还存在与农业税混收的现象。而税费混收不仅使得农民负担更为沉重,而且也对农业税的征收工作产生了消极影响。有些地方为了收齐各种名目的提留费用,以农业税为借口,把二者混在一块,这样农业税收到了,提留款也就一起收上来了。农民很多时候无法区分哪些是税收哪些是费用,也就无从追究费用收取是否合理,要么被动承受

---

① 刘庆坤:《增加农业投入确保农业经济持续发展》,《财会月刊》1992 年第 6 期。

这些负担,要么欠税、抗税。所以,这种税费不分一起混收的做法,不仅加重了农民负担,也阻碍了税收工作的正常开展。

这一问题到该时期末,在中央发布《条例》和《通知》及湖北省发布《湖北省农民承担费用和劳务管理条例》后才有所缓解。但还是无法改变较长时期内地方政府乱收费的常态问题。

(二) 农民税外费用负担加重

为了促进农民积极性的提升,提高农业生产水平,中央出台了一系列政策来减轻农民负担。但上有政策,下有对策,一些地区农民的负担居高不下。以黄冈县为例,该县 1987 年农民负担总额在 1986 年的基础上增加了 9.77%,达到 3161 万元。就提留款而言,1987 年黄冈县农民收入总额 21318.59 万元,原本按照 5% 的最高提留比例来算,最多也只需缴纳 1066 万元的提留。但实际提留的金额为 1159 万元,比最高限额高了8.72%。劳务负担也超过了《湖北省减轻农民负担的规定》中"每年每个劳动力一般控制在 15 个标工以内"的规定,每个劳动力实际负担的劳务高达 23 个标工。[①]

不只黄冈县,在湖北省其他地区也普遍存在这种现象。1989 年谷城县农民负担的农业税、特产税,以及各种名目的提留统筹费用和劳务负担折价等人均 71.03 元,比 1985 年提高了 54.14%。[②]

究其原因,一是对农民富裕程度估计过高。似乎到处都是"万元户",事实上真正富裕的是极少数。二是村级组织人浮于事,补贴太多。谷城县全县村级干部补贴后的工资总额 1988 年为 326 万元之多,比 1985年提高了 71%。三是公益事业大操大办。谷城县 1989 年集资摊派款达263 万元,比 1985 年增加了 140%。四是有些地方的吃喝招待铺张浪费。黄冈县某一个村的干部仅三年时间就利用公款吃喝招待数百次,数额高达 10.54 万元。五是农村财务管理混乱,对于农民上缴款项随意串换、挪用,公共积累大幅度下降,向农民投入的能力大大削弱。

(三) 农民外出务工增加

综合上文分析可以知道,该时期粮食生产停滞,农民收入增幅下降,

---

① 鲍友明:《为什么有些地方农民负担减而不轻》,《中国农村经济》1988 年第 6 期。

② 姜息元:《对减轻农民负担的几点思考》,《财会通讯》1990 年第 10 期。

但农业税收负担及税外费用负担却大大增加，农业生产效益降低。加之该时期城市改革同步进行，第二、第三产业提升，同时乡镇企业蓬勃发展，部分农民选择弃耕，转而从事其他产业生产。

1985年湖北省第一产业从业人员为1383.25万人，到了1993年人数增长至1467.33万人，年均增长率为0.74%（见表2—11）。虽然从绝对值上看，第一产业从业人员在该时期保持了小幅增长，但是对比农村人口的增长率，可以发现农村人口年均1.31%的增长率，高于第一产业从业人员增长率。所以，存在部分农民放弃第一产业选择外出务工情况。

表2—11　1985—1993年湖北省第一产业从业人员及农村人口增长率

年份	第一产业从业人员 数量（万人）	第一产业从业人员 增长率（%）	农村人口增长率 （%）
1985	1383.25	—	−1.76
1986	1393.57	0.75	0.00
1987	1417.17	1.69	1.67
1988	1442.96	1.82	1.24
1989	1481.06	2.64	1.10
1990	1516.17	2.37	4.55
1991	1548.16	2.11	0.95
1992	1512.96	−2.27	0.44
1993	1467.33	−3.02	0.59
年均增长率	—	0.74	1.31

资料来源：《湖北统计年鉴》及作者对相关数据的计算整理。

第三节　问题与经验总结

一　存在的问题

（一）扩大农民自主权和农产品均衡供应存在矛盾

农产品流通体制改革的目的是最大限度提高农民生产和销售的自主权，使他们能够按照市场的需求安排农业生产和产品销售，这就对农产品生产结构的弹性提出了比较高的要求。但是从需求角度来看，很多农产品的消费需求弹性很小，对其供应相应的也需要保持均衡，所以就要求耕地在各种农产品之间的比例分配较为稳定，尤其是对粮食等重要品种而言，产量波动幅度应该相对较小。

如果农民完全根据市场变化，自主选择种植品种、面积等，在某种农产品市场需求扩大、价格上涨时就可能出现大家一窝蜂种植该产品，导致该产品供过于求，而其他农产品的市场供应又无法得到保障，耕地分配的不平衡局面对粮食安全也会产生消极影响。这就产生了扩大农民自主权和部分农产品需均衡供应的矛盾。

(二) 农业税征收制度僵化，折征代金下易发生税费混收

从上文对 1978—1984 年及 1985—1993 年两个时期农民收入、粮食产量和农业税的增长率对比分析可以看到，在农民收入和粮食产量增速大幅放缓的时候，农业税仍然保持甚至超过了前期水平。由此可以看出农业税的征收工作较为僵化，没有根据新形势及时调整。

多年来，农业税征收工作一直沿用 20 世纪 60 年代制定的相关制度、规定，随着耕地面积和农产品产量的变更，越来越多的规定无法适应现实情况、解决实际问题。比如，有些原本是耕地，经开发建设，成为其他用地；或者受自然灾害影响，地力退化，无法再种植农作物；也有的原本是荒地经开垦成为耕地。这些因素都可能导致耕地面积的变化，但农业税的征税面积一直维持相同的数值。计征标准也是同样的问题，始终保持着不变的水平，即土地的常年产量，这就忽视了自然灾害对农业生产的影响。虽然在特殊情况下有减灾额，但按照先征后减的程序发放存在层层克扣截留、贪污腐败等问题。

1985 年将征粮的征收方式改为折征代金，一方面，会导致税收随定购价格"水涨船高"；另一方面，相比征收粮食，征收现金的方式也更容易导致税费混收的问题，给地方政府乱摊费、乱收费提供了便利，在收取农业税时一并将一些不合理的提留统筹等费用收上来。

(三) 财政对农业投入总量不足、方式不合理

从上文相关分析可以看到，湖北省支援农业支出在数额上虽然有上升趋势，但对比财政总支出的增长，就可以发现支农支出占比在下降。同时，与财政支农支出占总支出比重相比，同期中国农村人口占总人口的比重都在 76% 以上，农业总产值占地区总产值的比重也都在 37% 以上（见表 2—12），远高于财政支农支出占财政农支出 4% 或 8% 的比重。由

此可见，该时期湖北省财政对农业的投入明显不足，农业支出占省财政总支出的比重严重偏低，非农偏向明显。农业作为弱势产业，不仅承受着来自市场的风险，还有自然风险，受自然灾害影响大。湖北省粮食产量的波动就在一定程度上反映了该省农业抗风险能力较弱，稍有意外发生都能轻易影响农业生产。

表2—12　　　　1985—1993年湖北省农村人口及农业总产值比重　　　（单位:%）

年份	农村人口占总人口比重	农业总产值占地区总产值比重
1985	78.74	48.53
1986	77.82	49.57
1987	78.04	48.22
1988	77.68	47.49
1989	77.34	46.72
1990	77.66	48.79
1991	77.36	44.35
1992	76.76	40.01
1993	76.21	37.80

资料来源:《湖北统计年鉴》及作者对相关数据的计算整理。

同时，从表2—10可以看出，该时期湖北省乡村及村以下办水电站数量逐年呈现负增长的趋势，负增长率达到41%。有效灌溉面积比重虽然在增长，但是相比机耕面积、化肥施用量的增长，增速十分缓慢。所以，财政对农业的投入多集中在生产资料及生产工具上，对于投资额较大、时效性长的基础建设投入欠缺，投入方式有待提升。这也从另一个方面印证了财政对农业投入资金不足的情况，正是因为资金短缺，才无法投资在这些资金需求大的基础设施、农田水利等的建设上。

（四）税外费用不合理征收

税费不分、费用名目繁多是该时期农业税费征收中一个比较突出的问题，容易导致欠税、抗税现象的产生，严重影响农业税收及相关提留统筹费、摊派费用的征收工作，也会在很大程度上加重农民负担。

由于提留款名目繁多、数额较大，许多农民难以接受，选择欠税、抗税,甚至还会和上门催收的干部人员发生冲突,恶性事件频发。有数据显示,某村农业税实际上只有 8 元/亩,仅占耕地支出总额的 4%,但提留统筹款占比却高达 39%。所以,农民的抗税行为从根本上说是在抗费。

二 经验总结

(一)"双轨制"需持续一段时期

对于扩大农民生产、销售自主权和农产品均衡供应之间的矛盾,需要通过维持"双轨制"来减轻。对于那些关乎人民群众生活的重要农产品,特别是粮食,可以允许产品的购销、价格和调控机制的双重性在一定时间内存在。因为完全依靠市场进行自主调节的单轨制的形成对环境及其他条件有更高的要求,既要求农产品的总供给超过总需求,粮食等重要农产品与其他农产品之间在耕地上能自由转化,同时需要购买者和国家有较高的财政承受水平。而以上这些要求,在一个较短的时间内是没法全部实现的,只能是在长时间逐步改革积累的基础上达到。但是,对于"双轨制"本身还是可以有所作为,比如,在数量上可以适度下调定购比率,在价格上则可以适度调高定购价格,这样可以给农民提供更多参与市场的可能,有利于激发他们从事农业生产的积极性,稳定农产品产量。

(二)完善农业税征收机制,定期调整税率

对于农业税征收机制僵化的问题,可以通过实行多种税率,并根据现实情况的变化定期调整的方式改善。比如,对于直接由国家定价的那部分农产品适用优惠税率;市场化程度较高,交易自由性更大的可以适度调高税率;普通耕地适度降低或取消农业税,根据土地种植的农产品来确定,粮食耕地要有优惠,种植国家控制的经济作物的土地税率要更为严格,对荒废的耕地也要适度提高税率,对开荒形成的土地则少征或不征农业税。但是,农业税的调整不宜过于频繁,要有相对稳定性,小调可以选择五年一次,较大规模的修改和完善可以十年一次。其他时间如遇自然灾害或是社会环境的重大变化等突发事件可以临时做出调整。

此外,关于农业税减灾额的发放程序,可以选择改先征收后减免的方式为先减免后征收。根据当时农业税先征收后减免的程序,无论是丰

收还是歉收，统一都是先征收全部农业税，之后再按照受灾情况减免。这样做不仅加重了工作负担，还给有心之人提供了贪污腐败的可能，最终减免款无法真正发放到群众手中。所以，可以采用先减免后征收的方式，避免给不法分子可乘之机。

而关于折征代金的征收方式更易导致税费不分的问题，是农村社会进步不可避免的问题。要发展农村商品经济，需要农民按照国家和市场需求来调整生产，折征代金的征收方式符合这一发展趋势，暂时不可能回到过去征粮的方式。因此，解决该问题，更重要的是加强税外费用征收的监管。

（三）扩大支农投入主体，提高投入科学性

对于财政支农投入不足的问题，一方面需要各级财政继续加大支农资金投入，提高支农支出占总支出的比重；另一方面也需要积极拓宽资金来源，引导各方投资农业，而不仅仅是依靠财政的投入。特别是在财政资金困难的情况下，第二种方式就显得更为重要。武昌县在1987—1990 年全县开发和改造共需资金 2450 万元，仅仅依靠县财政投入是远远不够的。县财政局以自力更生的原则，支持群众兴办企业，帮助进行了"创业意识"教育，以宁港乡艰苦创业建设橘乡的事迹作为学习对象，鼓励自我创业解决资金问题。

此外，从前文分析也可以看到，在资金投向上，湖北省支农资金存在对短期利益投入比例高，长期利益投入比例低的问题。大量资金投入化学施用品、种子上，对于农业基础设施建设、农业技术推广升级等开发性的建设资金较为短缺。对于这一问题相关部门必须提高战略意识，正确分配资金使用的方向和比例，增加对农田水利等基础设施建设以及农业技术改造和推广的重视，提高农业生产率。按照这一思路，湖北省不断改善支农资金投向，使其向农业基础设施倾斜、向农业科技发展及提升倾斜。到1997 年，全省财政用于农业基础设施建设的投入占财政对农业投入总额的30% 左右，农业生产条件得到大幅度优化。科技在农业增长中的贡献率达到44.92%。

（四）开源节流积累资金，严格透明征收费用

对于地方政府以各种名义向农民收取不合理费用的行为，究其根源是集体资金的缺乏。所以，从根本上解决这一问题就需要想办法增加资

金积累。从开源角度来看，发展集体经济不失为一个好的选择。应城市刘塆村作为"粉笔之乡"有家庭粉笔厂 300 多个，每年粉笔产量高达 10 万箱，产值有 200 多万元，不仅农民个体从粉笔生产中获得了收益，集体经济也有了发展，给公共建设提供了资金支持。集体从统一经营的收益中拿出部分资金用于修路、改造耕地、兴办公益事业，避免了向农民收取摊派款，大大减轻了农民负担，优化了农民生产生活环境。襄樊市新城镇同样依靠发展乡村企业、集体经济减轻了农民负担。

从节流角度来说，非生产人员的工资以及其他行政管理费是费用开支的一个重要部分。襄樊市新城镇通过对村组干部及其他人员进行较大规模调减，共减少相关人员 126 人，工资支出也因此少了 7.6 万元。通过对民办教师、卫生员、兽医员等的精减，又减少了大量相关的工资和福利支出。两个精减措施总计减少了行政管理费 9 万元，使得该地区农民负担减轻了 4.5 元/人·年。

对于必须征收的合理费用，应写进合同，严格按照合同数额收取，对追加的指标采取内部调整、自我消化的方式解决。应城市刘塆村 1987 年的提留统筹款按照合同条款来看是 31114 元，但是后续因为教育费附加等其他费用的追加，总开支增加。但该村没有违反合同内容多收费用，而是精减其他费用的开支，用以弥补追加的款项。

同时，征收的过程要做到透明，提留项目、金额、使用明细及时公布，接受农民监督。在征收项目上，农业各税要和提留统筹费用区分开来，不能混为一谈，各收费项目向农民公示。征收时税和费分别计算，分别开具相关票据证明，不能把二者合并在一起开具总额票证。

第三章

改革深化阶段（1994—2001年）的湖北农业财政发展

在1992年党的十四大报告中提出，"我国经济体制改革的目标是建立社会主义市场经济体制"①。从这个时候起，中国的经济体制改革进入了深水区，中国实施的一系列重大财税体制改革政策和措施深深地加重了农业生产经营的负担，湖北省农业经济在负重前行。

第一节　政策演变

1994—2002年是一个重要的历史阶段，在1992年确立建立社会主义市场经济体制后，锁定目标、精确定位、制定政策等相继进行。尤其是1994年实施的分税制财政体制，这一制度改革不仅是对中央政府与地方政府之间的财政关系的改革，还是市场经济体制改革的重要内容，对于处理中央和地方政府关系、政府和企业关系、政府和个人关系有着积极作用。除此之外，在1998年实行的积极的财政政策也是对分税制的完善，中央开始探索建立公共财政框架并着力推进财政支出改革，这些改革的实行对于财政支农政策的完善都有重大影响。2001年中国正式加入世界贸易组织（WTO），中国农产品逐渐转向高产优质，向着国际化迈进。

---

① 党的十四大报告《加快改革开放和现代化建设步伐　夺取有中国特色社会主义事业的更大胜利》，1992年10月12日，西陆网（http://zhuanti.xilu.com/n_ dangdeshisidabaogao_s.html）。

一 分税制的建立及其配套制度的变化

(一) 建立分税制财政体制，改革财政分配机制

改革最开始的时候，财政包干的财政管理体制在一定程度上缓解了"统收统支"财政管理体制的缺乏激励等问题，但随着经济发展和市场扩大，也暴露出其弊端：一是降低了中央政府收入在财政收入中的比例，以此弱化了中央政府宏观调控能力；二是地方政府为获得其利益，重复建设税收多的项目，降低资源配置效率；三是中央政府和地方政府的信息不对称导致的互相猜忌，而不断制定新规定对地方政府进行约束，产生较大的交易费用，降低政府效率。

在 1992 年党的十四大报告中提出，"要逐步实行税利分流的分税制"。且在当年还公布了《关于实行"分税制"财政体制试点办法》，以天津、辽宁、沈阳、大连、浙江、武汉、重庆、青岛、新疆 9 个地方作为分税制改革试点的起点。[①] 而分税制预算管理体制是从 1994 年 1 月 1 日开始实施的。

中国分税制改革用的是渐进式方法，它以存量不动、增量调整为原则，使得中央的宏观调控能力慢慢增强，更是为合理的财政分配机制的建立奠定良好的基础。1994 年的分税制选择了中央财权相对集中、财力相对分散的集权式模式。分税制改革的原则和主要内容是："按照中央与地方政府的事权划分，合理确定各级财政的支出范围；根据事权与财权相结合原则，将税种统一划分为中央税、地方税和中央地方共享税，并建立中央税收和地方税收体系，分设中央与地方两套税务机构分别征管；科学核定地方收支数额，逐步实行比较规范的中央财政对地方的税收返还和转移支付制度；建立和健全分级预算制度，硬化各级预算约束。"[②]

(二) 探索公共财政框架，改革预算管理体制

中国政府在 1994 年正式提出了"公共财政"这一概念，根据"公共

---

① 《关于实行"分税制"财政体制试点办法》，1992 年 6 月 5 日，法律图书馆（http://www. law – lib. com/law/law_ view. asp? id = 54734）。

② 《国务院关于实行分税制财政管理体制的决定》，1993 年 12 月 15 日，中华人民共和国财政部（http: //yss. mof. gov. cn/zhuantilanmu/zhongguocaizhengtizhi/cztzwj/200806/t20080627 _ 54328. html）。

财政"来决定之后的中国财政朝什么方向改革、以什么为改革目标。公共财政，是一种财政收支的活动模式，"公共"二字体现在其为满足社会公共需要的目标上。公共财政的实施与我国发展社会主义市场经济相适应。在1998年，中国开始实行了积极的财政政策，并且对分税制进行不断的完善，还开始探索建立公共财政框架并着力推进财政支出改革。

为建立与社会主义市场经济体制相适应的预算管理体制，国家采取一些措施。1994年通过《中华人民共和国预算法》并于1995年起实施，预算管理从此有法可依。1996年颁发的《政府性基金预算管理办法》使得政府性基金的管理更加规范，该办法提出："地方财政部门按国家规定收取的各项税费附加，根据国务院〔1996〕29号文件要求纳入地方财政预算后，也视同地方政府的基金收入，预算级次为地方预算收入。"①1998年"公共财政"的确立，促使中国对与社会主义市场经济体制相适应的公共财政框架的建立，而预算管理体制这一公共财政框架核心的部分也需要进行改革。同年，中国进行了以部门预算、收支两条线、国库集中收付制度和政府采购制度等为主的预算管理体制改革。2000年深入细化改革，推行了部门预算改革，部门预算改革试点选取了教育部、农业部等4个部门，要求各个部门都编制其各自的一本预算，每本预算都要按照统一规定的编报程序、格式、内容和时间进行编制，编制工作相对更加复杂，因此编制时间由过去的4个月延长至6个月。2001年，中央财政启动国库集中收付制度改革。

湖北省各县市在推行预算管理体制改革中，积极响应国家号召。其中，宜昌县县乡财政部门积极探索国库集中收付制，其具体办法如下。

1. 推行两种收入入库模式，实现收入统管

政府性收入包括各种税款、国土收入、罚没收入和预算外资金等。宜昌县将政府性收入中的各项税款划为一类，为解决多个收入过渡户而导致的税款入库不畅问题，建立"国库经收、税款直达、微机联网"的税款入库新模式。以财、税、库计算机联网为依托，取消所有征收机关收入过渡户，实行税款收入由国库部门经收并直达国库。为规范政府分

---

① 《政府性基金预算管理方法》，1996年12月13日，中华财税网（http://www.zgtax.net/plus/view.php? aid=56391）。

配行为,解决"三乱"问题,宜昌县贯彻"收支两条线"精神,对国土收入、罚没收入和预算外资金这一类采用"三分两统"模式进行管理,即以电子计算机技术、网络技术等现代科技手段为依托,以收缴分离、罚缴分离、收支分离,罚没收入、国土收入和预算外资金统一直达国库、财力统一分配为基本内容的"三分两统"模式。

2. 改革政府资金管理办法,实行支出直达

1998 年探索建立公共财政的基本框架,推行财政支出改革。宜昌县针对财政支出方面也进行一系列整改。20 世纪 90 年代初期,乡镇各行政事业单位(俗称"七站八所")管理权下放后引起的乡镇单位财务管理"四多四乱"(银行账户多,货币资金管理乱;各类票据多,收支凭证混乱;违规账目多,钱款核算及档案管理乱;违纪违规问题多,财务收支管理乱)现象。为解决上述问题,宜昌县于 1998 年 6 月在宜昌县小峰乡推行"零户统管"财政会计管理模式改革试点。"零户统管"是在保持单位资金使用权和财务自主权不变的前提下,实行单位不设银行账户和会计,财政统一管理会计人员、资金结算和会计信息工作,融会计服务和监督管理为一体模式。

除此,还对乡镇行政事业单位人员工资实行"工资直达个人"管理改革,对行政事业单位购买商品性支出实行政府采购制度,并于 1999 年出台《宜昌县政府采购管理暂行办法》。[①]

二 稳定农村基层政权,启动农村税费改革试点

20 世纪 90 年代中后期,大宗农产品供给过多,导致农产品价格的大幅下降,农民的家庭收入也无法提高,雪上加霜的是除去农业四税负担后,农民还需承担繁重的税外负担,如村级提留费、乡统筹费等。农民通过种地能够获得的收入并不多,难以支付不断增加的税费负担,停耕抛荒的现象越发严重。农民没有能力支付税费,农业税任务完成不了,中国许多村集体出现负债过重的情况,乡镇财政赤字状况频发,财政运转不过来。

---

① 赵重九、汪宏斌、陈绪旺:《宜昌县探索国库集中收付制度》,《农村财政与财务》2000 年第 8 期。

正是在这样的农民负担严重、农业生产积极性不高、农村财政不稳定的背景下，党中央决定在 2000 年开始进行农村税费改革。在 2000 年发出《中共中央、国务院关于进行农村税费改革试点工作的通知》，改革最初在安徽进行试点。国务院在 2001 年的《关于进一步做好农村税费改革试点工作的通知》要求"扩大试点，积累经验"。由于改革进行太快，在 2001 年暂停后，国务院于 2002 年 3 月决定继续扩大试点，并印发《关于做好 2002 年扩大农村税费改革试点工作的通知》。湖北省则是在 2002 年加入农村税费改革试点省份的，并在这年印发《湖北省农村税费改革试点方案的通知》："农村税费改革试点的主要内容为'三个取消、一个逐步取消、两项调整、两项改革'：取消农村教育集资等专门面向农民征收的行政事业性收费和政府性基金；取消农村教育集资等涉及农民的政府性集资；取消屠宰税；逐步取消统一规定的劳动积累工和义务工；调整农业税政策；调整农业特产税政策；改革村提留征收使用办法；改革共同生产费征收使用办法。"[①]

三　发展贸工农一体化经营，加快农业产业化发展

对生产责任制的改革注重于农业生产，而改革不断推进，也逐渐地扩展到农产品的流通交换领域，农产品流通体制改革也在进行中，产业结构也由单一的"以粮为纲"演变为多种经营方式共存，农村商品交换更加活跃。正是在这样农村商品经济越发活跃的时候，更能发现当时存在的农产品买卖双方信息不对称，买卖交易困难，产品多了价格被砍得多而产品少了价格昂贵，市场扭曲等现象。简单来说就是，中国小农经济模式下农户进行分散的、小规模的生产，已经不适用于中国的市场经济环境。一些地区在应对这些问题的时候试验了"贸工农、产加销"一体化的经营实体，虽还没正式形成农业产业化雏形，但可瞥见农业产业化的影子。为解决当时的农业问题，山东省潍坊市就采用了农业产业化经营的方式，并在 1993 年初第一次提出了"农业产业化"概念，"确定主导产业，实行区域布局，依靠龙头带动，发展规模经营"。在潍坊市农

---

①　《湖北省农村税费改革试点方案的通知》，2002 年 6 月 21 日，湖北省财政部网（http：//www. hbcz. gov. cn/421083/lm1/lm1/2006 - 10 - 25 - 9018080. shtml）。

业产业化经营取得一定成果后，山东省全省也开始实施该项经营方式，为全国发展农业产业化经营做出标榜，中央在 1993 年的《中共中央关于建立社会主义市场经济体制若干问题的决定》中就指出，要"改变部门分割、产销脱节的状况，发展各种形式的贸工农一体化经营，把生产、加工、销售环节紧密结合起来"①。自 1993 年中央发布文件鼓励发展农业产业化经营并做出政策指令后，在其后的几年里都下发了文件对农业产业化经营的作用给予肯定与重视，还对农业产业化经营做出工作指示与要求。在 1995 年的《关于做好 1995 年农业和农村工作的意见》中指出："发展一体化的经济组织，在所有制和经营形式上要坚持多样化，在生产经营上要坚持以市场需求为导向，在分配体制上要坚持保障农民的利益，真正达到发展农村经济、增加农产品供给和农民收入的目的"②。在 1996 年的《关于"九五"时期和今年农村工作的主要任务和政策措施》中指出，"大力发展贸工农一体化经营，加速农村经济向商品化、产业化、现代化的转变"。"要以市场为导向，立足本地优势，积极兴办以农产品加工为主的龙头企业，发展具有本地特色和竞争力的拳头产品，带动千家万户发展商品生产，带动适度规模经营的生产基地建设和区域经济的发展。国有和集体的农产品加工企业也要转变经营方式，与农民结成经济利益共同体，实行贸工农一体化经营，促进农业发展和农民致富。"③ 湖北省人民政府贯彻落实上级文件精神，在 1997 年 12 月发出《关于支持农业产业化发展若干政策问题的通知》，就有关政策问题进行强调，促使湖北省农业产业化实现突破性、超常规、大发展、大见效。2000 年 10 月的《中共中央关于制定国民经济和经济发展第十个五年计划的建议》中提出，"要把农业产业化经营作为推进农业现代化的重要途径，鼓励、支持农产品加工和销售等企业带动农户进入市场，形成利益共享、风险共

---

① 《中共中央关于建立社会主义市场经济体制若干问题的决定》，1993 年 11 月 4 日，中国网（http://www.china.com.cn/chinese/archive/131747.htm）。

② 《关于做好 1995 年农业和农村工作的意见》，1995 年 3 月 11 日，法律快车（http://law.lawtime.cn/d657672662766.html）。

③ 《关于"九五"时期和今年农村工作的主要任务和政策措施》，1996 年 1 月 21 日，法律教育网（http://www.Chinalawedu.com/falvfagui/fg22016/11988.shtml）。

担的组织形式和经营机制"①。《关于做好2001年农业和农村工作的意见》再次强调,"各级政府和有关部门要认真总结经验,加强对农业产业化经营的扶持和引导"②。在各类政策的引导下,中国的农业产业化经营水平不断提高。

四　建立和健全农业社会化服务体系,保障农业生产稳步发展

要发展农业产业化经营,就必须建立起良好的农业社会化服务体系,以高水平、高层次的服务支持产业化发展。中国在建立农业社会化服务体系工作上颁布了许多政策方针,明确规定了农业社会化服务体系建设的目标、原则以及方向。在1993年的《关于印发九十年代中国农业发展纲要的通知》中谈道,"到20世纪末,要在全国逐步建立起以乡村集体和合作经济组织为基础,以专业经济技术部门为依托,以农民自办服务为补充的多经济成分、多形式、多层次的服务体系"。"进一步制定和落实农业社会化服务工作的扶持政策。要在资金上扶持农业社会化服务体系建设,落实有关科技部门兴办服务实体在工商管理、税收等方面的优惠政策。"③ 1993年还提到"发展农村社会化服务体系,促进农业专业化、商品化、社会化"。多样化社会服务体系的建立也离不开农村教育与农业科学,于是在2000年《中共中央关于制定国民经济和社会发展第十个五年计划的建议》中提出,"大力推进以科技服务和信息服务为重点的农业社会化服务体系建设"④。随着各项政策的出台,建立农业社会化服务体系有了指导思想、工作方案、完成目标,出台的政策措施对于农业社会化服务具有深刻的指导意义。《中共湖北省委、湖北省人民政府关于切实做好2000年农业和农村工作意见》对2000年湖北农村工作作出指示,加强农村市场体系建设,大力搞活农产品流通。

---

① 《中共中央关于制定国民经济和社会发展第十个五年计划的建议》,2000年10月11日,人民网(http://cpc.people.com.cn/GB/64162/71380/71382/71386/4837946.html)。

② 《关于做好2001年农业和农村工作的意见》,2001年1月11日,中国政府网(http://www.gov.cn/gongbao/content/2001/content_61314.htm)。

③ 《关于印发九十年代中国农业发展纲要的通知》,1993年11月4日,法律教育网(http://www.chinalawedu.com/falvfagui/fg22016/6680.shtml)。

④ 《中共中央关于制定国民经济和社会发展第十个五年计划的建议》,2000年10月11日,人民网(http://cpc.people.com.cn/GB/64162/71380/71382/71386/4837946.html)。

五 规范农村土地承包关系，家庭联产承包责任制改革实现新突破

第一轮土地承包到期后，是否还需要继续实行家庭联产承包经营呢？土地承包是从哪一年开始呢？为了回答上述问题，更是为了维护农村发展的稳定，中共中央在 1993 年的《关于当前农业和农村经济发展的若干政策措施》中提出，"在原定的耕地承包期到期之后，再延长三十年不变"①。至此第二轮土地承包开始。而后在 1997 年的《关于进一步稳定和完善农村土地承包关系的通知》中指出，"在第一轮土地承包到期后，土地承包期再延长 30 年，指的是家庭土地承包经营的期限。集体土地实行家庭联产承包制度，是一项长期不变的政策。土地承包期再延长 30 年，是在第一轮土地承包的基础上进行的"②。政策的颁布使得农民对土地承包更安心、土地投资更有信心、农业生产更加积极主动。

为了使农村土地承包关系得到进一步地规范化与法律化，在 1992 年时将"土地承包经营期限为 30 年"以法律形式列入了《土地管理法》。在 1998 年的《关于农业和农村工作若干重大问题的决定》中重点强调了"要坚定不移地贯彻土地承包期再延长 30 年的政策，同时要抓紧制定确保农村土地承包关系长期稳定的法律法规，赋予农民长期而有保障的土地使用权"③。同时为了提高劳动生产率，根据农户土地需求可进行土地使用权转让的"小调整"，但"小调整"的前提是"大稳定"，也就是需要坚持土地承包期 30 年不变。中国的农村土地制度在多年的实行中得到不断的发展与完善，已具备一个比较系统的体系。

2000 年 2 月 2 日，中共湖北省委、湖北省人民政府《关于切实做好2000 年农业和农村工作意见》中指出，"要继续抓好稳定完善农村的基本政策，土地延包 30 年不变，要按照规定进行全面检查；少数没有落实的，要尽快落实；土地使用权证没有发放到户的，要尽快到户；要抓好

---

① 《关于当前农业和农村经济发展的若干政策措施》，1993 年 11 月 5 日，360 个人图书馆（http：//www.360doc.com/content/16/0512/13/29408904_ 558487338.shtml）。

② 《关于进一步稳定和完善农村土地承包关系的通知》，1997 年 8 月 28 日，中华文本库（http：//www.chinamd.com/file/urt6ete6otwxzuuuoa6uospa_ 1.html）。

③ 《关于农业和农村工作若干重大问题的决定》，1998 年 10 月 14 日，人民论坛网（http：//politics.rmlt.com.cn/2013/0605/151448_ 5.shtmll）。

承包合同、土地证书的管理，及时按政策调解处理各种纠纷"①。

六　调整农产品流通政策，农产品流通体制的市场化改革进程加快

自 1992 年确立了建立社会主义市场经济体制的目标以来，农产品流通领域也进行了改革且一直在稳步推进。国务院在 1993 年下发《关于加快粮食流通体制改革的通知》，提出"粮食流通体制改革要把握时机，在国家宏观调控下放开价格，放开经营，增强粮食企业活力，减轻国家财政负担，进一步向粮食商品化、经营市场化方向推进"②。同年 11 月，中共中央、国务院《关于当前农业和农村经济发展的若干政策措施》指出，"粮食统购统销体制已经结束，适应市场经济要求的购销体制正在形成。从 1994 年起，国家定购的粮食实行保量放价，即保留订购数额，收购价格随行就市。粮食价格和购销体制放开以后，国家对粮食实行保护价制度，并相应建立粮食风险基金和储备体系"。为应对 1993 年由南方市场粮价高涨并波及北方地区粮价上涨而导致的粮食市场价格与定购价格的巨大差距问题，中央对农产品市场的调控力度增强。国务院在 1994 年发出了《关于深化粮食购销体制改革的通知》，提出"切实做好粮食收购工作，确保国家掌握必要的粮源。各级政府和粮食部门要加强对粮食市场的管理和调控，运用经济手段，确保粮食市场价格的基本稳定"③。1994年 6 月起又对粮食定购价格进行大幅度的提升，还对销售价格做出最高价格限制，虽然初衷是为了使定购价和市场价的差距不那么大，但是这从本质上又成了粮价"双轨制"，它无疑又重蹈覆辙，使得国有粮食企业面对越来越沉重的财政负担。于是，国务院在 1998 年的《关于进一步深化粮食流通体制改革的决定》中提出，"改革的原则是'四分开一完善'，即实行政企分开、中央与地方责任分开、储备与经营分开、新老财务账目分开，完善粮食价格机制，更好地保护农民的生产积极性和消费者的

---

① 《关于切实做好 2000 年农业和农村工作意见》，2000 年 2 月 2 日，110 网（http：//www. 110. com/fagui/law_ 231261. html）。

② 《关于加快粮食流通体制改革的通知》，1993 年 2 月 15 日，法律教育网（http：//www. chinalawedu. com/falvfagui/fg22016/12015. shtml）。

③ 《关于深化粮食购销体制改革的通知》，1994 年 5 月 4 日，中国政府网（http：//www. gov. cn/zhengce/content/2016－07/28/content_ 5090562. htm）。

利益，真正建立起适应社会主义市场经济要求、符合我国国情的粮食流通体制"①。1998 年的《关于农业和农村工作若干重大问题的决定》中指出，"各地和有关部门要按照中央的部署，统一认识，坚决贯彻按保护价敞开收购农民余粮、粮食收储企业实行顺价销售和粮食收购资金封闭运行三项政策，加快国有粮食企业自身改革"②。而后粮食供求关系发生变化，政府也逐渐对部分粮食品种的收购放开了。在 2001 年《国务院关于进一步深化粮食流通体制改革的意见》中提出，"深化改革的总体目标是：在国家宏观调控下，充分发挥市场机制对粮食购销和价格形成的作用，完善粮食价格形成机制，稳定粮食生产能力，建立完善的国家粮食储备体系和粮食市场体系，逐步建立适应社会主义市场经济发展要求和我国国情的粮食流通体制。放开浙江、上海、福建、广东、海南、江苏和北京、天津等地区的粮食收购，粮食价格由市场调节"③。可以说，中国粮食流通体制改革在这一时期才做出了实质性的变革，取得了真正的进步。除了粮食外，其他农产品比如说棉花也有了其流通领域的改革。随后的政策文件中对农产品流通领域的改革都做出了指示，积极促进了农产品流通体制的市场化改革。到了 2002 年，国家不仅放开部分粮食主产区的粮食收购价，还给予种粮农户直接补贴。

七 调整农产品品种与质量，发展高产优质高效农业

由于人们生活水平的不断提高，其对优质农产品的需求也在不断增加，这时期的农业产业结构调整不单是农业多种经营方式的发展，在中共十四届三中全会通过的《中共中央关于建立社会主义市场经济体制若干问题的决定》中，要求"要适应市场对农产品消费需求的变化，优化品种结构，使农业朝着高产、优质、高效的方向发展。实现农业产品结构调整，必须积极培育农村市场，打破地区封锁、城乡分割的状况，进

---

① 《关于进一步深化粮食流通体制改革的决定》，1998 年 5 月 10 日，中国政府网（http://www.gov.cn/xxgk/pub/govpublic/mrlm/201011/t20101117_62829.html）。

② 《关于农业和农村工作若干重大问题的决定》，1998 年 10 月 14 日，人民论坛网（http://politics.rmlt.com.cn/2013/0605/151448_5.shtmll）。

③ 《国务院关于进一步深化粮食流通体制改革的意见》，2001 年 7 月 31 日，中国政府网（http://www.gov.cn/zhengce/content/2016-10/24/content_5123595.htm）。

一步搞活流通，增强农村经济发展的开放性，使各种经济资源在更大的范围内流动和组合"①。从这个时候开始，中国农业产业结构调整确立了新目标。在中共十五大报告中又确立了中国农业产业结构调整的总原则，"以市场为导向，使社会生产适应国内外市场需求的变化，依靠科技进步，促进产业结构优化，发挥各地优势，推动区域经济协调发展，转变经济增长方式，改变高投入、低产出，高消耗、低效益的状况"。1998 年10 月中共中央十五届三中全会通过《中共中央关于农业和农村工作若干重大问题的决定》再次强调"按照高产优质高效的原则，全面发展农林牧渔各业调整和优化农村经济结构"。"粮食作物要确保总产量稳定增长，提高单产，改善品质，尽快淘汰不适销品种。主要经济作物要提高质量，合理调整区域布局。"② 在同年 12 月的中央农村工作会议中指出，"要充分利用目前农产品供应比较充裕的有利条件，面向市场调整和优化农业结构，逐步改变农业结构不合理和农产品质量不高、加工程度低的状况。粮食生产要继续稳定，引导农民增加适销对路的优质品种，适当调减明显供大于求的品种和不宜耕种的粮田面积。其他农产品生产也要根据市场需求调整结构，提高质量"。2000 年 10 月党的第十五届中央委员会第五次会议通过《中共中央关于制定国民经济和社会发展的第十个五年计划的建议》提出："农业和农村经济结构调整，要面向市场，依靠科技，不断向生产的广度和深度进军。以优化品种、提高质量、增加效益为中心，大力调整农产品结构。加快发展畜牧、水产业，提高农产品加工水平和效益。合理调整农业生产的区域布局，发挥各地农业的比较优势。"③ 2001 年 1 月的《中共中央、国务院关于做好 2001 年农业和农村工作的意见》指出，"推进农业结构的战略性调整，必须牢牢把握住提高质量和效益这个中心环节，面向市场，依靠科技，在优化品种、优化品质、

---

① 《中共中央关于建立社会主义市场经济体制若干问题的决定》，1993 年 11 月 4 日，中国网（http：//www. china. com. cn/chinese/archive/131747. htm）。

② 《中共中央关于农业和农村工作若干重大问题的决定》，1998 年 10 月 14 日，人民网（http：//cpc. people. com. cn/GB/64162/71380/71382/71386/4837835. html）。

③ 《中共中央关于制定国民经济和社会发展第十个五年计划的建议》，2000 年 10 月 11 日，人民网（http：//cpc. people. com. cn/GB/64162/71380/71382/71386/4837946. html）。

优化布局和提高加工转化水平上下功夫"①。我们可以看出,这一时期,国家对于调整农业结构而实行的政策,比以往更加深入、更加先进。

八 提高农业综合生产能力,增加农业综合开发投入

中国的农业综合生产能力自 1978 年改革开放以来有了显而易见的提高,但是要满足全面建设小康社会的要求、满足人民日益增长的物质需求还是远远不够的。1998 年 1 月出台的《中共中央、国务院关于 1998 年农业和农村工作的意见》提出,"加强基础建设、实施科教兴农,提高农业综合生产能力"。"农业综合开发要以改造中低产田为重点,以大幅度提高粮棉生产能力为目标建设高标准农田。""要加强生态环境建设,尽快遏制生态环境恶化的趋势。"② 1998 年 10 月中国共产党第十五届中央委员会第三次会议通过的《中共中央关于农业和农村工作若干重大问题的决定》提出,"要加快以水利为重点的农业基础建设,改善农业生态环境"。"水利建设要坚持全面规划,统筹兼顾,标本兼治,综合治理的原则,实行兴利除害结合,开源节流并重,防洪抗旱并举。""生态工程建设要同国土整治、产业开发和区域经济发展相结合。""要大力提高森林覆盖率,使适宜治理的水土流失地区基本得到整治。"③ 农业综合生产力的提高和耕地的保护与改造也密不可分,无土地则无农业生产力一说。在进入 21 世纪后,中央仍然紧抓农业综合生产能力问题,2000 年 1 月出台的《中共中央、国务院关于做好 2000 年农业和农村工作的意见》提出,"加强农业基础设施建设,改善农业生态环境,是稳定提高农业综合生产能力的根本途径,也是顺利推进农业和农村经济结构调整的基本保证。要充分利用国家实行积极财政政策、粮食库存较多的有利条件加大投资力度,更大规模地开展以水利为重点的农业基础设施建设,以植树种草、水土保持为重点的生态环境建设,以公路、电网、供水、通信为

---

① 《中共中央、国务院关于做好 2001 年农业和农村工作的意见》,2001 年 1 月 11 日,中国政府网(http://www.gov.cn/gongbao/content/2001/content_61314.htm)。

② 《中共中央、国务院关于 1998 年农业和农村工作的意见》,1998 年 1 月 24 日,法律快车(http://law.lawtime.cn/d642691647785.html)。

③ 《中共中央关于农业和农村工作若干重大问题的决定》,1998 年 10 月 14 日,人民网(http://cpc.people.com.cn/GB/64162/71380/71382/71386/4837835.html)。

重点的农村生产生活设施建设，进一步夯实中国的农业基础"①。2001年
1月出台的《中共中央、国务院关于做好2001年农业和农村工作的意见》
提出，"要加大投入力度，加强农业和农村基础设施建设"。"继续搞好大
江大河大湖治理，抓紧病险水库除险加固，加快重大水资源控制性工程
建设。""坚持实施农业综合开发，继续改造中低产田，加强商品粮和优
质农产品基地建设。"② 2002年1月出台的《中共中央、国务院关于做好
2002年农业和农村工作的意见》提出"要增加农村小型基础设施建设投
资，重点支持节水灌溉、人畜饮水、农村沼气、农村水电、乡村道路和
草场围栏等项目，农村小型基础设施建设要更多地引入市场机制，调动
各方面投资和建设的积极性"③。

第二节　政策效果评价

一　分税制

（一）提高了中央财政的收入比例，改变了地方政府的创收行为

1993年《国务院关于实行分税制财政管理体制的决定》中规定，
"中央与地方共享收入包括：增值税、资源税、证券交易税。增值税中央
分享75%，地方分享25%。资源税按不同的资源品种划分，大部分资源
税作为地方收入，海洋石油资源税作为中央收入。证券交易税，中央与
地方各分享50%"④。这样的做法保证了中央财政占国家财政的比重，保
证其财政主体地位。

2002年国家财政收入由1994年的5218.10亿元增至18903.64亿
元，增长262.27%。1994年分税制改革，规范财政收入，加强财政预

---

① 《中共中央、国务院关于做好2000年农业和农村工作的意见》，2000年1月6日，中国
农经信息网（http://www.caein.com/index.php/Index/Showcontent/index/bh/006001/id/77297）。

② 《中共中央、国务院关于做好2001年农业和农村工作的意见》，2001年1月11日，问法
网（http://www.51wf.com/print-law?id=1119156）。

③ 《中共中央、国务院关于做好2002年农业和农村工作的意见》，2002年1月10日，梁平
农业信息网（http://www.lpmny.gov.cn/detail.asp?pubID=90597）。

④ 《国务院关于实行分税制财政管理体制的决定》，1993年12月15日，中华人民共和国
财政部网（http://yss.mof.gov.cn/zhuantilanmu/zhongguocaizhengtizhi/cztzwj/200806/t20080627_
54328.html）。

算管理。国家财政在 1994—2002 年一直保持较高的增长速度，年均增速达 17.46%，相比于 1985—1993 年 10.16% 的增长速度提高了 7 个多百分点（见表 3—1）。在分税制酝酿前一年也就是 1993 年以及分税制实施初期的前三年都保持较高的增长速度，分别为 24.85%、19.99%、19.63%、18.68%，这说明分税制对国家财政收入的促进作用可以说是立竿见影的。此后国家财政收入增速放缓，说明分税制带来的财政收入增长已经实现较高水平。

表 3—1 **1994—2002 年国家财政收入及其增长速度**

年份	财政收入（亿元）	增长速度（%）
1994	5218.10	19.99
1995	6242.20	19.63
1996	7407.99	18.68
1997	8651.14	16.78
1998	9875.95	14.16
1999	11444.08	15.88
2000	13395.23	17.05
2001	16386.04	22.33
2002	18903.64	15.36
1994—2002 年年均增长速度		17.46
1985—1993 年年均增长速度		10.16

资料来源：国家统计局。

从图 3—1 中可以看出，1985—2002 年国家财政占 GDP 的比重经历了一个不规则的先降后增的"U"形变化趋势。从 1985 年开始，国家财政占 GDP 的比重持续降低，由 1985 年的 22.03% 降至 1995 年的 10.18%，地区经济发展并未使财政收入提高，这与"财政包干"体制下中央与地方互相戒备、财政体制不稳定相关。1994 年分税制改革后，财政占 GDP 比重的下跌趋势得以遏制，在对中央与地方政府事权划分、收入划分的基础上，建立合理的财政分配机制。1994—2002 年财政占 GDP 比重稳步上升，财政收入随地区经济规模的扩大而扩大。

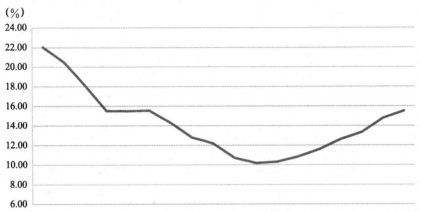

图3—1　1985—2002 年国家财政占 GDP 的比重变化

资料来源：国家统计局。

　　从绝对值来看，1985—1993 年中央财政收入一直低于地方财政收入，这与"财政包干"下中央事权下放、财权下放有关，导致中央政府财政收入不稳定，时时捉襟见肘。这期间中央财政收入规模一直处于 1000 亿元以下，年均增速为 2.77%，增速缓慢。1994—2002 年，全国财政收入、中央财政收入和地方财政收入都持续增长。实施分税制当年，中央财政收入迅速提升至 2906.50 亿元，是 1993 年的 3 倍多。此后中央财政收入规模不断扩大，到 2002 年已达 10388.64 亿元。1994—2002 年中央财政收入年均增速高达 17.26%，几乎与同时期全国财政收入增速相媲美（见表3—2）。

表3—2　　　　　　　1985—2002 年中央和地方财政收入及比重

年份	全国财政收入 （亿元）	中央财政收入 （亿元）	中央财政收入 比重（%）	地方财政收入 （亿元）	地方财政收入 比重（%）
1985	2004.82	769.63	38.39	1235.19	61.61
1986	2122.01	778.42	36.70	1343.59	63.32
1987	2199.35	736.29	33.50	1463.06	66.52
1988	2357.24	774.76	32.90	1582.48	67.13

年份	全国财政收入（亿元）	中央财政收入（亿元）	中央财政收入比重（%）	地方财政收入（亿元）	地方财政收入比重（%）
1989	2664.90	822.52	30.90	1842.38	69.14
1990	2937.10	992.42	33.80	1944.68	66.21
1991	3149.48	938.25	29.80	2211.23	70.21
1992	3483.37	979.51	28.10	2503.86	71.88
1993	4348.95	957.51	22.00	3391.44	77.98
1994	5218.10	2906.50	55.70	2311.60	44.30
1995	6242.20	3256.62	52.20	2985.58	47.83
1996	7407.99	3661.07	49.40	3746.92	50.58
1997	8651.14	4226.92	48.90	4424.22	51.14
1998	9875.95	4892.00	49.50	4983.95	50.47
1999	11444.08	5849.21	51.10	5594.87	48.89
2000	13395.23	6989.17	52.20	6406.06	47.82
2001	16386.04	8582.74	52.40	7803.30	47.62
2002	18903.64	10388.64	55.00	8515.00	45.04

资料来源：国家统计局。

　　1985—2002 年中央财政收入比重与地方财政收入比重趋势图形成一个"铲子"的形状，从图 3—2 中可以看出两者处于你上我下、你高我低、你增我减的状态。1994 年的分税制改革，"中央与地方共享收入包括：增值税、资源税、证券交易税。增值税中央分享 75%，地方分享 25%。资源税按不同的资源品种划分，大部分资源税作为地方收入，海洋石油资源税作为中央收入。证券交易税，中央与地方各分享 50%"①。分税制改革的实行，使得中央财政收入所占的比重出现跳跃式增长，相反，地方财政收入比重跳崖式下降。而后除了 1996—1998 年中央财政收入比重低于地方财政收入比重外，中央财政收入比重均高于地方财政

----

① 《国务院关于实行分税制财政管理体制的决定》，1993 年 12 月 15 日，中华人民共和国财政部（http://yss.mof.gov.cn/zhuantilanmu/zhongguocaizhengtizhi/cztzwj/200806/t20080627_54328.html）。

收入比重。2002年两者比重差距拉大,与此相应的是证券交易印花税从这一年起改为中央分享97%。

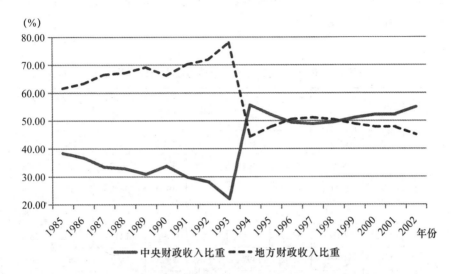

图3—2 1985—2002年中央和地方财政收入占国家财政收入
比重变化

资料来源:国家统计局。

(二)基层财力弱化,农民负担加重

分税制最初建立时选择了中央财权相对集中、财力相对分散的集权式模式,但是它仅仅规定了中央与省级财政间该如何分配财权,而中国这样一个庞大的政府运作体系,涉及中央、省级、市级、县级等各个层次的财政分配关系,当各地实行分税制时,没有明确的分配指示方案,只能以中央与省级财政分配关系来进行改革,由此上级财政在地方财政中分享比例在提高,而县乡的财政收入减少,财权表现为全面上收。而支出规模却有增大,县乡财政入不敷出,在分税制改革后收支缺口扩大的县市变多,表3—3中所列举县市在2000年底均有较大收支缺口,基层财力不足,不利于农村发展。

就湖北省枝江市基层政府负债情况来看,是比较严重的。其负债名目繁多,不仅有金融部门借贷,还有民间高息借贷;不仅有为完成税费任务而抵缴未缴税费的借贷,还有脱离实际无效益兴办公益事业的借款。

1999 年, 枝江市 320 个村均负债, 负债覆盖达 100%; 据统计, 当年枝江市村级负债 19056 万元, 比 1994 年负债增加 14704 万元; 村平均负债由 1994 年的 13.5 万元上升到 1999 年的 61.8 万元, 增加了 48.3 万元, 年均增长 35.56% (见表 3—4)。

表 3—3　　　 1992—2000 年湖北省部分县市地方收支缺口及其变化 (单位: 万元)

县市	年份	地方财政收入	财政支出	收支缺口	县市	年份	地方财政收入	财政支出	收支缺口
大冶县	1992	5816	5716	100	郧县	1992	4273	4125	148
	1995	5680	5219	461		1995	3642	2134	1508
	1999	17413	23508	−6095		1999	5889	11572	−5683
	2000	22834	26612	−3778		2000	6593	17400	−10807
竹山县	1992	1826	1759	67	竹溪县	1992	1417	1182	235
	1995	1999	1502	497		1995	1401	1038	363
	1999	4134	9792	−5658		1999	3052	9277	−6225
	2000	4588	11575	−6987		2000	3734	11329	−7595
房县	1992	2219	2114	105	丹江口市	1992	7093	6551	542
	1995	2085	1655	430		1995	11719	4606	7113
	1999	4185	11533	−7348		1999	16468	24158	−7690
	2000	4419	16849	−12430		2000	16545	25308	−8763
枝江县	1992	5801	5487	314	宜昌县	1992	10117	10037	80
	1995	6195	9340	−3145		1995	9138	7751	1387
	1999	13983	18129	−4146		1999	20887	29625	−8738
	2000	14989	20405	−5416		2000	21709	34491	−12782

资料来源:《中国县(市)社会经济统计年鉴》。

1999 年, 湖北省枝江市负债 50 万元以下的村有 194 个, 共计负债金额 5225 万元, 占 30.9%; 负债 50 万—80 万元的村有 74 个, 共计负债金额 4880 万元, 占 28.8%; 负债 80 万—100 万元的村有 17 个, 共计负债金额 1559 万元, 占 9.2%; 负债 100 万元以上的村有 35 个, 共计负债金额 5271 万元，占 31.1%（见表 3—5）。[1]

表 3—4　　　　　　　1999 年湖北省枝江市村级负债情况一览

负债村个数（个）	负债规模（万元）		村平负债规模（万元）		
1999 年	1994 年	1999 年	1994 年	1999 年	年均增速（%）
320	4352	19056	13.5	61.8	35.56

资料来源：《农村财政与财务》。

表 3—5　　　　　　　1999 年湖北省枝江市村级负债规模划分情况

村负债规模	村数量（个）	负债金额小计（万元）	占比（%）
50 万元以下	194	5225	30.9
50 万—80 万元	74	4880	28.8
80 万—100 万元	17	1559	9.2
100 万元以上	35	5271	31.3

资料来源：《农村财政与财务》。

　　分税制改革后，乡镇企业也开始转制，有的甚至面临破产，乡镇企业无法缴纳工商税等税费，政府无法通过乡镇企业获得财政收入，于是改变目标，开始向农民集资摊派，致使农民的负担加重。据统计，在 2000 年中国的农民就需要承担 1359 亿元的巨额税费，其在 1990 年仅需承担 469 亿元税费，十年间提高了快两倍。按照农民负担政策，"三提"应控制在上年农民纯收入的 3% 以内，其中管理费应当控制在上年农民纯收入的 1.2% 以内，但是 2000 年农民负担占其纯收入的 7%—12%。

　　（三）规范政府行为，节约财政资金

　　宜昌县对各种税款收入实行"国库经收、税款直达、微机联网"的税款入库模式后，在途税款收入经常性发生额由原来的近 1000 万元降为零，收入解缴核算费用、收入过渡户检查费用、收入被挪用的损失

---

[1]　参见董雪梅《村级负债情况的调查研究》，《农村财政与财务》2000 年第 8 期。

风险降到了最低水平。同时简化了税款入库程序，提高了办事效率。对"罚没收入、国土收入和预算外资金"推行"三分两统"模式从源头上遏制了"三乱"行为，从根本上杜绝了执收单位坐收坐支现象。"零户统管"的财政会计管理模式于 1998 年 6 月在宜昌县小峰乡试点，同年 9 月底在全县的 20 个乡镇全面铺开。据统计，共注销单位银行账户 728 个，一次性划转财政专户资金 1500 多万元。财政专户全年集中 3892 万元，比上年的 2031 万元增长 52.2%。其中实行"零户统管"后 4 个月集中资金 2035 万元，比改革前 8 个月的 1860 万元还多 9.5%，相当于 1997 年全年集中资金的总和。节减财政性资金支出 573 万元，专户存款结余由上年的 720 万元增加到 1293 万元。到 1998 年底，单位会计人员减少 445 人。同时为从根本上杜绝预算执收中的克扣、截留、挪用资金现象奠定基础。

宜昌县积极推行政府采购改革，起到了很好的增收节支效果。1998 年以车辆集中保险为突破口，在全市率先推出了政府采购制度，对全县行政事业单位车辆保险实行"四定"管理办法，当年节减支出 70 万元。1999 年成立了政府采购中心，出台了《宜昌县政府采购管理暂行办法》，实行采购中心集中支付采购资金的办法，先后对办公、教学、交通、广播、公安等所需设备、设施等共 30 多个项目进行了政府采购，采购金额达到 900 多万元，共节约财政资金 142 万元，平均节支率 18.7%。[①]

二 税费改革

（一）农业税增长迅猛，农业特产税减幅加大

湖北省于 1994 年发布《湖北省农业特产税征收管理实施细则》，以法律形式规范了湖北省农业特产税的征收工作。分税制改革中又将农林特产税与产品税、工商统一税中的农、林、牧、水产品税目合并，改为

---

① 赵重九、汪宏斌、陈绪旺：《宜昌县探索国库集中收付制度》，《农村财政与财务》2000 年第 8 期。

征收农业特产税。① 农业特产税在1995年后调低了部分产品的税率。
2002年取消屠宰税。

就屠宰税而言，2000年为30747万元，随后一直下降，在2002年取
消屠宰税当年迅速跌至1548万元，仅为2000年的5.03%；2003年全面
停止征收工作。就农业税而言，鉴于农民抛荒问题严重从而导致农业税
的下降，税费改革规范乱收费现象，将费归入税。2002年农业税为
230660万元，比2000年的94921万元增加135739万元，增长143.00%。
就农业特产税而言，湖北省实行一个应税品目只在一个环节征税，调整
农业特产税税率，简化征收办法，由2000年的83895万元减少到2002年
税费改革的21164万元，极大地减轻农业特产税对农民的负担（见表3—
6）。

表3—6　　　　　　2000—2003年湖北农业各类税收情况　　　（单位：万元）

年份	屠宰税	农业税	农业特产税
2000	30747	94921	83895
2001	27249	78291	83428
2002	1548	230660	21164
2003	—	231984	26792

资料来源：《湖北统计年鉴》。

以湖北省谷城县为例，全县在2000年有耕地44.6万亩，每亩常年产
量844公斤，按当时的粮价、农业税计税价格每公斤粮食1.1元计算，每
亩计税金额为928.4元，根据《湖北省农村税费改革试点方案》说明中
确定的山区平均税率为6.5%来计算，实行农村税费改革后，谷城县农民
负担总额为3382.07万元，比改革前的5619.09万元减少2291.02万元，
减负幅度为40.77%；亩均负担75.83元，比改革前的126元减少50.17
元，下降39.82%；人均负担69元，比改革前的148.58元减少79.58元，

---

① 《今年6市取消特产税》，2003年8月28日，大众新闻网（http://www.dzwww.com/
nongcundazhong/nongcunyiban/200308280782.htm）。

下降 53. 56% 。①

（二）县乡政府机构改革，精简机构及工作人员

计划经济体制下长期形成的机构臃肿、人员膨胀、设置过细、管理过多的上层建筑体系与社会主义市场经济发展极为不适应，推进农村税费改革就要推进县乡机构改革，做到减人员、减机构、减开支、减负担。阳新县的做法如下：合并县直党政群机关职能重合机构，改"七站八所"为服务中心和中介机构，精简乡镇站所，清退编制外人员；清编建卡，对有人无编、有编无人、人编不符进行清退；对在编人员进行分批扩展分流渠道；采取小村并大村、贫村挂富村的方法精简村组机构，配备村干部。阳新县通过多种形式进行县乡政府机构改革，在 2001 年精减各类人员 11321 人次；全县撤减 16 个县直党政群机构、484 个乡镇站所，减少各机关人员 1357 人，其中乡镇集体干部 706 人，各部门非在编人员651 人，减少各类费用支出 1700 万元；清编减人 3844 人；分流原有在编人员 1047 人；县共撤并行政村 108 个，合并村民小组 853 个，村组干部由原来 9441 人减少到 5254 人，精减 44%，与之配套，全县共撤并村办小学点 102 个，清退 1986 年后民办教师 886 人，减少各项费用开支 2000万元；全县农民人均负担 98.8 元，比 1998 年的 278 元下降 179.2 元，其中因减人而直接减轻农民人均负担 62 元，占减负数的 34.5%。通过减人，减轻了农民负担，促使农民增收。②

（三）农村收费制度与税收制度改革，双管齐下减轻农民负担

农村收费制度改革是根据具体的实际情况来进行税和费的分流，而不是完全地将收费全部改为收税。像那些有税收性质的收费就将其改为税收征收；由市场调节、属于经营性质的收费应由经营单位依法收取，政府不能收取，政府和市场各司其职。将保留的收费项目纳入政府预算管理，加强监管。"五项统筹"是乡镇集聚资金兴办公益事业，具有税收性质，并入农业税；"三项提留"中的公积金提留和管理费提留是集体经济内部分配行为，不纳入税收范畴。

---

① 杨帆、葛炜：《农村税费改革对农业综合开发的影响》，《农村财政与财务》2001 年第 6期。

② 傅光明：《农村税费改革减人才能减负》，《农村财政与财务》2002 年第 8 期。

"五项统筹"并入农业税后，农业税按第二轮承包的土地作为计税土地，计税常年产量以1994—1998 年5 年农作物实际平均产量为依据；全省农业税率调低至7%，可按各地实际情况调整；取消农业特产税和屠宰税，对上市的农副产品征税；农业特产税征税按《湖北省农业特产税征收管理实施办法》执行。

（四）乡镇体制改革，破解数万元乡村债务

实行农村税费改革道路上最为艰难的就是破解乡村债务。湖北省襄樊市襄阳区在2002 年纳入农村税费改革试点，为确保改革成功，襄阳区从2001 年开始准备，边清债边进行试点工作。设立由主要领导班子牵头的消除债务领导小组，成立清欠领导、区域单位、个人债务的专班，建立多层次的考核奖惩机制。襄阳区清理对党员干部和国家工作人员的借、欠款及为他人担保的借、欠款共1200 多万元；盘活集体资产，拍卖资产资源减债1000 多万元；通过节支挤出近千万元财力用于还债。破解乡村债务，减轻基层干部工作难度，调动其工作热情，为农村稳定发展积蓄力量。①

三　农业产业化发展

（一）农林牧渔业总产值在波动中增长

湖北实行贸工农一体化经营，促进农业产业化发展带动农民致富。1994—2002 年，湖北农业产值并非一直持续增长，而是在波动中以"增—减—增"路径增长，农林牧渔业总产值由1994 年的786.84 亿元增至2002 年的1203.30 亿元，增长52.93%。1994 年农林牧渔业总产值增速为这一时期最高，达到57.00%，这一高增速的背后是农业产业化发展的不断推进。1994—2002 年，农林牧渔业总产值增速波动较大，增速由大减小至负值，1998—2000 年三年的总产值增速均为负值，出现这种现象的原因是农村劳动人口向非农产业转移、向城市转移，出现大量"抛荒"现象。针对这一现象，政府筹措资金，扶持龙头企业带动农业发展农民增收，2001 年增长速度转为正值（见表3—7）。

---

① 陈晓斌、杨雪冰：《积极消化乡村债务 确保税费改革成功》，《农村财政与财务》2002 年第7 期。

表 3—7   1994—2002 年湖北省农林牧渔业总产值及其增速

年份	农林牧渔业总产值（亿元）	增速（%）
1994	786.84	57.00
1995	988.53	25.63
1996	1140.76	15.40
1997	1243.68	9.02
1998	1222.58	-1.70
1999	1126.10	-7.89
2000	1125.64	-0.04
2001	1172.82	4.19
2002	1203.30	2.60
1985—1993 年年均增速		12.72
1994—2002 年年均增速		5.45

资料来源:《湖北统计年鉴》。

(二) 财政收入提升

农业产业化发展促进产值增长，更为政府建立更多财源。1994—2002 年湖北省地方一般性预算收入持续上升，从 1994 年的 77.46 亿元上升至 243.44 亿元仅用了 8 年时间，增加 165.98 亿元，年均增速高达 15.39%，在 2000 年突破 200 亿元大关，开创财政收入新局面。在这期间，财政收入增速由快向慢变化，而在 1994 年的分税制改革后，政府推进农业产业化发展由此获得大量的财政收入。1995 年增速为 28.70%，此后增速放缓，但在 1998 年又有较大回升，这一年实施积极的财政政策，构建公共财政体系框架，加大对农业的扶持，政府从中也可获得较高财政收入（见表 3—8）。

表 3—8   1994—2002 年湖北省地方一般性预算收入及其增速

年份	一般预算收入（亿元）	增速（%）
1994	77.46	—
1995	99.69	28.70
1996	124.51	24.90
1997	139.89	12.35

续表

年份	一般预算收入（亿元）	增速（%）
1998	168.95	20.77
1999	194.44	15.09
2000	214.35	10.24
2001	231.94	8.21
2002	243.44	4.96

资料来源：《湖北统计年鉴》。

　　湖北省蒲圻市（1998 年更名为赤壁市）财政部门落实中央、省级政策，通过发展农业产业化建设，财政收入方面有较大提升。运用资金发挥规模效益，加快农业产业化进程；结合区域优势，无偿投入 450 万元资金，借给周转金 680 万元，培植开发区域特色产业和产品。到 1996 年，就有 3220 家农副产品加工、运销企业，共创造 18.9 亿元的产值，带来了 7600 万元的利税金额，为农业产业化发展助力，"山区竹、杉、松，丘陵茶、麻、果，湖区粮、渔、畜，城郊菜、果、瓜"的地块化、专业化产业结构雏形初现。筹资 450 万元组建蒲圻市赤壁中华猕猴桃饮品有限责任公司，该公司在各方支持下发展成为牵引力强，集农产品加工、销售、科技开发于一体的龙头企业，每年消化猕猴桃鲜果 1000 吨，产值 7000 多万元，利税 600 多万元，以龙头公司带动农业产业化。1996 年该市的农业产值比 1985 年提高 34 个百分点，共有 58945 万元。当时的农村家庭人均纯收入也比 1985 年增长了 1190 元之多，在 1996 年达到 1886 元。该市 1996 年的财政收入共有 12533 万元，这里面直接由农业提供的财政收入高达 5863 万元，占当年财政收入的 46%，比 1985 年增加 125%。[①]

　　素有"板栗之乡"称号的湖北省罗田县集中财力扶持发展板栗产业化建设。罗田县因 1999 年的 2000 万公斤板栗产量而一跃成为全国板栗第一大县，当年板栗产业产值达 4.3 亿元，为财政贡献了 4000 万元，占全县财政收入的 30% 以上；全县人均板栗收入 470 元，占人均纯收入的 24%，俨然成为富民工程。

---

①　汪庆华：《推进农业产业化建设的作法与成效》，《农村财政与财务》1997 年第 8 期。

四 农业社会化服务体系建设

(一) 财政资金投入大,服务组织建设足

1994—2002 年湖北财政农业支出虽经历了 1994 年、1995 年两年的下降,但其后一直增长,在 2000 年湖北财政用于农业支出金额首次破 10 亿元,增至 21.84 亿元,当年农业支出增速更是惊人,为 217.90%,2001—2002 年农业支出也保持较高增速增长。截至 2002 年,湖北省财政的农业支出为 44.23 亿元,是 1994 年 5.92 亿元的 7 倍多(见表 3—9)。不过,农业支出占财政支出的比重在 1994—2002 年忽上忽下,从 2000 年起才开始维持稳定增长。2002 年是湖北农村税费改革试点开始之年,这一年对农业的投入更多。建立科技服务和信息服务为重点的农业社会化服务体系是离不开政府的大力支持的,从表 3—9 中可以看出湖北省政府在此方面做得较好。

表 3—9　　　　　　　　1994—2002 年湖北省农业支出情况

年份	一般预算支出 (亿元)	农业支出 (亿元)	农业支出增速 (%)	农业支出占财政支出 比重(%)
1994	137.2	5.92	-2.79	4.31
1995	162.43	4.93	-16.72	3.04
1996	197.44	5.68	15.21	2.88
1997	223.7	5.96	4.93	2.66
1998	280.12	6.28	5.37	2.24
1999	336.46	6.87	9.39	2.04
2000	368.77	21.84	217.90	5.92
2001	484.4	24.31	11.31	5.02
2002	511.39	44.23	81.94	8.65

资料来源:《湖北统计年鉴》。

荆州市财政部门组织群众干部学习大棚蔬菜生产经验,向群众输送"瓜套棉""椒套棉""大棚蔬菜"等产业结构调整信息,使得农民就"瓜套棉""椒套棉"中瓜、椒的收入达到 8000 万元,每亩净收 5000 元。

除此之外，该市农村服务组织与湖北银欣集团有限公司共同研究，根据市场变化巩固粗加工、开展精加工、发展深加工。"福娃"膨化食品就产于该家公司，2000年时该公司日产膨化产品3吨，利润4万元，带来可观的经济效益，并提供岗位带动当地农民富起来。[①]

（二）各类服务组织为农民谋福祉

《中共中央关于制定国民经济和社会发展第十个五年计划的建议》提出要"大力推进以科技服务和信息服务为重点的农业社会化服务体系建设"。荆州市财政部门围绕农业产前、产中、产后服务，加大投资力度，用于农业社会化服务体系建设的资金达500万元，重点支持了各类服务组织的建设。

一是建立农业生产型服务组织。采取财政干部定村组，鼓励农民形成组织，联动部门组织农民参与，组织协会、公司等多种形式，建立起农民自我组织354个，部门与农民联动组织168个，生产型协会、公司等组织522个，农民从业人员达到9300多人，服务农户约15万户，服务经营实现产值4.92亿元，占总产值的4.82%。

二是建立农产品流通型服务组织。广大财政干部深入乡镇、村组，围绕农产品流通建立服务组织1236个，网络服务人员1.4万人，为15.7万农户提供了流通服务，占总农户的8%，实现营销额22.28亿元，占总产值的21.79%。

三是建立农产品加工型服务组织。财政部门发挥自身优势，加大投入力度，围绕农产品加工增值，扶持组建服务性协会、公司等828个，从业人员4600多人，为8.87万农户提供农产品加工服务，占总农户的8.9%，实现产值18.42亿元，占总产值的18.02%。

四是建立产、供、销综合性服务组织。财政部门从大农业的角度出发，全方位、多角度地为农民提供服务，与有关部门一道组建综合性服务组织591个，其中协会、公司就达65个，为6.88万农户提供从生产到销售的"一条龙"服务，实现产值9.13亿元，占总产值的5.93%。在财政部门的支持下，全市服务体系从无到有、从小到大。到1999年底，全

---

① 刘德林、陈道伟、李自俊：《财政部门支持农村服务组织建设的回顾与思考》，《农村财政与财务》2000年第4期。

市共建立不同形式的服务组织 3177 个，比 1977 年增加 1599 个，增长 1 倍多；从业人员 3.41 万人，增加 1.8 万人；纳入服务网络的农户达 6.62 万户；纳入服务的农田达 369.9 万亩。全年组织销售农产品 46.2 亿元，其中销售过千万元的服务组织共 81 个，过百万元的服务组织有 569 个。农村服务组织的快速发展，极大地推进了农村经济的市场化、产业化进程。

五 "大稳定"下的"小调整"之农业土地经营权合理流转

农业土地经营权合理流转，是市场配置农用土地资源的一种基础方式，是农用土地制度的一种创新，对推动农村经济发展具有十分重要的现实意义。湖北省罗田县，一个中国典型人多地少的山区县，其农业人口在 2001 年达 15 万户、52 万人，其中劳动力 23 万人，当时拥有耕地 36.7 万亩、山林 224 万亩。在 1981 年完成第一轮承包，第二轮承包完成于 1997 年，家庭联产承包责任制基本稳定，"大稳定"下，"小调整"之农业土地经营权流转越来越盛行。据调查，到 2001 年上半年，罗田县田、地、林、水经营权流转的户数约占总户数的 17%，流转经营面积占 12%。

土地经营权流转提高了土地产出率。随着农业劳动力向非农就业转移，土地弃耕、抛荒问题严重；且种养大户和个体经营者虽有资金、信息与技术优势，但经营的土地较少，无法实现规模经营。而土地经营权流转不仅可以减轻外出务工农民责任田的压力，还可以使种养大户和个体经营实现规模经营，优化农业生产要素配置，提高土地产出率。就拿大崎乡项家河村来说，该村 28 户农民将相邻的 200 亩水田租给胡振辉老板后，他投资 50 万元发展 120 亩"鸭—鲢—蟹"立体水产养殖和 80 亩河蟹养殖，以此 2001 年获利 15 万元。

土地经营权流转增加政府财源。2001 年，罗田板栗产业提供收入占财政收入近 30%，当年新增栗园面积中有 12 万亩是通过土地流转改种得来，如平湖乡丁家大村有 600 亩荒山，集体无力开发，为加快开发利用，村里规定农户投资开发种植板栗，经营权为 20 年，前 10 年村里不收任何税费，后 10 年的收益集体与农户按 3:7 分成。[①]

---

① 李正刚:《农业土地经营权流转的调查和思考》,《农村财政与财务》2002 年第 4 期。

六　农产品流通体制的市场化改革

(一)　农业劳动投入下降，粮食生产缓慢

自 1992 年邓小平同志南方谈话后，在其鼓舞之下，国内市场逐渐变得有活力，国民经济开始复苏。这期间，大量的农村劳动力进入城市务工，农业劳动投入基本保持下降趋势，湖北这一时期农业劳动投入（以第一产业劳动者人数表示）与全国同步。1993—1995 年湖北农业劳动投入直线下滑，下降至 1998 年，农业劳动投入最少，为 1612.50 万人，在 2000 年、2001 年及 2002 年又出现反弹现象（见图 3—3），农业劳动投入增多，这与同时期的农村税费改革及政府对农业生产补贴持续加大有关。

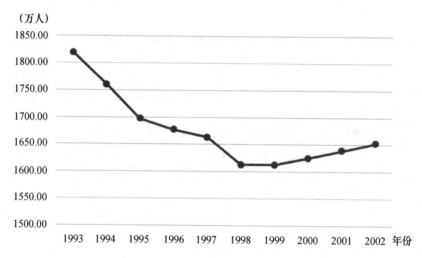

图 3—3　1993—2002 年湖北农业劳动投入变化趋势

资料来源：《湖北统计年鉴》。

由于大量的农村劳动力由农村转移至城市，生活在城市的人口逐渐增多，城市中的粮食需求也逐渐变多。1992 年的民工热就致使 1993 年秋季出现了抢购粮食的现象，政府为此在 1994 年将粮食定购价格调高了 42%，后在 1996 年又调高了 40%。湖北省在 1993—1996 年均调高粮食收购价，各年调高幅度依次为 16.8%、66.9%、16.0%、12.1%，粮食零售价格也持续提高。相应地，1994—1997 年湖北粮食生产积极性高，粮食产量一直保持增长，从 1994 年的 2422.10 万吨增加到 1997 年的

2634.40 万吨，但一直没有跨越 3000 万吨的台阶（见表 3—10、表 3—11）。

表 3—10   1993—2002 年湖北粮食价格指数（上年 ＝ 100）

指数 ＼ 年份	1993	1994	1995	1996	1997	1998	1999	2000	2001	2002
粮食收购价格指数	116.8	166.9	116	112.1	93.8	92.5	84.2	87.7		
粮食零售价格指数	114.7	141.2	127.9	108.3	100.6	96.6	95.8	97.3	99.2	101

资料来源：《湖北统计年鉴》。

表 3—11   1994—2002 年湖北粮食播种情况及生产情况

年份	粮食作物播种面积（千公顷）	粮食播种面积占农作物播种面积比重（%）	粮食产量（万吨）	粮食产量增速（%）	粮食单产（公斤/公顷）	粮食单产增速（%）
1994	4796.80	66.79	2422.10	4.14	5049.40	4.48
1995	4776.70	64.27	2463.80	1.72	5158.00	2.15
1996	4880.28	64.39	2484.40	0.84	5090.69	−1.30
1997	4940.50	63.84	2634.40	6.04	5332.25	4.75
1998	4728.12	61.44	2475.79	−6.02	5236.31	−1.80
1999	4673.11	60.00	2451.88	−0.97	5246.78	0.20
2000	4156.20	54.80	2218.49	−9.52	5337.78	1.73
2001	4015.73	53.62	2138.49	−3.61	5325.28	−0.23
2002	3882.80	53.32	2047.00	−4.28	5271.97	−1.00

资料来源：《湖北统计年鉴》。

农业劳动投入减少、农民负担加重以及政府"打白条"行为均会挫伤农民生产积极性。湖北粮食生产也陷入一个由政府导向的境况。粮食产量由 1994 年的 2422.10 万吨先增加到 1997 年的 2634.40 万吨，又下降到 2002 年的 2047.00 万吨，粮食流通体制的变化引起粮食生产的反复不前。粮食单产也在波动中下降。

（二）农民收入增加，城乡居民收入差距扩大

农产品流通体制市场化对于农民自由出售农产品、参与市场活动有着积极作用。相比于以往而言，农产品流通体制的市场化使农民更能准确认识市场需求，做出生产改变，进而提高收入。

1994—2002 年湖北农村居民人均收入取得可喜的成就，从 1994 年的 1170.06 元增至 2002 年的 2444.06 元，增加 1274.00 元，增长 108.80%。在 1997 年首次跨越 2000 元大关，按照这个增长趋势，突破 3000 元也指日可待。农村居民人均纯收入增速在 1994—1996 年势如破竹，均超过 20%，不过之后增速放缓。1994—2002 年湖北农村居民人均纯收入年均增速为 52.49%，与 1985—1993 年的 8.06% 相比，可谓变化惊人（见表 3—12）。随着农产品流通市场化进程的加快，农民将更多地参与市场活动，且在 2002 年中国加入 WTO 之后，农产品国际化也提上日程，为提高农产品竞争力以及保护农业发展，国家将投入更多资金，由农产品价格补贴转向生产者补贴的粮食生产直接补贴对提高农业生产者积极性以及收入都带来积极作用。

表 3—12　　1994—2002 年湖北省农村居民人均纯收入及其增长速度

年份	农村居民人均纯收入（元）	增长速度（%）
1994	1170.06	49.40
1995	1511.22	29.16
1996	1863.62	23.32
1997	2101.20	12.75
1998	2171.24	3.33
1999	2217.08	2.11
2000	2268.50	2.32
2001	2352.16	3.69
2002	2444.06	3.91
1985—1993 年年均增速		8.06
1994—2002 年年均增速		52.49

资料来源：《湖北统计年鉴》。

地处襄樊、荆门、宜昌三市交界的湖北省南漳县东巩镇，为解决生产与销售走不出"少了办法多，多了办法少"的怪圈这一问题，紧紧抓住市场建设这一关键环节，采取多种措施引导和支持香菇营销大户与沿海城市香菇营销集团合作，并与邻近乡镇争市场；农民自发购买车辆收集香菇并销售给客商。农民营销队伍把农村、农民与市场紧密连接起来，加快农产品流通。在多种措施的引导下，香菇的年产量增长迅猛，由不足 1 万斤增长到 1999 年的 30 多万斤，发挥地区优势，生产香菇致富的农户占全镇农户总数的 30% 之多。[①]

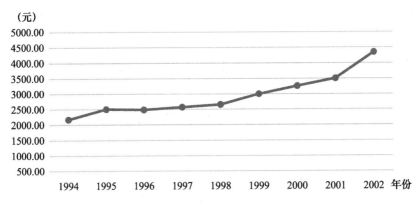

图 3—4　1994—2002 年湖北省城乡居民收入差距趋势

资料来源：《湖北统计年鉴》。

尽管农村居民人均纯收入一直上升，但其与城镇居民收入差距却仍是一直扩大。1994 年，湖北城乡居民收入相差 2175.89 元，甚至高于同年农村居民 1170.06 元的纯收入；2002 年，湖北城乡居民收入相差 4344.94 元，更是这一年农村居民纯收入的近 2 倍（见图 3—4）。

七　调整农业产业结构

（一）农业产业结构优化

《中共中央关于制定国民经济和社会发展第十个五年计划的建议》谈道："以优化品种、提高质量、增加效益为中心，大力调整农产品结

---

① 尤明立：《南漳县东巩镇拓展市场兴产业点滴谈》，《农村财政与财务》2000 年第 3 期。

构。加快发展畜牧、水产业,提高农产品加工水平和效益。合理调整农业生产的区域布局,发挥各地农业的比较优势。"① 湖北省在这期间的农业发展良好,同时也在调整农业产业结构,依托地区资源,合理调整农业生产的区域布局,山区发展林业、平原生产粮食、依水则开展水产养殖。湖北省在采取一系列措施后,使农业产业结构不断优化。

从农林牧渔业总产值中各产业的比例关系看,农业比重由 1994 年的 61.23% 稳步减少至 2002 年的 55.78%,但农业总产值一直在增加;牧业比重稳定在 30.00% 左右,但牧业总产值一直上升;渔业比重不断上升,从 1994 年不足 8% 发展到 2002 年的 12.38%,主要缘于湖北水资源丰富,得天独厚的优势在政策驱动下发挥更大推动作用(见表 3—13、图 3—5)。可以看出,在 1994—2002 年这一时期,湖北省的农业产业结构得到了进一步的优化,而且其种植业的生产效率也得到了明显的提升,农业的多种经营方式也更加丰富完善了。

表 3—13　　　　　1994—2002 年湖北省农林牧渔业总产值　　　(单位:亿元)

年份	农林牧渔业 总产值	农业总产值	林业总产值	牧业总产值	渔业总产值
1994	786.84	481.82	26.47	219.53	59.01
1995	988.53	612.12	28.33	268.09	79.98
1996	1140.76	670.27	33.62	337.02	99.86
1997	1243.68	711.91	37.33	381.40	113.04
1998	1222.58	688.06	41.29	371.37	121.86
1999	1126.10	646.00	40.9	311.40	127.80
2000	1125.64	615.74	40.24	338.77	130.89
2001	1172.82	658.26	27.11	352.63	134.82
2002	1203.30	671.20	28.33	354.84	148.93

资料来源:《湖北统计年鉴》。

---

① 《中共中央关于制定国民经济和社会发展第十个五年计划的建议》,2000 年 10 月 11 日,人民网(http://cpc.people.com.cn/GB/64162/71380/71382/71386/4837946.html)。

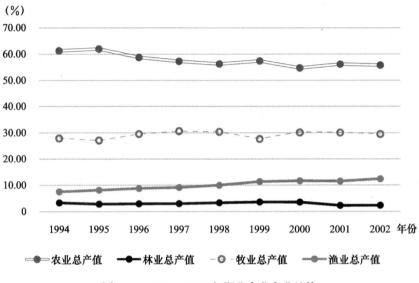

图 3—5   1994—2002 年湖北农业产业结构

资料来源:《湖北统计年鉴》。

湖北省洪湖市在调整产业结构中,就依托其丰富的水资源,一改"以粮为纲,全面砍光,围湖造田"的模式,实行宜粮则粮、宜鱼则鱼的政策,改造低洼低产田,发展"藕稻连作""渔稻共生"。1998 年开发养殖 38 万亩,当年水产品实现总产值 7.6 亿元,占农业总产值的 40.3%,地方财政收入的 24% 来源于水产业。①

(二) 培育名牌农产品

湖北省在"推进农业结构的战略性调整中,把握提高质量和效益两方面,面向市场,依靠科技,在优化品种、优化品质、优化布局和提高加工转化水平上下功夫"②,在农业产业化背景下培育名牌农产品,反过来又以名牌农产品为农业产业化助力。湖北省各县市在发展高产优质高效农业,培育名牌农产品中各显神通。

宜昌地区的县财政部门充分发挥全县茶叶资源优势,发展名优茶,培育品牌茶叶。1999 年初该县政府转发了《宜昌县机制名优茶工程建设

① 刘庆坤、张毓民、胡广龙:《调优结构 舞活龙头》,《湖北财税》1999 年第 11 期。

② 《中共中央国务院关于做好 2001 年农业和农村工作的意见》,2001 年 1 月 11 日,中国政府网(http://www.gov.cn/gongbao/content/2001/content_ 61314.htm)。

实施方案》,"按照大配套原则,即有配套的优质高产示范茶园、有配套的名优茶加工设备和加工厂、有配套的机制名优茶技术规范和产品质量标准、有配套的注册商标和专用包装、有配套的保鲜技术、有配套的技术力量和技术措施",对效益好的茶场进行指导支持。宜昌县根据该县名优茶"峡州碧峰""平湖毛尖"主要为条形茶的特点,引进了茶叶加工设备,分布于邓村、太平溪、黄花、土城、栗子坪等主产茶乡镇。同时该县还不断研制推出了新的品牌和茶叶精品,靠名牌带动茶叶市场,靠品牌提高经济效益。2000年全县茶叶加工设备达到360台(套),机制名优茶产量459吨,比1999年增加379吨。仅此一项农民人均收入就增加120元,占当年人均纯收入的31%。[1]

八 农业综合开发改善农业基本条件

提高农业的综合生产能力需要从农业生产条件着手。1994—2000年,湖北农业生产条件改善,据统计资料显示(见表3—14),湖北的农业机械总动力,从1994年的1136.13万千瓦增加到2002年的1557.40万千瓦,年均增速4.02%,这说明湖北省农业机械化水平在不断提高中;2002年农作物播种总面积达7281.61千公顷,比1994年增加1.39%,农作物播种总面积一直小幅度增长,湖北省粮食播种面积占总面积的比例一直在下降,其他经济作物播种面积越来越多;化肥施用量由1994年的200.20万吨增加到2002年的256.97万吨,增加了28.36%,通过化肥施用等农艺技术防灾减灾,保障增产和增收;农村用电量达60.74亿千瓦时,比1994年增长48.73%,电是高科技的重要基础,是科技先进的标志,随着农村居民用电量的提升,可想而知,少数家电也已经在农村普及开来,人们的文化生活越来越丰富。农业生产条件的改善,极大地推动了农业生产的发展。

以湖北省襄阳县为典型案例。湖北省襄阳县在实施农业综合开发过程中,贯彻可持续发展的战略方针,使全县农业生态环境得到了有效的改善。推广机械深耕改土和科学施肥技术,改变土壤理化性状。在项目区建设中,狠抓了土地平整,全县机耕面积达到了百分之百,大大提高

---

[1] 向红霞:《实施名牌战略 建设茶叶强县》,《农村财政与财务》2001年第6期。

表 3—14　　　　　　　　　1994—2002 年湖北省农业生产条件

年份	农作物播种总面积 （千公顷）	农村机械总动力 （万千瓦）	农用化肥施用量 （折纯量）（万吨）	农村用电量 （亿千瓦时）
1994	7181.43	1136.13	200.20	40.84
1995	7431.71	1174.34	228.40	47.36
1996	7579.01	1222.20	240.00	50.64
1997	7739.21	1276.04	262.20	55.42
1998	7695.98	1325.90	270.59	56.45
1999	7788.66	1363.70	251.53	56.64
2000	7584.07	1414.00	247.08	60.86
2001	7488.99	1469.24	245.27	60.17
2002	7281.61	1557.40	256.97	60.74

资料来源:《湖北统计年鉴》。

了机械作业效率。全县推广科学施肥技术面积已达到 170 万亩，秸秆还田面积达到百分之百，积造农家肥每年都在 700 万立方米以上。通过采取山、水、田、林、路综合治理，资金、科技、劳力、机械配套投入的方式，累计投入建设资金 5722 万元，改造中低产田 46.58 万亩，新建或维修小型水库 6 处，泵站 41 座，装机 1700 千瓦，开挖疏通渠道 820 千米，打机电井 149 眼，架设农电线路 1782 千米，配套各类建筑物 132 处，购置农业机械设备 15 台（套）。建成了一批旱涝保收农田。1998—2000 年三年来共增加有效灌溉面积 43 万亩，占同期全县增加有效灌溉面积的 1/4。全县共建成 40 万亩"田成方、树成行、渠相通、路相连"的标准化农田。不断完善各项水利基础设施建设。投入资金 1356 万元，完善各项水利基础设施 156 处。利用年均过境客水 450.68 亿立方米的优势，大摘水利设施的"长藤结瓜"和"配套延伸"，使全县境内可用水源储蓄增加了 2.7 亿立方米。全县已建成地下塑料防渗管道、喷灌等各种技术示范基地 5 个，共计 12 万亩，修建"U"形混凝土防渗渠道 2250 千米，购置移动式喷灌设备 24 台（套），全县节水灌溉面积达到 65 万亩，使项目区水源利用率提高了 45%。全县共完成封山育林面积 25 万亩，退耕还林面积

5 万亩，坡改梯面积 4.5 万亩。全县共建设农田林网面积 80 万亩，营造贯穿境内东西走向主林带 4 条，长 415 千米，南北走向副林带 3 条，长328 千米，绿化荒山、荒坡面积 32 万亩，道路 652 千米，渠道 456 千米，河堤 256 千米。①

第三节　问题与经验总结

一　存在的问题

(一)"抛荒"问题日益严峻

这个阶段全国农村都存在着严重的抛荒现象，若是农村都没有人种地，则会严重影响农村经济的发展，更会成为农村税费改革后农业税收任务完成的一大难题。抛荒问题日益严峻，情况堪忧。

可以从两个方面来分析产生抛荒现象的原因。一个是政策引导，另一个是农民自身经济原因。政策引导是指国家通过政策鼓励农民积极从事第二、第三产业，那些劳动能力强的农民也会加入第二、第三产业。原来这部分农民所拥有的耕地一部分可以转包给别的农民耕种，但是由于大量农村劳动力都外出务工，能够从事耕作的农民数量有限、能力有限，不可能将所有外出农民的土地承包过来进行耕作，所以就有了土地抛荒的局面。农民自身经济原因，农民从收益考虑，与外出务工相比较而言，在乡村耕种效益低下，当时的集资摊派使得农民经济压力大，所以外出务工是较好的选择，由此形成了抛荒。

大量抛荒无疑会造成不好的后果，可以归为三种。其一，没有向村级组织报备说明就擅自抛荒、转租、承租，这样会造成农村土地承包关系混乱的现象，不利于农村土地的二轮承包，不利于家庭联产承包责任制的实行。其二，外出务工的不种地或种地少，缴纳税费少；留在农村种地的农民缴纳税费多，承担更多的税费负担，更加削减种地热情。其三，严重影响分税制改革后农村税收任务的进度。需要缴纳税费的田地却没人耕种，指派的农业税任务不能完成，抛荒俨然已成为农村税费改

---

① 张根国、郭跃、姜小俊：《综合开发注重改善农业基本条件》，《农村财政与财务》2001年第 4 期。

革的巨大阻碍。

（二）打"白条"现象普遍

"白条"现象盛行。农业税征收及粮食收购都是由基层机关实施，而基层财政事权大、财权小、债务多，早在 1988 年和 1989 年，许多地方发生了向农民征粮而不付钱的怪事。1988 年许多农民收到的只是"白条"（支付粮款的欠条）。后来国务院明确宣布不得向农民"打白条"，结果一些地方农民在出售自己的粮食时，收不到现金也拿不到白条。为什么这时期打"白条"现象盛行呢？原因就在于没有明确规定各级政府的财政分配关系，所以财权层层上移，基层财力不足，造成乡镇政府出现巨额的财政缺口，严重负债。在湖北省浠水县洗马镇，"打白条"的情况十分盛行，还出现了政府打"白条"在当地充当货币流通的现象。从 1998 年起洗马镇政府开具"欠款凭证"用以支付工程建设费用及乡镇干部和老师的工资。"白条"更加普遍地流通起来是在 2000 年，当地人民把"白条"这一不能兑换的凭证用作了货币，并称为"马币"。白条能流通于抵交农民负担的"三提五统"以及税费。"白条"成为货币在洗马镇流通消耗的是政府的公信力，随着"白条"兑换时间的延长甚至根本不予兑换，政府产生信用危机；同时，政府以"白条"上缴国库，把缺口留给国家，形成资金恶性循环。

（三）农业产业化发展面临多个问题

这个阶段的农业产业化发展还是很不平衡的，大多数地区仍风行传统的农业生产经营方式。农业产业化发展面临的问题还有很多。一是体制问题。农产品的生产、加工、销售各个环节虽紧密相连却是各部门分节管理，各部门都希望加强其管理范畴，这种处于部门分割状态的体制造成了农业生产产前、产中、产后严重脱节的问题，严重阻碍农业产业化一体化经营的开展。农业产业化的初衷是延长农业产业链条，想要将农产品的生产、加工、销售各个环节都打通、串好，发展"贸工农"一体化经营，但是计划经济下的各部门分割管理格局与初衷不符。农业产业化发展中迫切要求的体制改革触及政府各部门利益，体制改革较为繁复。二是土地制度问题。农村实行家庭联产承包责任制，土地为集体所有，经营权为农户所有，该制度确定承包期限为几十年。而农业产业化不仅跨部门，还跨区域，也就是说需要实现土地流转。只有经营权的家庭联产承包责任制与农业产业化要求的土地流转似乎有矛盾，该如何处理二者关系也是一大问题。三是投资问题。国家对农业产业化发展投资金额有限，社会投资较少，而农民本身存在观念和意识问题，对其投资热情不高。如何吸引投资加快农业产业化发展亟待解决。

（四）农业社会化服务体系建设尚不完善

农业社会化服务组织建设取得成就不少，但是由于政府政策制定的落后与政策效应滞后原因，农业社会化服务体系建设尚不完善。一是量少，即服务组织数量上仍不能满足广大农民对服务的要求，农村覆盖面不够广。二是服务组织规模不大。多数服务组织年经营额在1000万元以下，近半数在50万元左右。荆州地处江汉平原，是农产品集中地，如此规模的服务组织尚不能提供优质服务。三是农民不愿意参加服务组织开展的服务活动，地方对服务组织不够重视，导致服务效率低下。

二 经验总结

（一）正确看待"抛荒"问题，建立合理土地转让机制

一定意义上来说，国家经济越发达，农村人口向城镇转移得越多，城镇人口也会增多，而且随着第二、第三产业的发展，其对从业人员数量的需求也增多，必然会使第一产业从业者变少，机器替代人力从事农业现象也会更普遍。所以说，并不是因为农村税费改革导致的抛荒现象，抛荒现象是中国经济发展、社会进步的必然产物。在书中也提到了引起抛荒的另一个原因是农民自身经济问题，农民无法缴纳大量不合理的资金摊派，而不得不离开农村，导致抛荒。应对农村抛荒问题就需要从历史发展的角度、人口流动的规律来入手，探索解决方法。

应对抛荒问题，可以在土地政策框架下，构建合理的土地转让机制。应对抛荒问题不可逆流而行，而应该顺应中国经济快速发展，人口流动变化大的新形势、新趋势，在此之上深入研究中国的土地政策。外出务工导致的土地随意抛荒、转租、承租使土地承包关系变得紊乱，"二轮承包"也不再适应当时的经济形势变化。综上所述，国家应根据新形势的发展需要做出一定的新尝试。比如说让农民通过购买来获得土地的完全经营权，允许农民按照市场情况进行自主经营自行生产。当然，对于农民购买的拥有完全经营权的土地，农民享有自主有偿转让的权利；国家也不可完全放任，应该以政策辅之以种植结构的优化。建立合理的土地流转机制，让农民享有种田的权利与责任，让土地的流转更加自由、合理，满足这一时期农民的要求才能减少抛荒现象的产生。

（二）规范农村分配关系，解决乱收费问题

规范农村上级政府和基层政府、政府和农民的分配关系，重点解决乱收费问题，可从规范收入、规范上缴体制和支出两方面展开。

第一，收入的规范。实行"一事一议"制度，取消各项不合理收费。继续推进和完善农村税费改革，规范预算收入。严格按照"预算一本账、监督一个卡、收款一张据、资金一个口、审批一支笔"的要求进行管理，及时将各项费用情况公布在公告栏，方便群众查询及监督。

第二，上缴体制和支出的规范。建立科学的政府间收入转移支付制度，改革乡镇管理体制，完善预算制度，加强乡镇支出的管理，做到公开、透明。正确适当划分各级的财权与事权，财权与事权应相宜。对负债严重的乡镇财政给予帮助，可加大转移支付能力。税收征收逐步走向专业化、规范化。

（三）农业产业化经营

湖北省在全局上制定农业和农村发展目标，各县市按照地方条件明确农村发展目标、制订战略计划，发展主导产业，指导农业产业化发展。农业产业化跨第一、第二、第三产业，为解决部门分割格局，政府各部门应该密切配合，制定农业产业化相关法规制度。加大农业科技投入，将财政用于农业科研项目以及建立农村社会化服务体系的资金同财政用于发展农业产业化经营的资金融合在一起，以此使得农业产业化项目具有更高的科技水平。加强农业基础设施建设，改善农业生产条件，为农业产业化投资引资，对农业产业化资金严加监管，立法保护。

（四）农业社会化服务体系建设

服务体系是发展农业经济的重要力量，它可以引导农民传统观念的改变，以此改变农业产业结构，丰富农产品各流通环节，提高农民自我服务意识；服务体系在信息、科技方面的帮助，降低农民进入市场的风险，提高农民生产积极性，促使农民增收。农业社会化服务体系建设毋庸置疑是好的，政府部门应继续加大支持力度。具体可从增加服务组织数量、提高服务质量、扩大服务组织服务范围、宣传动员群众干部参加服务单位组织的服务活动、增加对服务组织的投入等方面进行完善。

第 四 章

转型时期的农业财政发展
（2002—2005 年）

农村经济承受了改革的巨大阵痛，农村经济和社会的矛盾爆发促使农业财税从抽水型政策走向减负型政策。

第一节　政策演变

一　农村税费改革

2000 年 3 月，湖北省监利县党委书记李昌平冒着风险，含泪上书总理，不禁发出了"现在农民真苦，农村真穷，农业真危险"的感慨。他在信中写道："我们这儿的田亩负担在 200 元/亩。另外还有人头负担100—400 元/人不等。两项相加 350 元/人·亩左右。一家五口种地 8 亩，全年经济负担 2500—3000 元（不含防汛抗灾、水利等劳动负担）。农民种地亩产 1000 斤谷子（0.4 元/斤），仅仅只能保本（不算劳动负担），80% 的农民亏本。农民不论种不种田都必须缴纳人头费、宅基费、自留地费，丧失劳动力的 80 岁的老爷爷、老奶奶和刚刚出生的婴儿也一视同仁交几百元钱的人头负担。由于种田亏本，田无人种，负担只有往人头上加，有的村的人头负担高过 500 元/人。我经常碰到老人拉着我的手痛哭流泪盼早死，小孩跪在我面前要上学的悲伤场面。"由此可见，农民负担在该时期达到了一个新高度，农民苦不堪言。全国通报了多起因为负担过重致死的恶性事件，以及不断出现的群众上访、抗税抗费、干群冲突问题。虽然处罚了一些干部，但是这并没有触碰问题的实质，各地除了"三提五统"费用，依然收取名目繁多的其他收费。一场关于农村税费的改革迫在眉睫。

2000 年 3 月，《中共中央、国务院关于进行农村税费改革试点工作的通知》颁布，农村税费改革正式进入试点阶段。此次改革旨在规范农村税费制度，以制度形式约束农民负担的反弹。安徽全省及 9 个省区的若干个县成为首批试点地区，其中包括湖北省荆门市京山县和宜昌市五峰县。改革内容即"三个取消，两个调整，一项改革"，即取消乡统筹费、农村教育集资等专门面向农民征收的行政事业性收费和政府性基金、集资；取消屠宰税；取消统一规定的劳动积累工和义务工；调整农业税和农业特产税政策；改革村提留征收使用办法。同时还提出了一些配套改革措施，包括规范农村收费管理、改革和完善县乡财政管理体制、精简乡镇机构和压缩人员、建立农民负担监督机制、抓紧制定改革的配套文件。

在试点进行了两年，积累了一些改革经验后，国务院决定扩大改革试点范围，并在 2002 年 3 月发布了《国务院办公厅关于做好 2002 年扩大农村税费改革试点工作的通知》。该文件确定了包括湖北省在内的 16 个省（自治区、直辖市）为 2002 年扩大农村税费改革试点省。同时，湖北省决定增加改革相关的转移支付资金，对资金实行包干使用的方式，也要求各级财政加大对改革试点的支持力度。对于乡镇机构、农村义务教育等各项相关措施的改革也提出了要求，要求继续扎实推进。

湖北省根据中央文件精神，在 2002 年 6 月制定、颁布了《湖北省农村税费改革试点方案》，确立以"三个取消、一个逐步取消、两个调整、两项改革"为农村税费改革的主要内容，即取消乡统筹费等专门面向农民征收的行政事业性收费和政府性基金；取消农村教育集资等涉及农民的政府性集资；取消屠宰税；逐步取消统一规定的劳动积累工和义务工；调整农业税政策；调整农业特产税政策；改革村提留征收使用办法；改革共同生产费征收使用办法。同时，提出了相关配套措施，包括开展乡镇机构改革、完善乡镇财政体制、进一步完善土地承包工作等。对于改革的各个步骤也做了具体的时间规定，要求各地区分阶段实施，保证各相关改革任务如期完成。

事实证明，农村税费改革是该时期减轻农民负担的根本方法，而且也带动了农村各项改革。但是各地区还存在执行政策不到位、配套改革力度不平衡等问题。为此,国务院决定在进一步总结经验的基础上,全面推进农村税费改革试点工作,于 2003 年 3 月发布了《国务院关于全面推进农村税费改革试点工作的意见》,要求进一步调整完善有关农业税收政策、按照"一事一议"原则征收费用及劳务、强化农业相关费用的征收监管,拓宽债务问题的解决渠道。对于已试点地区要求巩固改革成果,防止农民负担反弹。尚未试点的地区根据实际情况自主决定是否开展改革试点。文件首次提到了乡村债务的问题,乡村债务问题以农村税费改革为导火索爆发,问题十分严重,必须加大力度,通过各种方式化解。

农村税费改革试点在全面推进之后,迎来新阶段,农业税开始由减到免。2004 年 3 月,《财政部、农业部、国家税务总局关于 2004 年降低农业税税率和在部分粮食主产区进行免征农业税改革试点有关问题的通知》的颁布,意味着中央开始探索免征农业税路径,决定先行在吉林、黑龙江免征农业税改革试点,湖北省在内的部分地区下调 3% 的农业税税率,主要用于鼓励粮食生产。这为之后全面取消农业税积累了经验、奠定了基础。

2004 年 6 月,《财政部、国家税务总局关于取消除烟叶外的农业特产税有关问题的通知》,决定从 2004 年起对除烟叶外的产品取消征收这一税种。其中,"对征收农业税的地区在农业税计税土地上生产的农业特产品,改征农业税,在非农业税计税土地上生产的农业特产品,不再改征农业税;对已免征农业税的地区,农业特产品不再改征农业税"[1]。农业特产税在农业税之前全面取消。

2006 年 1 月 1 日,《农业税条例》正式废止,由此延续了几千年的农业税彻底退出历史舞台,9 亿农民将因此受益。

二 乡镇机构改革

为了全面配合农村税费改革,乡镇机构改革也顺势开展起来。中央

---

① 《财政部、国家税务总局关于取消除烟叶外的农业特产税有关问题的通知》,2004 年 6 月,国家税务总局(http://www.chinatax.gov.cn/n810341/n810765/n812193/n812993/c1202960/content.html)。

层面的改革试点工作于 2004 年 3 月开始，主要集中在湖北、吉林、黑龙江和安徽四省，这是全国范围内乡镇机构改革的试点阶段。2005 年 3 月，试点范围扩大。在这之后，各地积极响应中央号召，试点乡镇也不断增加。

其实早在中央将湖北省列为改革试点省份之前，湖北省就自主进行了一些关于乡镇机构改革的探索、尝试。

2000 年 12 月，《中共湖北省委、湖北省人民政府关于乡镇体制改革的实施意见》颁发。文件对于湖北省普遍存在的乡镇规模小、机构设置多、财政压力大、资源配置不合理的问题做了说明。为了适应社会主义市场经济体制逐步建立和农村社会经济发展的要求，提出了适度扩大乡村规模、合理设置乡村机构、精简机构和人员编制的改革措施，并对乡村设置标准和工作步骤进行了详细说明。

2001 年 2 月发布的《湖北省市（州）县（市）乡（镇）机构改革实施意见》进一步明确了精简机构和人员编制的要求。对于各级机构的设置规定了具体数目，对于人员的精简各级机构也有明确的比例要求。同时要求做好人员定岗分流工作。有了准确的数目要求，各地区不得不按照要求真抓实干，具体落实。

2002 年出台《关于精简乡镇机构压减财政供养人员的意见》进一步提出了严格执行乡镇机构改革方案的要求，一是进一步压缩乡镇站、所，撤并机构；二是积极推进农村教育体制改革；三是改革乡镇医疗卫生与计划生育服务机构。首次在相关文件中提到了对农村教育体制和医疗、计划生育机构的改革，将改革更进一步。

为了巩固农村税费改革成果，更大程度解放生产力，加快农村经济发展和社会全面进步，湖北省于 2003 年 11 月出台了《中共湖北省委、湖北省人民政府关于推进乡镇综合配套改革的意见（试行）》，涵盖了包括乡镇机构相关改革在内的多项改革，与之前相关文件不同的是提出了完善乡镇财政管理体制的要求。对于乡镇机构除强调规范设置外，还提出建立刚性约束机制，严格编制管理，防止改革成果反弹。而关于乡镇财政管理体制要求坚持分税制改革方向，实行按税种比例分享的规范办法，更重要的是调动乡镇发展经济，培植税源的积极性。对于公共支出管理、行政事业性收费以及村级财务管理也做了总体说明。

2005 年《中共湖北省委、湖北省人民政府关于推进乡镇事业单位改革加快农村公益性事业发展的意见》将焦点集中在对乡镇事业单位的改革和农村公益性事业的发展上。"除农村中小学校、卫生院、财政所（加挂经管站牌子）以及规定的延伸派驻机构外，乡镇其他事业单位要在清退非在编人员的基础上转为自主经营、自负盈亏的企业或服务组织，到工商或民政部门办理法人登记手续，成为独立法人，依法产生法人代表"，"在乡镇事业单位转制后，所有人员退出事业单位编制管理序列，脱离财政供养关系"，对于单位性质和人员编制做了严格规定，可以有效减轻财政供养负担。对于农村社会公益服务，建立"花钱买服务，养事不养人"的新机制，并决定从 2006 年起，省级财政每年筹措 1 亿元资金通过转移支付专项支持乡镇公益性事业发展。同时，积极探索公益性服务的运行模式，不管哪种方式都要让农民群众得到实惠。①

三 农村财政管理体制改革

农村税费改革牵一发而动全身，改革后乡镇财政收入大幅度减少，但相关财政支出又存在刚性，由此带来收支矛盾突出，债台高筑。如果不改变这种状况，在入不敷出的高压下，乡村财政很可能把手重新伸向农民，农民负担产生反弹，之前的改革成果也就付诸东流。所以，为了继续巩固改革成果，确保税费改革的成功，湖北省还制定了综合配套改革政策，除了上文提到的乡镇机构改革，还包括县乡财政管理体制改革和农村义务教育管理体制改革。该部分主要叙述湖北省在县乡财政管理体制改革上所实行的政策。

2002 年 11 月，《中共湖北省委办公厅、湖北省人民政府办公厅关于进一步调整和完善乡镇财政管理体制的意见》对乡镇财政收支的范围进行了划分。收入范围包括"增值税、企业所得税、个人所得税、地方工商各税、农业税、农业特产税、契税、耕地占用税、纳入地方财政预算管理的行政性收费收入、罚没收入、专项收入和其他收入"等。支出范

---

① 《中共湖北省委、湖北省人民政府关于推进乡镇事业单位改革加快农村公益性事业发展的意见》，2005 年 7 月，中国知网（http://mall.cnki.net/magazine/Article/HBRZ200508 002.htm）。

围包括"在编人员工资的支出、乡镇政权正常运转的支出、乡镇社会事业发展支出、社会保障和社会福利支出、公共设施维护建设支出、公益性排涝支出、乡村防汛支出和其他支出等"。并且将"农村中小学教职工工资交由县一级集中管理，农村中小学的公用经费资金来源除学校按规定向学生收取的杂费外，其余全部由县、乡两级人民政府预算安排"。"农业四税"作为乡镇财政收入的一部分，在农村税费改革逐步深入的过程中将不断减少。此外，税费改革取消了向农民收取的教育集资，相关费用转而由乡镇财政承担。可以预见，在改革推进过程中，收支矛盾将会成为乡镇财政面临的一大难题。所以乡镇体制改革必须配合乡镇机构改革以削减开支。同时更重要的是以经济发展作为财源的重要支撑，大力推动地方经济的进步。①

除此之外，文件还提出了建立健全配套制度的措施。通过强化乡镇财政预算的约束力、推进乡镇行政事业单位财务"零户统管"、建立对乡镇财政转移支付制度、加快建立乡镇国库、清理债务等方式全面推进乡镇财政建设。

《中共湖北省委、湖北省人民政府关于推进乡镇综合配套改革的意见（试行）》中同样提到了完善乡镇财政管理体制的政策要求。第一，要坚持分税制改革的方向，通过发展经济来增加财政收入，对地方各级财政的支出责任进行划分。第二，要推进公共支出管理改革，乡镇行政事业性收费等需上缴，继续推行和完善零户统管制度。第三，规范行政事业性收费，要求向社会公示收费标准。第四，加强村级财务管理，由乡镇财政所代管村级财务，对村级财务定期公开。可见，分税制是基本方向，在此基础上对乡镇级村级财务不断加强监管，强化监督，提高公开性、透明度。

四　农村义务教育管理体制改革

该时期，由于分税制改革和农村税费改革的持续推进，中国农村义

---

① 《中共湖北省委办公厅、湖北省人民政府办公厅关于进一步调整和完善乡镇财政管理体制的意见》，2002 年 11 月，法律教育网（http：//www.chinalawedu.com/falvfagui/fg22016/139236.shtml）。

务教育投入的问题开始出现。一方面,乡镇财政收入减少,又取消了教育附加和教育集资费用的收取,所以不能很好地支撑农村义务教育的资金投入;另一方面,乡镇政府调动教育资源的能力十分有限,从而影响了办学效益。因此,产生了类似"举债普九"等的教育乱象,对农村义务教育无疑会产生负面影响,导致城乡教育差距进一步扩大。

为此,2001 年发布了《国务院关于基础教育改革与发展的决定》,提出实行"在国务院领导下,由地方政府负责,分级管理,以县为主","省级和地(市)级人民政府要加强教育统筹规划,搞好组织协调,在安排对下级转移支付资金时要保证农村义务教育发展的需要。县级人民政府对本地农村义务教育负有主要责任,要抓好中小学的规划、布局调整、建设和管理,统一发放教职工工资"① 的新的农村义务教育管理体制,负担主体由农民变成政府,政府内部把主体从乡镇变成县。

2002 年,《关于完善农村义务教育管理体制的通知》再一次明确指出了县级政府应该成为农村义务教育的负担主体。

2003 年,《关于进一步加强农村教育工作的决定》更进一步强调了落实"以县为主"的管理形式,并明确区分了各级政府的义务。新的农村义务教育管理体制,改变了以前的财政投入方式和主体,一定程度上改变了农村义务教育经费短缺的局面,强调了政府在其中应该承担的责任。但同时改革也存在一些问题,比如虽然对于县级政府的资金投入做了明确要求,对中央和省级政府却没有具体的说明。因为县级财力有限,如果没有中央和省级财政的支持,经费投入可能存在不稳定性。

第二节 政策效果评价

一 农村税费改革

(一)农民负担调减,生产积极性提高

"三个取消、一个逐步取消、两个调整、两项改革"无不对农民的

---

① 《国务院关于基础教育改革与发展的决定》,2001 年 5 月,中国政府网(http://www.gov.cn/ztzl/nmg/content_ 412402. htm)。

负担产生影响。取消屠宰税、调整农业税政策、调整农业特产税政策减轻了农民的税务负担；取消乡统筹费等专门面向农民征收的行政事业性收费和政府性基金、取消农村教育集资等涉及农民的政府性集资、改革村提留征收使用办法、改革共同生产费征收使用办法则是对农民的税外费用负担做了缩减；逐步取消统一规定的劳动积累工和义务工就体现在减轻了劳务负担，更多的劳动力被释放出来，进而从事农业或其他劳动生产，带来收入的增加。

以湖北省先行进行改革试点的五峰县为例。五峰县在税费改革前，当地农户的负担额是 1107.73 万元。经改革，各种名目的收费项目被取消，保留下来的农业税及其附加总计征收了 1020.00 万元，降幅为 7.92%，负担程度为 56.00 元/人，35.76 元/亩。晚一步进入改革试点的其他地区改革成效同样显著。[①] 1999 年，鄂州市农民负担总额为 8573.00 万元。农村税费改革后，全市农民负担总额减至 4372.26 万元，相比 1999 年减少了 4200.74 万元，负担减少 49%。改革后，人均负担 60.75 元，比改革前减少 58.06 元；亩均负担 84.20 元，比改革前减少 64.06 元。[②] 竹山县经改革农民负担的农业税和农业特产税及其附加降低了 2576.00 万元，降幅为 51.32%，2002 年总额降至 2443.00 万元。农民负担程度也减少至 62.00 元/人、50.00 元/亩，对比改革前分别减少了 50.79% 和 50.98%（见表 4—1）。[③]

新的税费政策的实施，在减轻农民负担的同时，也大大降低了农业生产成本，亩均负担大大减轻，农民生产积极性高涨。京山县在税费改革后，曾一度发生抢田生产的现象，这是改革前所没法想象的。改革前该县撂荒的土地曾多达 10 万亩。随着改革不断推进，农民负担日益减轻，合计有 8 万亩荒地重新投入生产。农户种植面积也相比大幅提升，种田大户增多，最多的有 500 多亩。除了种植面积扩大，农业生产投入也大幅增多，2001 年春耕当地农户投入 9600 多万元。

---

① 湖北省农村税费改革课题组：《农村税费改革试点的成效》，《湖北财税》2002 年第 2 期。

② 刘先义：《鄂州：农村税费改革成效显著》，《当代经济》2004 年第 1 期。

③ 华新宇、马仕斌、任典武：《农村税费改革后乡村运转面临的突出问题和对策——来自竹山县的调查报告》，《财政与发展》2005 年第 9 期。

表4—1　　　湖北省部分地区农村税费改革前后农民负担对比

时期	项目	五峰县	竹山县	鄂州市
改革前	负担总额（万元）	1107.73	5019.00	8573.00
	人均负担（元）	—	126.00	118.81
	亩均负担（元）	—	102.00	148.26
改革后	负担总额（万元）	1020.00	2443.00	4372.26
	人均负担（元）	56.00	62.00	60.75
	亩均负担（元）	35.76	50.00	84.20
减负率	负担总额（%）	7.92	51.32	49.00
	人均负担（%）	—	50.79	48.86
	亩均负担（%）	—	50.98	43.21

　　资料来源：华新宇、马仕斌、任典武：《农村税费改革后乡村运转面临的突出问题和对策——来自竹山县的调查报告》，《财政与发展》2005年第9期。

　　从湖北省总体数据也可以看出农民生产积极性的提升。如表4—2所示，2002年湖北省农业总产值为671.20亿元，到了2005年这一数据达到了932.15亿元，三年间增长了近40%。其中，2004年农业总产值的提升尤其明显，相比上一年度，增长率达到25%以上。这主要得益于2004年湖北省农业税率下调3%的政策，光是农业税负担就降低了近一半，农民感受深切，对农业的生产热情达到一个新高度，反映在农业总产值上就是数据的显著提升。最终，2002—2005年农业总产值保持了年均11.57%的增长率，相比上一时期4.56%的增长率，提高了近7个百分点，农业税费改革对农民参与农业生产的影响十分显著。

　　（二）乡村财政收支矛盾突出，债务负担重

　　农村税费改革对于农民来说无疑是个好消息，但是对于乡村财政来说却作为导火线引发了一些问题。税费改革后，农业税减负直至取消，农业特产税等其他税收项目也被取消或逐步取消，乡统筹费及各种行政事业性收费、集资，村级提留费用征收同样也是取消或调整、规范，导

表 4—2　　　　　　2002—2005 年湖北省农业总产值及其增长率

年份	农业总产值（亿元）	农业总产值增长率（%）
2002	671.20	1.97
2003	733.36	9.26
2004	921.59	25.67
2005	932.15	1.15
年均增长率		11.57
1994—2001 年年均增长率		4.56

资料来源：《湖北统计年鉴》及作者对相关数据的整理。

致乡级和村级财政的收入大量减少。改革前两级财政基本是利用"三提五统"收取的资金来支撑，改革后部分税收、费用被取消，还有一部分费用以税收形式加以规范征收。即使增加了农业税和转移支付收入，但和改革前的各种税费收入相比，显得相形见绌。再加上支出的刚性及乡镇财政供养基数大，极易产生收支矛盾，导致入不敷出，乡村债务问题突出。2002 年湖北省各乡镇财政收入总计减少 30 多亿元，全省乡镇财力减少预计达 30 多亿元，即便从中央到地方各级政府的转移支付弥补了 20 亿元的财力损失，但仍然有 10 亿元的资金缺口，平均到各乡镇就是 3 万元。受其影响，县级财政资金匮乏问题也越发加剧。[①]

　　具体来说，以竹山县为例。1999 年该县乡级和村级财政在农业税费方面的收入为 6182 万元，包括乡级的 4364 万元和村级的 1818 万元。农村税费改革后，两级财政相关收入减少至 4421 万元，减少了 28.5%。乡级减少了 19.9%，达到 3494 万元；村级减少了 49%，达到 927 万元。基层财政入不敷出的问题十分严重。一方面是收入的减少，另一方面是支出的巨大。单五保户供养和其他优待费用一项支出就高达 800 多万元。[②] 原本这些支出主要靠村提留收入提供资金支持。税费改革"三提五统"

---

　　① 冯兰：《农村税费改革后基层行政管理体制改革初探》，《湖北财税》2003 年第 22 期。

　　② 华新宇、马仕斌、任典武：《农村税费改革后乡村运转面临的突出问题和对策——来自竹山县的调查报告》，《财政与发展》2005 年第 9 期。

被取消或调整后，资金来源丧失，虽有上级的转移支付，但并不足以弥补这一开支，收支矛盾从而产生。乡镇不得不举债应付各种支出，再加上改革前的债务，债台更加高筑。

村级财务问题同样突出。2000 年，京山县全县村本级财务总收入3287 万元，其中提留收入2196 万元，发包及上缴收入 671 万元，其他收入 420 万元。支出方面，财政支出总额为4193 万元。收支缺口为906 万元，平均到全县各村为 2.2 万元的资金缺口。农村税费改革后的2001 年，村级财政收入由3287 万元下降至2066 万元，下降幅度为37%；支出总额由4193 万元下降至3273 万元，下降幅度为22%。虽然相比改革前，县乡财政支出有所减少，但相比收入减少的幅度，支出的下降幅度低了15%，由此导致资金缺口进一步扩大至1207 万元，平均到各村头上就是2.9 万元的短缺。村级财务总支出大于总收入已成普遍现象，税费改革后这一问题更加严重。[①]

（三）农业产业结构调整优化

随着经济的发展和社会环境的变化，市场对农产品的消费需求发生变化，传统的农产品已经难以满足消费者更高层次的需求，所以其价格低廉，种植相关产品的农户得不到更高的收益，开始根据市场变化调节种植结构，以提高种地的单位产值，增加收入。而发展优质农副产品或是农业特产品就成了农民的选择之一。且税费改革后不再征收农业特产税，这种情况下农民种植经济作物和发展特种生产就可以得到更多的实惠，从而更加调动了广大农民调整种植、养殖结构，发展区域特色农业的积极性。

在市场和政府引导下，京山县2001 年农业结构发生显著变化。花生、玉米、西瓜、优质稻和黄姜等农产品的种植面积相比从前大幅增加，其中单是花生就增加了110000 亩，增幅惊人。还有其他收益较高的经济作物面积也比之前有了大规模的增加，农业产业结构更为多样化，经济效益显著提升。

---

① 周家均、付中明、吴革：《京山县农村税费改革后村级财务管理调查报告》，《湖北财税》2002 年第20 期。

二　乡镇机构改革

（一）机构及人员精减

农村税费改革后，农民负担大幅度减轻，乡镇收入也在改革过程中大大减少，为了保证机构运转，必须进行乡镇机构的配套改革，对相关机构等进行精简，以减少不必要的开支。乡镇机构改革后，乡镇政府在机构设置、职能范围、人员配置等方面都发生了较大的变化。

改革前，襄樊市乡镇（办）个数为 156 个，改革后精简合并到 100个，大幅度减少了乡镇设置，为精减人员扫清了道路。其中，宜城市推行的"六个减一批"、拆"庙"推"灶"成效显著，17 个乡镇撤并为 9个，镇内设机构由原来的 84 个减少到 27 个。乡镇事业单位由原来的 332个减少到 81 个，精简了 75.6％；人员也由 1303 人减少到 109 人，精减幅度高达 91.63％。对于事业单位管理模式也做了大变革，统一按照企业化、市场化、社会化的要求，不定人员编制，不给财政补贴，对担负有一定行政管理职能和公益服务职能的事业单位，量化工作标准，核定必要的经费基数，实行货币化管理，"办多少事拿多少钱"，不再走过去养人办事的老路。襄阳区双沟镇将原来乡镇事业单位的经营职能全部放开，转制为农业服务类公司，实行市场化运作、企业化管理。镇委、镇政府将国有、集体资产重新配置，保留所有权，无偿向公司转让经营权，鼓励分流人员在公司工作、转岗创业，收到了很好的效果。村级机构、人员同样进行了缩减。对现有村组进行撤并，取消总支（办事处）中间层机构。综合考虑地理位置、债权债务、人口规模、人文风俗等因素，合理制定村组合并方案，采取"1 + X"的模式。2000 人以上的村配备 4 名村干部，2000 人以下的村配备 3 名村干部，除村支部书记外，其他村干部同时兼任数职。[①]

（二）机构职能变化

在相关改革措施实施前，乡镇机构职能混乱，一些原本不该由乡镇机构承担的工作被划入职能范围，又有一些属于其职能范围的工作被忽

---

① 谢绪超、赵庆祥：《奏响德政工程的序曲——襄樊市农村税费改革纪实》，《湖北财税》2002 年第 21 期。

视。农村税费改革前,相关税费项目众多,征收工作量大,乡镇政府过多地执行了征税收费的工作,征管工作成为乡镇干部主要的工作职责。改革后,乡镇政府的职能内容和履行职能的环境改变巨大。职能内容方面,各种税费项目取消,征收工作强度急剧减小,征收人员规范化,乡镇干部不再承担具体的征收工作,他们的职能内容也就转变到协调管理上。履行职能的环境方面,村民政治意识提高,开始要求更多的民主权利,对乡镇政府从以前的一味服从相关行政命令到对他们提出服务要求。

以经管部门为例。改革前,它的职能主要包括三个方面:一是各项税费征收的组织工作。二是相关收入的划转和结算工作。三是对村级收支进行账务处理及监督管理。工作内容众多导致机构人员激增。2001 年,京山县经管部门在职人员达 199 人。改革后,经管部门的收费职能取消,只承担村级支出的审批和监督工作,职能内容显著减少。

三 农村财政管理体制改革

(一) 规范了农村分配关系

农村财政管理体制改革明确了各级财政的收入来源及各项目的支出主体,从而规范了各级财政及国家、集体和农民之间的分配关系。除农业税和农业特产税及其附加外,其他各种不合理的收费基本被取消,农民的负担主要是税收负担。所以,农业两税就成为国家参与农业生产分配的主要途径,而两种附加作为村级财政的收入也就成村集体参与农业生产分配的载体。除去这些国家规定的征收项目,剩下的部分就成为农民从事农业生产的收益。通过规范农村分配关系,农民税费支出明确了,农业生产收益也就得以稳定,生产积极性提高。

在分配方式上,以法律形式规范征税行为,避免了征收过程中的混乱现象,实现征收项目清晰化,征收主体专门化,征收模式现代化。所以,农民对缴纳农业税也由以前的抗拒、需要干部上门催收,转变为愿意主动缴纳。

同时,改革也理顺了各级财政的分配关系。相关文件划分了乡镇财政的收支范围,界定了县、乡政府事权范围,明确了县、乡政府支出责任。乡级财政的行政事业性收费、罚没收入、政府性基金等要求全额上缴国库或财政专户。支出方面，以教育支出为例，改革后投入主体从以乡为主转变为以县为主。可见，对各级财政之间的收入及支出项目都做了具体划分，不同财政之间的分配关系进一步明确。

（二）财政收支透明度提高

财政透明度是良好的财政管理的一个方面，可以促进资金使用效率的提高、保障农民权益。尤其是在该阶段乡镇财政收支矛盾突出，债务负担沉重的背景下，提高财政效率就更为重要。从相关政策演变过程可以看到，农村财政体制改革推进过程中，中央及湖北省对财政收支的规范性及透明度要求不断强化。乡镇的各项行政事业性收费都要求向社会公示收费标准，并且相关收费都要上缴国库或财政专户。对于村级财务也要求规范村级收支行为，定期在村内公开，尊重村民监督财务的权利。这一系列举措都有利于促进财政公开化、透明化。

四　农村义务教育管理体制改革

（一）农村义务教育投入主体转变

作为农村税费综合配套改革的重要部分，农村义务教育管理体制伴随着税费改革的推进也不断发生变化。改革前，农村义务教育的经费基本来自县、乡两级财政预算内拨款，乡统筹费中的教育费附加，村教育集资及缴纳的学杂费。其中，乡级财政成为农村义务教育经费的负担主体，相关支出占据了乡镇所有支出的75％。乡镇财政收入有限，单靠乡镇财力无法支撑这一高额的支出。为了保证教师及其他相关人员工资的发放和教育基础投入，不得不动用乡统筹费用，或者是村提留款、学杂费，甚至需要贷款来满足教育支出。由此，就极有可能形成乡镇一级财政的负债。所以，对农村义务教育投入格局进行改革势在必行。

2001 年出台的《国务院关于基础教育改革与发展的决定》明确规定了"以县为主"的农村义务教育管理体制，县政府成为教育投资的主体。湖北省为贯彻相关精神，根据文件要求采取了一系列措施，取得了一些进展，全省各地基本形成了"以县为主"管理体制，其他各级财政也不断增加对教育的投入，"保工资，保运转，保安全"的目标得以实现。2002 年，湖北省各级财政在义务教育上的支出总计达到 54.5

亿元,在 2001 年的基础上增加了 30.4%。并提供 1.1 亿元专项资金用于发放教职工工资,改变了一直以来存在的拖欠工资的问题。为保证农村中小学的运转,还另外提供了 1.3 亿元资金支持。危房改造资金等由省级财政出资,按照每年 6000 万元的标准拨付。相关数据显示,2002—2004 年的三年中,湖北省级财政向上共接收到中央财政拨付的 8.3 亿元教育资金,并向下对县级财政转移支付教育资金 9.7 亿元。可见对教育的投入逐步递增,一定程度上缓解了农村义务教育经费紧张的状况。①

(二) 教育资源配置得到优化

农村义务教育经费从以前的主要由乡级财政负担转移到县级财政,支出主体的改变也带来了教育资源配置的改变,配置范围从乡镇扩大到县市。经过不断的规划调整,农村义务教育阶段学校分布更加合理化,能够满足不同人口、不同经济社会条件、不同自然环境的区域的差异化需求,农村义务教育水平大幅提高。2002 年,湖北在全省范围内总计调整减少农村义务教育阶段学校 3580 所,减少了 17.3%,各类规模小、质量差的学校被取消,保留下来的学校规模扩大,初级中学平均规模为 1196 人/所,相比前一年提高了 25.5%,小学平均规模为 322 人/所,提升了 15.4%。通过对全省范围内中小学的整顿,办学质量参差不齐的状况一定程度上得到改善,教育资金的投入效率得以提高,各地区在教育上的地域差距缩小。从总体上提高了湖北省的义务教育发展水平。

(三) 教师队伍素质提高

从前文分析可以看到,乡镇财力不足导致无法支撑农村教育开支,拖欠教职工工资的事情时有发生,给工资水平本就偏低的乡村教师集体带来了更多的收入问题。所以,始终无法吸引高素质人才的加入,乡村教师水平整体偏低。农村税费改革的一系列措施,精减了教育部门的人员,素质较低达不到要求的各类教师被清退,教职工的管理工作交由县级相关部门负责,可以提高教师队伍素质。对编制内的

---

① 张洁燕、曾宪初、李娟、吴付科、路志宏:《税费改革与湖北农村义务教育》,《教育财会研究》2005 年第 6 期。

教师实行聘任制度，向社会公开招聘，通过竞争筛选人才，提高教师队伍素质。对岗位内的教师定期进行再教育，不断提高其教学水平，适应社会环境的变化。为了吸引高素质人才加入乡村教师集体，对大学生实行各种优惠条件。通过以上这些方式，教师队伍素质及教学水平大大加强。

第三节　问题与经验总结

一　存在的问题

（一）农民增收乏力，乡镇财政收入结构不合理

农村税费改革最为直观的目的和效果就是农民负担的减轻。如果经济发展水平高，当地财政收入水平也就水涨船高，财政部门有足够的财力负担各项费用，而不用向农民征收或是摊派，农民相关支出减少，收益提高，生产积极性增强，又进一步促进了当地农业发展，形成一种良性循环。反之就会形成恶性循环。所以，要想从根本上解决农民负担重的问题，首要的是发展经济，增强政府财力，提高农民收入，减负措施应该成为一种辅助。从人口总量来看，湖北省农村人口长期占据总人口的 70% 以上，虽然这一比重在 2003 年大幅下降，但也维持在 50% 以上，即农村人口仍然占据了大多数。但恰恰是这大多数的人口在收入上几乎没有保障。

从以上政策演变可以看到，农村税费改革的各项措施都旨在减少农民税费支出以减轻负担，对收入增长没有提供有力举措。虽然负担的减轻一定程度上会提高农民的生产积极性，但是农产品价格的波动又会削弱这一积极性。生产资料价格也不断上涨，导致粮价始终追不上居高不下的生产资料成本，收入增长受到抑制，生产积极性也受到打击。如表 4—3 所示，2002—2005 年，湖北省农林牧渔业总产值增长率和农民人均纯收入增长率对比，时高时低。农林牧渔业总产值年均增长率为 13.85%；而农村居民人均纯收入虽然也保持了递增，但年均增长率仅有 8.24%，相比前者低了 5.61 个百分点，可见农民增收乏力（见图 4—1）。

表4—3 2002—2005年湖北省农林牧业总产值与农村居民人均纯收入

年份	农林牧渔业总产值（亿元）	农林牧渔业总产值增长率（%）	农村居民人均纯收入（元）	农村居民人均纯收入增长率（%）
2002	1203.30	2.60	2444.06	3.91
2003	1342.09	11.53	2566.76	5.02
2004	1695.44	26.33	2890.01	12.59
2005	1775.58	4.73	3099.20	7.24
年均增长率	—	13.85	—	8.24

资料来源：《湖北统计年鉴》及作者对相关数据的计算整理。

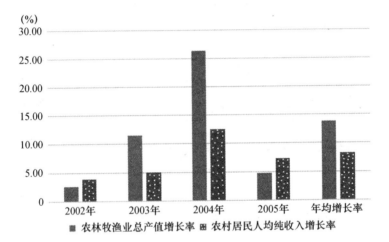

图4—1 2002—2005年湖北省农林牧渔业总产值增长率与
农村居民人均纯收入增长率对比

资料来源：《湖北统计年鉴》及作者对相关数据的计算整理。

　　农村税费改革除了减轻农民负担，也必然会带来一些新问题，其中最为尖锐的无疑是乡、村两级财务问题。因为乡统筹、村提留及各种收费和集资的取消或调整，财政收入减少，支出大部分又具有刚性，所以债务问题越发突出。但税费改革只是引发该问题的导火索，究其深层次原因，还是在于经济发展不够，乡镇级财政收入结构不合理。

　　由表4—4可以看到，农村税费改革前京山县农业税占据总收入的比重基本维持在40%左右，其他基本是工商税收。可见，农业税是乡镇财政收入的重要来源。税费改革对农业税及相关收费或取消或调整，农业税收入将大幅减少，所以可以预见该县乡镇财政将面临收入骤减的难题。改革后，乡镇财政收入就进入了工商税收独挑大梁的阶段。虽然乡镇工商税收占乡镇财政收入比重大，但占全县工商税收的比重起伏波动较大（见图4—2），表明乡镇一级工商税收还存在税源不足、增长乏力的问题。所以，这种状态是极具不稳定性的，一有变化发生，乡镇财政就可能面临新的危机。

表4—4　　　　1998—2003 年京山县乡镇财政收入来源及其比重

		1998	1999	2000	2001	2002	2003
乡镇财政收入（万元）		8797	8341	7536	5600	8386	8544
工商税	小计（万元）	3842	3628	3771	2820	6836	6761
	占乡镇财政收入比重（%）	43.67	43.50	50.04	50.36	81.52	79.13
	占全县工商税收比重（%）	40.70	33.49	33.83	25.72	50.07	38.11
农业税	小计（万元）	3213	3226	3169	2311	1269	1268
	占乡镇财政收入比重（%）	36.52	38.68	42.05	41.27	15.13	14.84
	占全县工商税收比重（%）	113.21	118.73	109.69	96.09	27.00	28.34
所得税	小计（万元）	—	234	396	88	36	271
	占乡镇财政收入比重（%）	—	2.81	5.25	1.57	0.43	3.17
	占全县工商税收比重（%）	—	11.07	15.15	2.03	1.30	9.18
其他收入	小计（万元）	1742	1253	200	381	245	254
	占乡镇财政收入比重（%）	19.80	15.02	2.65	6.80	2.92	2.97
	占全县工商税收比重（%）	26.84	16.45	2.83	6.51	5.76	5.51

注：农业税1998—2000 年先征后减，乡镇征收数大于全县预算数；2001—2003 年先减后征，乡镇征收数小于全县预算数。

资料来源：荆门市财政局课题组：《乡镇政权财力保障分析——京山县农村税费改革后乡镇财力调查》，《财政与发展》2004 年12 期。

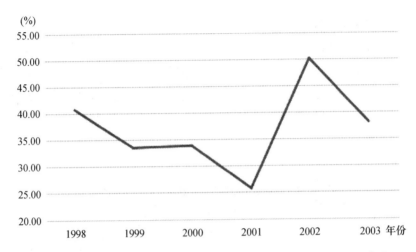

图 4—2 1998—2003 年京山县乡镇工商税收占全县工商税收比重变化

资料来源：荆门市财政局课题组：《乡镇政权财力保障分析——京山县农村税费改革后乡镇财力调查》。

（二）职能转化不明确，人员分流安置难

湖北省农村税费改革及配套的乡镇机构改革推进后，乡镇机构得到大幅度精简，财政供养人员负担也得到减轻。但是对于湖北而言，无论是试点还是全面推开，改革的目的并非精简机构和精减人员这么简单，更重要的是要借此建立一套适应市场经济体制的农村管理体制。传统的计划经济体制下形成的政府职能、思维方式已不能适应现实发展的需要，对乡镇政府机构进行改革，改变其职能和工作方式刻不容缓。

事实上，乡镇政府的职能一直以来并不确定，按照一些乡镇干部的说法就是上级要求什么就干什么，其中最重要的一项就是征收税费。但是，随着一系列改革措施的实行，多数收费项目取消，农业税等相关税收的征收工作也集中到专门的部门，所以乡镇政府职能出现空缺，急需新的职能分配。对于职能定位，各方意见不一。乡镇政府需不需要直接抓经济发展、应不应该承担经济发展的责任成为争论的焦点。所以，改革后乡镇政府的职能到底应该怎么转化没有准确结论。

此外，改革中被精减人员的去向问题又该如何解决？这些人员在原本的工作岗位拥有诸多便利条件，分流后这些便利将不复存在，必然会引起相关人员的强硬阻挠。即便能成功将他们从原岗位剥离出来，分流渠道少导致提供的新岗位远少于需求量。解决了部分机构人员臃肿的问题，又产生了被分流人员的就业问题。

（三）县对乡镇财政体制不合理，乡镇财权和事权不统一

以京山县为例，从 1994 年国家实行分税制财政体制改革后，京山县先后多次改革和完善县对乡镇财政体制。2001 年。根据农村税费改革新形势，县对乡镇财政体制进行了进一步调整和完善，在县乡之间建立起严格的分级分税财政体制，并且实行"人、财、物"三下放。除派出所、土管所外，所有县直延伸到乡镇单位的人事权全部下放到乡镇管理。虽然有利于强化乡镇政府的职能，但也存在缺点，有潜力的税收都归属县级收入，留给乡镇的都是不稳定或增收潜力不大的税种，不利于乡镇经济发展和财力状况改善。

同时，乡镇政府负担了社会保障、公共设施建设以及公益事业、社会事业发展等各项职能，但是财权很大部分需要上缴上级政府或国库，出现财权和事权不统一的问题。

（四）农村基础教育经费严重短缺

农村税费改革取消了农村教育费附加和教育集资，教育资金主要靠财政拨款，但总体上国家财政性教育经费投入力度不足，主渠道地位弱化，并且国家有限的教育经费被更多地用于非义务教育和城市教育，农村义务教育所获取的财政性教育经费仍然偏低。虽然中央政府、省政府加大了转移支付的力度，但是难以弥补税费改革带来的教育经费的硬性缺口。由于农村义务教育多元化投入渠道转变为单一的财政投入渠道，乡（镇）、村两级办学的责任和积极性受到一定影响，使县级财政面临着很大的压力，特别是对一些收入规模较小、人均财力较少、财政包袱较为沉重的县来说，一旦没有新的经费来源，本来就紧张的教育经费其收支缺口将进一步扩大。在这种情况下，没有相当规模的转移支付资金的支撑，要保障农村义务教育的健康发展确实困难重重。而且，尽管改革后各县农村义务教育经费都有增加，有的县增幅还较大，做到了教育投入不低于税费改革前投入的总体水平的要求，但增量主要用于教职工个人部分，农村中小学公用经费和危房改造经费有不同程度的下降。

财力不足同时还会带来债务问题。由于财力不足，又要完成"普九"任务，大多数地区通过多种方式举债进行"普九"。农村教育费附加及教

育集资被取消后，又失去了偿还债务的资金来源。学校负担沉重，债务纠纷频繁，甚至影响农村中小学正常的教学秩序。以大冶市为例，为完成"普九"目标，全市许多地方采用借款、施工队垫支、贷款等方式搞"普九"，解决债务负担和债务纠纷成了"普九"达标后的突出问题。教育欠账除了"普九"投入外，还有大量新增因素，仪器设备的更新、图书添置、校园环境建设等均需大量资金，这又加重了债务负担，基本上每个学校都有负债。比如，实验小学建教学楼 30 多万元、一中欠账 1000 多万元、实验中学教学楼修建负债 270 万元等。到 2003 年底，全市教育欠账 6300 多万元，其中"普九"债务 4607 万元。[①]

对于危房改造，虽然在"普九"时期湖北省农村学校的危房状况有了一定程度的改观，但是由于农村中小学校普遍存在着底子薄、建设缓的现象，危房校舍问题严重，改造任务艰巨。尤其是湖北省自 1995 年以来，全省连续遭受"四涝三旱"的灾害，中小学危房面积每年大量增加。尽管各级政府加大了危房改造力度，落实了危房改造工作责任制，广开经费渠道，但由于资金缺口巨大，投入仍显不足。至 2004 年上半年，湖北省农村中小学还有 D 级危房面积 270 万平方米，共需改造资金 9.45 亿元，减去中央拨付给湖北省的 2.5 亿元的补助和湖北省配套资金 2.5 亿元，仍有缺口 4.45 亿元。再加上税改后，用于危房改造的教育费附加取消，危房改造又失去了部分资金来源，很大一部分资金无从保障。[②]

二　经验总结

（一）对农民进行生产生活补贴，发展地方经济

减负并不意味必然的增收，因为减负并不会带来财富总量的增加。农民增收乏力问题如果一直延续，对农村税费改革的成果也会产生冲击，从而使改革效果大打折扣。所以在减负的同时更要致力于农民的增收，对农民生活及农业生产进行补贴是一种可行的方式。补贴不仅直接增加

---

① 朱国祥：《大冶市义务教育面临的困难和问题》，《湖北教育》（政务宣传）2004 年第 1 期。

② 张洁燕、曾宪初、李娟、吴付科、路志宏：《税费改革与湖北农村义务教育》，《教育财会研究》2005 年第 6 期。

了农户的收入，还通过影响农户生产积极性来间接促进收入的提高。

2005 年湖北省进一步深化惠农政策，取消了农业税和大部分农业特产税，真正意义上对农业从汲取过渡到补贴，并不断提高补贴力度，建立及完善农村合作医疗制度，农民收入增加，生产生活环境改善。2005 年，湖北省农业税由 46.5 元/人直接降至 0 元/人。各类农业生产相关补贴金额比 2004 年提高了 22%，各类救助款、医疗费补贴等比 2004 年增加了 154%。相关补贴和其他优惠方案合计达到 90 元/人，相比前一年翻了近两番，对农民收入增长的贡献率达到 28%。2006 年，农业生产相关补贴及各类救助款、医疗费补贴等在 2005 年的基础上增加了 30% 左右。各项惠农政策力度的加大，农民收入增长速度也得到明显提升，农村居民家庭人均纯收入从 2005 年 7.24% 的增长率提高到 2006 年 10.33% 的增长率，农民从各项补贴惠农政策中受益明显。

农业税减免直至最后取消，乡镇已无法从农业税收中汲取更多的收入。所以，要稳定乡镇财政收入，就必须保持其他收入的稳定增长。工商税收作为其中最重要的一部分，从对京山县的分析中可以看到存在税源不足、增长乏力的问题，其他乡镇也普遍存在类似问题。而其他收入又存在比重过小，对乡镇财政增收作用微弱的情况。所以，一方面要保证工商税收的稳定提升，另一方面还要拉动其他收入的增长，归根结底就是要发展经济。对于农业经济发展，要充分发挥乡镇农业资源优势，发展乡镇企业，做大一个龙头企业，以形成对其他同类企业及产业链相关企业的示范和推动作用。深化农产品加工，提高其附加值，农业和加工业同时发展，培植税源，增加政府农业财政收入和农民家庭收入。对于工业发展，则可以通过改善发展环境及各种优惠政策招商引资，增加工业财政收入，拓宽农民收入来源。

（二）建设服务型政府，拓宽分流渠道

一直以来乡镇政府的职能比较混乱，其特点概括起来有以下几点：一是"任务型政府"，乡镇政府作为最基层的一级政府，会接收许多来自上级政府的工作分配，这也成为其工作职能重要的一部分。二是"经济建设型政府"，过多地参与市场活动，影响市场的自主调节。三是"全能型政府"，不仅参与经济建设，还进行社会环境建设、文化道德建设等各个方面。但实际上，乡镇政府的基层属性决定了它在宏观经济建设层面难以发挥效用，应重点在社会服务方面提供作用，建设为人民服务的政府。

对于精减的落岗人员，因为人数众多，单一途径是无法解决的，必须拓宽渠道，多途径帮助分流人员就业，同时提供一些社会保障制度、优惠政策鼓励再就业。湖北省咸丰县对乡镇机构实行全员竞争上岗，那些被精减下来的职工仍然保有公务员属性，按照一定的标准领取生活费，或是自愿进入更为基层的单位工作。选择创业或是自寻出路的职工，按照企业下岗职工的标准享受各种优待，对于创业的职工还提供税费等方面的优惠政策。这些措施有力地缓解了改革过程中的阻力，促进了改革的不断深化和社会环境的安定。

（三）放权让利，实行"乡财县管乡用"

财政体制决定了乡镇收入来源和支出结构，好的体制对促进乡镇经济发展和机构运转作用巨大，反之则会阻碍发展，加剧财力困难。所以，在乡镇财政体制确定上，要根据放权让利的原则，把部分增收潜力较大的税种纳入乡镇财政范围。由乡镇政府自主进行财政管理，上级财政对于乡镇的资金短缺一般不予补助，对于资金富余也不予提取，使乡镇政府能更自由地进行规划、建设，有更多的资金履行相关职能，推进财权和事权进一步匹配。另外，也要加大对乡镇的转移支付力度，帮助缓解收支矛盾和财政负担。

在对乡镇财政的管理上，推行"乡财县管乡用"的方式，即采取"预算共编、账户统设、集中收付、采购统办、票据统管"的方式。这种方式可以有效强化乡镇政府的财政管理，缩小乡镇之间的地区差距，实现均衡发展。湖北省根据实际情况，对那些经济发展较好、财政收入较高的乡镇依然由其自主编制预算及进行管理。相反，对那些经济发展水平较低的乡镇则按照"乡财县管乡用"的方式进行管理。

（四）规范教育经费转移支付制度，建立多元投入机制

农村义务教育是义务教育的重要组成部分，也是国民教育的基础，关系到广大农民的根本利益，关系到国民经济和社会协调发展。在税费改革的大环境下，农村教育既有可喜的机遇，又面临严峻的挑战，其中最基础的问题就是教育经费投入不足。因此，妥善解决好农村义务教育的投入机制是重中之重。

　　转移支付作为弥补地方教育经费不足的重要方式，必须首先加以规范和完善，以期建立一个以省为主的多级财政转移支付制度。由于湖北省许多县级财政基本属于"吃饭财政"，所以加大专项转移支付用于农村义务教育的投入显得尤为重要。可将一般性教育财政转移支付透明化，从一般性财政转移支付中独立出来，以更好地投资于教育。在保证农村中小学公用经费需要的前提下，加大对农村中小学危房改造的投入力度。另外，在转移支付的形式上，对财力不同的地区应区别对待。财力较差的地区应降低配套比例或不宜采取配套形式；财力较好的地区则应采取配套形式以鼓励地方政府增加教育投入的积极性。

　　除了加强对转移支付资金的管理，还可以通过发展民办教育来增加投入主体，建立多元投入机制。可以通过发展民办教育，引入民间资本，拓宽投入渠道，同时可以加大教育行业的市场竞争，优化教育市场的发展。考虑到义务教育的公益性和社会性，需要政府大量的资金支持。所以，可以重点发展非义务教育阶段的民办学校，形成公办教育与民办教育协调发展、多元化办学的格局。

　　监利县参考"宝应模式"，通过吸收民间资本改造公立学校。在义务教育阶段，新建学校以扩大招生规模；在非义务教育阶段，借助已有的学校品牌，引进民间资本进行学校扩建和扩招。2005年8月，监利县与翔宇教育集团签约，"委托管理"公办学校，内容包括由翔宇集团在监利新建学校；将监利中学改制后整体移交翔宇集团管理，按民办机制运作；监利一中各项资源由翔宇集团进行管理，并负担其原有的债务。两校转制后收费政策、招生计划、财政拨款、教师数量都不变；收费标准也保持不变，即按公办学校收费标准，举办民办学校。这种方式既维护了学生、教师利益，又引入了民间资本，解决了原先教育经费不足、学校债务偿还困难的问题，在当时环境下不失为一种可取的方式。

第 五 章

新时期(2006—2018 年)农业财政政策

第一节　政策演变

一　全面取消农业税

从实践上看，取消农业税有利于减轻农民负担，促进农民增收。从长远来看，取消农业税将对缩小城乡差距、全面建设小康社会产生深远影响。取消农业税后，农业税的征收应本着城乡统一的原则，分别纳入相应的增值税、个人所得税。为了适应本办法，国务院修改《增值税暂行条例》，把农民作为小规模增值税纳税人，税率参照城市工商业执行，使农民作为纳税人与社会其他成员享有同等的纳税地位。这一措施减轻了农民的不合理负担，促进了农民收入的增加。2005 年湖北省取消农业税，全省农民减税 600 多亿元。

二　完善粮食补贴政策

中国的粮食补贴政策形成于 20 世纪 50 年代以后的计划经济时期，从 1960 年到 1992 年经历了"统购统销"阶段，从 1993 年到 2003 年经历了"三价共存"阶段，从 2004 年到现在经历了"补贴生产者"阶段。随着粮食流通体制改革的不断深入，这种补贴政策的一个明显趋势是从价格支持转向收入支持，即从原来在流通环节通过保护农民的价格补贴（可称为粮食间接补贴），以一定的方式和标准直接向农民补贴（称为粮食直接补贴）。

2006—2017 年，湖北省根据中央"一号文件"和湖北省实际情况，发布了湖北省委"一号文件"，规定了粮食补贴政策（见表 5—1）。粮食补贴政策已成为湖北省重要的财政支农政策之一，为维护农村稳定、保障农业增长和发展、保障国家粮食安全做出了巨大贡献。

表 5—1　　　　2006—2017 年湖北省委"一号文件"有关粮食补贴的表述

年份	文件内容
2006	坚持和完善重点粮食品种最低收购价政策，继续实行粮食直补和良种补贴，将湖北省粮食直补资金规模提高到粮食风险基金总规模的 50%；继续实行农机购置补贴
2007	扩大农机购置补贴规模、补贴机型和补贴范围，鼓励农民购买农机；切实做好粮食直补、良种补贴、农业生产资料综合直补等资金的管理和发放工作
2008	切实做好粮食直补、良种补贴（水稻、小麦、棉花、油菜）、退耕还林补助、农机补贴、能繁母猪补贴、农资综合直补等资金的管理发放工作。探索良种补贴与良种推广有机结合的有效形式
2009	落实对产粮大县财政奖励政策、粮食产业建设项目扶持政策、粮食风险基金政策、国家最低收购价政策，调动产粮大县抓粮和农民种粮的积极性；抓住国家大幅度增加农机购置补贴的机遇，大力扶持农机大户和农机专业合作社，积极发展农机服务产业，实行重点环节农机作业补贴试点
2010	坚持对种粮农民实行直接补贴；认真落实国家扩大良种补贴品种政策，增加农机购置补贴，扩大补贴种类，把牧业、林业和抗旱、节水机械设备纳入补贴范围；按照存量不动、增量倾斜的原则，新增农业补贴适当向种粮大户、农民专业合作社倾斜；落实稻谷和小麦最低收购价政策
2011	积极推广渠道防渗、管道输水、喷灌滴灌等节水灌溉技术，将抗旱、节水灌溉等机械设备纳入农机具购置补贴范围
2012	按照中央"增加总量、扩大范围、完善机制"的要求，全面落实农业补贴政策，新增粮食直补和农资综合补贴资金向主产区、种养大户、农民专业合作社倾斜。完善农资综合补贴动态调整机制，完善良种补贴发放方式，提高补贴绩效。按照中央要求，扩大农机具购置补贴规模和范围，完善补贴机制和管理办法。健全主产区利益补偿机制，提高产粮（油）大县奖励资金、生猪调出大县奖励资金使用效率
2013	严格落实国家对农民的各项补贴，坚持新增补贴资金向主产区、农民专业合作社、种养大户倾斜

年份	文件内容
2014	落实国家稻谷、小麦最低收购价和油菜籽临时收储政策；落实种粮农民直接补贴、良种补贴、农资综合补贴政策，新增补贴向粮食等重要农产品、新型农业经营主体、主产区倾斜；完善补贴发放方式，选择部分县开展按实际粮食播种面积或产量对生产者补贴试点；落实农民全价购买农机具按比例补贴政策
2015	严格执行国家种粮农民直接补贴、良种补贴、农机具购置补贴、农资综合补贴等政策，充分发挥政策惠农增收效应；选择部分县（市）开展农业补贴改革试点，新增惠农补贴向粮食等重要农产品新型经营主体和主产区倾斜，提高补贴的导向性和效能；实施农业生产重大技术措施推广补助政策
2016	优化财政支农投入结构，持续增加农业基础设施建设、农业综合开发投入，完善促进农业科技进步、加强农民技能培训的投入机制，强化对农业结构调整的支持，加大对农业投入品、农机购置等提高农业支撑水平的支持力度；将种粮农民直接补贴、良种补贴、农资综合补贴合并为农业支持保护补贴
2017	严格执行稻谷、小麦最低收购价政策。调整优化农业补贴政策，探索建立以绿色生态为导向、促进农业资源合理利用与生态环境保护的农业补贴政策体系和激励约束机制

（一）粮食最低收购价

2006—2017 年，湖北省在国家粮食局的指导下，坚决执行补贴政策制度，补贴逐年增加。粮食最低收购价政策的实施使农民获得了实惠，促进了粮食价格的回升，对稳定农民的粮食生产预期，保证农民继续发展粮食生产的积极性起到了重要作用（湖北省执行国家粮食最低收购价政策情况见表5—2）。从价格角度看，早籼稻和中晚籼稻的收购价格从2004 年到2007 年保持不变。2008 年以来，粮食最低收购价大幅上涨，主要有三个原因：一是2004 年起实施了扶持市场政策。二是2008 年国际金融危机爆发后，国内粮食生产成本同比大幅上升，促使政府决定大幅提高最低收购价，特别是2008 年连续两次上调最低收购价，引导市场价格回升。第三，2007 年以前的最低收购价大多低于市场价格，政策启动不理想，没有达到政策设计的初衷。

表5—1　　　　　　　　　湖北省粮食最低收购价预案执行情况　　　　（单位：元/公斤）

年份	早籼稻	中晚籼稻	粳稻	白小麦	红小麦	混合麦
2004	1.40	1.44	1.58			
2005	1.40	1.44	1.60			
2006	1.40	1.44	1.52 （未启动）	1.52	1.38	1.38
2007	1.40 （未启动）	1.44 （未启动）	1.50	1.48	1.38	1.38
2008	1.54 （未启动）	1.58 （未启动）	1.64 （未启动）	1.74	1.66	1.66
2009	1.80	1.84	1.90	1.80	1.72	1.72
2010	1.86	1.94	2.10	1.90	1.86	1.86
2011	2.04	2.14	2.56	2.04	2.04	2.04
2012	2.40	2.50	2.80	2.24	2.24	2.24
2013	2.64	2.70	3.00	2.36	2.36	2.36
2014	2.70	2.76	3.10	2.36	2.36	2.36
2015	2.70	2.76	3.10	2.36	2.36	2.36
2016	2.66	2.76	3.10	2.36	2.36	2.36
2017	2.60	2.72	3.00			

资料来源：国家粮食局网站。

　　2009—2014 年，小麦和稻谷的收购价格上涨较多。2015 年和 2016 年保持与 2014 年相同的水平。2017 年，收购价格首次下跌。这种适当的下降有利于包括食品工业在内的农业供应结构改革，有利于食品工业的正常运转。在新粮价指导下，水稻种植结构的优化和加工成本的降低将带来新的空间和变化，产生良性惯性效应。适当降价也有利于缓解储备稻轮作的压力。

　　（二）粮食直接补贴、农资综合补贴、良种补贴和农机具购置补贴

　　粮食直接补贴是为了进一步促进粮食生产，保护粮食综合生产能力，调动农民种粮积极性，增加农民收入，按一定标准直接补贴农民。农资综合补贴是指政府对农民购买农业生产资料（包括化肥、农药、柴油）实行的直接补贴制度。2006 年湖北省粮食直接补贴资金 7.07 亿元，比上

年增加 7100 万元。2009 年,湖北省共发放"两粮补贴"(粮食直接补贴和农资综合补贴) 34.5 亿元。2012 年湖北省共拨付 39.4 亿元"两粮补贴"资金,其中财政部拨付 32.4 亿元农资综合补贴,省内各县(市、区) 粮食直接补贴资金 7 亿元。到 2014 年,"两粮补贴"资金到位 47.4 亿元,其中农资综合补贴 40.4 亿元,粮食直接补贴 7 亿元。湖北省粮食补贴资金规模扩大的同时,补贴机制也在不断优化,建立了"五统一"的补贴原则,对补贴的范围、品种、标准、期限和程序等各个方面进行规范,确保补贴的发放,维护农民利益。

农机具购置补贴是指国家对个体农民、农场工人、农户和直接从事农业生产的农业机械管理服务机构购置和更新的大型农业机械的补贴。2006—2010 年,中央财政和湖北省财政共投入农机具购置补贴 18871.8 亿元,用于优秀粮食工程机械设备、农业航空、农业科技、水稻秧苗移栽、油菜机械化生产和保护性耕作,比"十五"累计投入增加 25.5 倍。2006—2010 年间,湖北省农民农业机械购买投入 102.51 亿元,共购置补贴机械 46.9 万台,惠及农民 38.9 万人。

(三)"三项补贴"改革

2004 年以来,湖北省一直贯彻中央文件,先后实施了农作物良种补贴、粮食直接补贴和农资综合补贴(以下简称农业"三项补贴") 政策,对促进粮食生产和农民增收,促进农业和农村发展发挥了积极作用,但随着农业和农村发展的深刻变化,农业"三项补贴"政策效应递减,迫切需要调整和完善。为此,湖北省在 2016 年全面推进了农业"三项补贴"改革,将农作物良种补贴、粮食直接补贴和农资综合补贴合并为农业支持保护补贴,支持耕地地力保护和粮食适度规模经营两个方面。主要调整措施是:一是将粮食直接补贴与农作物良种补贴相结合,农资综合补贴存量资金 80 % 用于耕地地力保护;二是将 20% 的农资综合补贴存量资金加上种粮大户补贴资金和农业"三项补贴"增量资金,用于支持适当规模的粮食生产经营。

一方面,改革后的"三项补贴"降低了政策执行成本。将"三项补贴"合并后,统一了资金的审核和发放程序,明确了标准,减少了基层多口径、多核查种植面积的工作量,政策执行更加简便、快捷、有效。另一方面,要支持适度规模的粮食经营,重点是支持建立和完善农业信用担保体系,切实解决新经营主体"贷款难、贷款贵"的问题。

三 落实农业农村发展专项资金

农业和农村发展资金,作为湖北省财政专项资金的一部分,在资金投入上主要围绕提高现代农业水平,更突出生产、生活、生态的统筹,更突出精准度,更突出主力军;重点支持农业基础设施建设、精准扶贫、美丽乡村提升计划、品牌农业发展;其主要目的是巩固农业生产发展的基础,包括农村基础设施建设以及农村水利、生态建设等。

(一)农业基础设施建设

农村基础设施建设是新农村建设的核心内容,农村经济的发展离不开基础设施的支撑。农村建设投入总额能直观上反映湖北省历年来财政对农业发展的推动作用。2006年以来,湖北省农村建设投入总额除2009年(受国际金融危机影响,整个经济不景气)存在波动以外,整体呈现增长态势。"十一五"计划开始到"十二五"计划收官这十年来,农村建设投入共计2682.48万元,在不考虑价格因素的条件下,由2006年的84.82万元增长到2015年的443.88万元,增加了近4.23倍(见图5—1)。

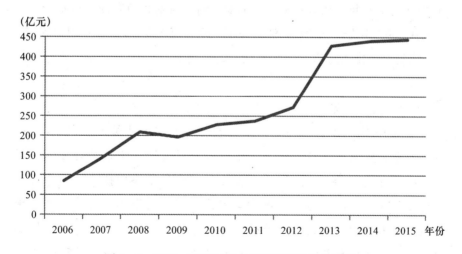

图5—1 2006—2015年湖北省农村建设投入总额

资料来源:《湖北统计年鉴》。

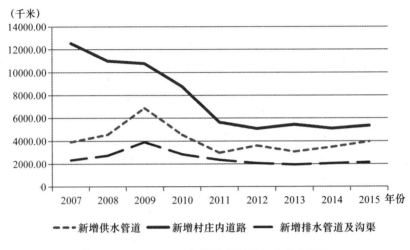

图5—2 2007—2015 年湖北省新增部分公共设施

资料来源：《湖北统计年鉴》。

自 2004 年以来，中央政府连续 15 年下发了"三农"文件，要求加大对农业的投入，农业进入发展的新阶段，农业基础设施建设逐步完善。2007—2015 年，农村供水管道、村庄内道路和排水管道及沟渠的建设逐步稳定。新增村庄内道路由 2007 年的 12536 千米逐年减少，变化较大，在 2011 年后每年新增量基本保持不变。新增供水管道和新增排水管道及沟渠在 2009 年均达到高峰，然后趋于平稳（见图5—2）。农村供水管道、村庄内道路、排水管道及沟渠建设日趋完善，今后的主要投资将用于维护和维修。

（二）精准扶贫

自 2014 年精准扶贫启动以来，湖北省深化了扶贫开发机制改革，取得了显著成效。全省各级干部将习近平总书记关于扶贫开发的一系列指示精神纳入全省实际行动，省委、省政府始终把扶贫开发作为全面建设小康社会的重点、难点和重点，坚持解放思想，锐意创新，勇于突破体制障碍，努力推进准确扶贫开发和地区攻坚深度融合，挖掘内生动力，促进扶贫开发潜力。湖北是全国第一个提出精准扶贫"挂图作业"的省份，绘制了《湖北省精准扶贫攻坚战图》，划定了精准的扶贫进度。2014—2016 年，全省有 344.41 万贫困人口脱贫，扶贫开发走在全国前列。精准的扶贫工作已得到国家领导人的批准和肯定。

2014 年以来，湖北省扶贫资金投入规模不断扩大。2014 年湖北省财政扶贫资金投入 19.69 亿元。其中，中央财政发展基金、少数民族发展基金、以工代赈资金 14.97 亿元；省级财政专项扶贫资金 2.67 亿元；市（州）、县（市、区）两级配套安排财政扶贫资金 2.05 亿元。2015 年湖北省财政扶贫资金投入 47.03 亿元，比 2014 年增加 27.34 亿元。其中，中央财政发展基金、少数民族发展基金、以工代赈资金 13.08 亿元，省级财政专项扶贫资金 29.64 亿元，比 2014 年增加了 10 倍，市（州）、县（市、区）两级配套安排财政扶贫资金 4.32 亿元。2016 年湖北省财政扶贫资金投入高达 92.30 亿元，增幅相当于 2015 年的一倍。其中，中央财政发展基金、少数民族发展基金、以工代赈资金 25.70 亿元；省级财政专项扶贫资金 32.89 亿元，增长 3.25 亿元；市（州）、县（市、区）两级配套安排财政扶贫资金 33.71 亿元，比 2015 年增加 6.80 倍，比 2014 年增加 15.44 倍（见图 5—3）。

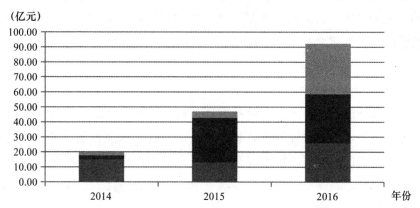

图 5—3 2014—2016 年湖北省财政扶贫资金构成图

2014 年，精准扶贫建档立卡"一号工程"，夯实精准扶贫基础；2015 年，"1＋N＋M"政策体系，构建脱贫攻坚硬支撑；2016 年，多项特惠政策实施，配置扶贫政策资源。湖北省启动精准扶贫成效显著，助力全面建成小康社会，为实现中国梦添砖加瓦。

（三）美丽乡村提升计划

2013 年，湖北省开展了全国和湖北省各地美丽乡村示范研究，并根据《农业部办公厅关于开展"美丽乡村"创建活动的意见》文件要求，为推进本省农村生态文明建设，出台了《湖北省开展"美丽乡村"创建活动实施方案》，制定了美丽乡村目标体系，明确了美丽乡村创建活动的建设内容、评价指标和管理制度。2014 年，为了指导和规范美丽乡村建设试点工作，湖北省首次出台了国家地方标准《恩施州"美丽乡村"建设标准指标体系》。从此，湖北的新农村建设有了"标准"。2015 年，为改善农村人居环境，建设美丽乡村，省政府出台《省人民政府办公厅关于改善农村人居环境的实施意见》，以"环境优美、服务完善、管理有序、宜居宜业"为目标，提出通过编制规划、加强基础设施建设等措施。2016 年，湖北省各地在实践中探索出"群众为本、产业为要、生态为基、文化为魂"的"四位一体"美丽乡村建设模式，坚持"政府引导、群众主体、社会参与"的原则，强调要建立"乡贤推动、资源联动、产业带动、文化驱动"的"四力共振"动力机制，强调美丽乡村建设不完全是钱的问题，更重要的是人的问题；不仅是"自上而下"的问题，更是"自下而上"的问题。

（四）品牌农业发展

品牌是信誉的凝结、质量的保证，农产品品牌化是现代农业的核心标志。近年来，湖北省坚持将品牌建设作为转变农业发展方式、推进农业供给侧结构性改革、提高农产品市场竞争力的重要举措来抓，大力实施精品农产品品牌提升计划，推动农业资源优势转化为产业优势和品牌优势，加快农业转型和现代农业发展。

"三农"俨然已成为我国发展的重中之重，给湖北省农业现代化发展带来了重大机遇，政府关注和重视农产品品牌化建设与发展，在 2006—2017 年发布了多个重要文件，文件中对农产品品牌化建设和发展都做了明确的指示（见表5—3）。

表 5—3　　　　2006—2017 湖北省委"一号文件"、农业厅"一号文件"
关于农产品品牌化建设的指示

年份	文件内容
2006	增强品牌意识,实施品牌战略,通过叫响原产地、"老字号",打造特色、知名品牌。2006 年,省级财政增加发展绿色食品专项经费 500 万元,用于品牌开发
2007	省财政安排用于绿色食品品牌开发、无公害农产品开发和绿色农业发展的专项资金由 500 万元增加到 700 万元。强力推进农产品品牌战略,积极开展国家级和省级名牌农产品的培育、评选、认定工作
2008	加大对湖北省国家级知名品牌、绿色食品品牌的支持和宣传力度。继续推进品牌整合,放大已有的粮食、渔业、茶叶等方面的品牌效应。引导和支持龙头企业加大科技创新力度,提高产品质量,创新营销方式,搞好品牌建设
2009	逐步推行一个或几个县(市)种植一个或几个优质主导品种,提高优质菜籽率,培植菜籽油名优品牌;发挥湖北省食用菌、水产品、蜂蜜、柑橘、水果罐头、鲜鸡蛋等产品出口优势,进一步建设农产品出口备案基地,打造农产品出口品牌,努力扩大农产品出口
2010	效仿采花毛尖、奥星油菜籽的成功做法,实行优势互补,推进强强联合,支持建设基地,做大优势产业,力争在优质稻、柑橘、茶叶、水禽(鸭)、蛋品、小龙虾等优势产业和孝感米酒、襄阳大头菜等知名地方产品中,培育出在国内知名、具有本土特色的大品牌
2011	集中精力打造品牌。突出品牌整合和宣传推介,支持品牌做大做响
2012	制订并实施全省食品行业振兴计划,重点支持基础好、机制活、带动强、潜力大的农产品加工龙头企业做强做大
2013	以"三园两场""三品一标"为重点,强化生产过程质量控制,加强标准化基地和品牌化建设。积极开展国家级、省级农业品牌创建
2014	加快发展无公害农产品、绿色食品、有机农产品和地理标志保护产品
2015	大力发展名特优新农产品,培育知名品牌。加强农产品"三品一标"证后监管,建立认证产品淘汰和曝光机制
2016	大力发展绿色、品牌、特色农业,开发富硒农产品资源,扩大地理标志农产品生产规模;推进标准化、规范化、标识化生产,开展优质农产品和食品品牌创建
2017	强化农产品品牌保护,推进区域公用品牌建设,建立名牌农产品奖励制度;加强农产品电子商务标准化、品牌化建设,积极引导特色农产品主产县(市、区)在第三方电子商务平台开设地方特色馆

湖北省按照"饮长江水、吃湖北粮、品荆楚味"的总体要求,不断加大品牌整合,创建知名品牌,提高产品竞争力。先后重点培育了诸如"采花毛尖""萧氏茶叶"两大名茶,"宜昌蜜橘""秭归脐橙""老河口砂梨"三大名果以及"奥星粮油""国宝桥米""福娃米饼"等粮油名牌,"神丹保洁蛋""精武鸭脖"等畜禽名牌,2011 年又倾力打造了"楚江红小龙虾""洪湖生态鱼""梁子湖大闸蟹"三大湖北水产品牌。这些举措有力提升了湖北省农产品加工业的知名度和竞争力。

四 持续发展农业科技创新

农业科技是突破资源约束、加快现代农业建设的有效途径。2006年中央"一号文件"明确提出:"深化农业科研体制改革,加快国家创新基地和区域农业科研中心建设。"湖北省作为农业大省,要把农业科技进步和创新放在更加突出的位置,以提高农业科技创新能力为出发点,以促进农业科技成果转化和应用为重点,加快从农业大省向农业大省跨越。以产业链建设为重点,完善农业科研创新机制,鼓励和支持农业推广机构、农业科技人员的开发和引进,综合测试、推广和示范先进农业技术,利用现代信息技术推进农业生产方式现代化;着力完善农业技术推广体系,加强基层公共农业技术推广服务,培育多种社会农业服务组织,密切农业科教、产学研合作,加快发展多元化农业服务组织;推进农业技术推广机构、农业科研单位、农民专业合作社、农业企业围绕农业技术推广开展联合合作,形成产学研紧密结合、公益性推广与商业性推广优势互补、特色服务与综合性服务良性互动的农业技术推广机制。

"十一五"期间,省财政安排 1.5 亿元科技创新专项资金,支持形成以省农业科学院为主体的农业科技创新体系,切实提高全省农业科技创新能力。同时,安排科技示范推广和成果转化资金 7 亿元,重点支持农业科技成果转化试点,促进湖北省农业科技发展,全省农业科技含量和技术创新能力明显提高。

五 加强农业综合开发

农业综合开发是一项打基础管长远的系统工程,需要科学规划、科学实施和科学管理。湖北农业综合开发部门根据国家农发办和省委、省政府各个时期的宏观规划和战略部署，先后制定了湖北农业综合开发"八五""九五""十五""十一五"中长期规划，明确各个时期的农业综合开发指导思想和工作任务，在项目布局和申报上坚持合理规划；变分散资金为集中使用，将多渠道扶贫变为项目开发。按照统一规划、统筹安排的原则将农业综合开发土地治理项目与土地整理、扶贫开发、血吸虫防治、农村中小型基础设施建设等各类政策性支农投资整合，进行规模治理、形成开发合力，全面提升农业综合开发的辐射力和综合治理能力；根据不同区域土地的不同特点，有针对性地安排建设内容。以粮食主产区为重点，重点投入，打造粮食核心区。2006—2009年，湖北省46个粮食主产区农业综合开发用地项目财政资金总额达到11.1亿元，占全省农业综合开发用地管理项目财政资金的77.6%。2009年，全国20个重点水稻产区粮食总产量达到1136万吨，占全省粮食总产量的49.2%，水稻总产量达到827万吨，占全省水稻总产量的55.7%。湖北省不断探索农业综合开发的新模式和新办法，保障了农业综合开发的持续健康发展。

第二节　政策效果评价

一　湖北省农业发展趋势

(一) 经济增长与农业发展

改革开放以来，湖北省经济持续快速增长，农业发展也同样保持了强劲势头。以1980年为基期，2015年湖北省GDP指数高达14800以上，即对比1980年，2015年省内名义GDP增长了148倍以上。1978—2015年的近40年间，GDP年均增长率保持在15%左右。农业总产值指数在2015年为4300，在1980年的基础上增长了40多倍。对比GDP指数，湖北省农业总产值指数在1980—1996年同地区生产总值指数保持了基本一致的增长速度。2000年以后，虽然与GDP指数的差距拉大，但就其自身而言，2000—2015的15年间，农业总产值指数的年均增长率同样保持在10%以上（见表5—4）。

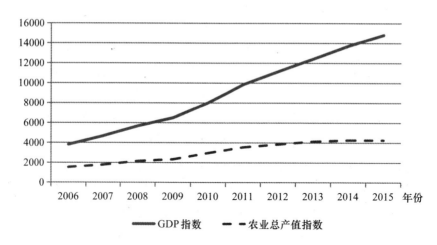

图5—4 2006—2015 年湖北省 GDP 指数及农业总产值指数（1980 = 100）

资料来源：《湖北统计年鉴》。

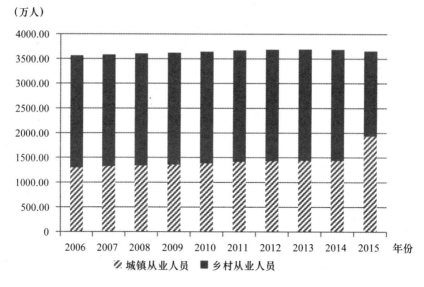

图5—5 2006—2015 年湖北省从业人员数量与构成

资料来源：《湖北统计年鉴》。

伴随经济增长，湖北省就业水平也呈现上升态势。全社会从业人员数量由 2006 年的 3564 万人增长至 2015 年的 3658 万人，增长 94 万人。2006—2015 年，虽然城镇从业人员数量的增长速度超过了农村，但就绝对数量来看，农村从业人员总数远超城镇。乡村从业人员数量在2006年为2267万人，占当年全社会从业人员的64%；而城镇从业人员数量为1297万人，占当年全社会从业人员的36%。2015年乡村从业人员下降至1723万人，当年全社会从业人员的47%。即使占比呈现下降趋势，但仍然保持在50%左右，可见农村依然提供了全社会大部分的就业人员，为湖北省经济发展提供了充足的人力资源。

（二）农业产出

湖北省作为农业大省和粮食主产区，农业发展水平和粮食产出至关重要。与2006年相比，湖北省农业产出在2015年增长了179.30%。粮食产出在2006—2015年间保持上升，由2006年的2099.10万吨增长至2015年的2703.28万吨，增长了28.78%。农业的发展离不开政府财政的支持。湖北省财政支农支出增长迅猛，在2007年突破百亿元大关，达到124.78亿元。其后一直保持快速增长，2015年为616.57亿元，在2006—2015年期间增长4倍多（见表5—4）。

表5—4 2006—2015年湖北省财政支农支出、农业产出和粮食产出

年份	财政支农 （亿元）	农业产出 （1980＝100）	粮食产出 （万吨）
2006	14.54	1538.58	2099.10
2007	124.78	1780.66	2185.44
2008	176.70	2157.28	2227.23
2009	254.92	2336.15	2309.10
2010	305.44	2970.17	2315.80
2011	376.23	3553.79	2388.53
2012	419.02	3845.53	2441.81
2013	465.34	4139.23	2501.30
2014	483.80	4268.42	2584.17
2015	616.57	4297.33	2703.28

资料来源：《湖北统计年鉴》。

财税体制与农业发展息息相关，财税体制改革将通过农业产值反映出来。2006年以来，农业税全面取消，工业反哺农业，农民负担大大减轻，农业生产积极性提高。2006—2015年，农业年均增长率恢复到10%以上，达到 12%。粮食生产的年平均增长率也恢复到 1994 年以前的水平。林业、畜牧业和渔业也保持高增长率,甚至超过 1994 年以前的水平。例如,林业在 2006—2015 年增长了 18%,高于 1980—1994 年的 10%(见表 5—5)。

表 5—5 　　　　　　　 1980—2015 年湖北省农业年均增长率 　　　　　　(单位:%)

产业 ＼ 时间	1980—1994	1994—2006	2006—2015
农业	15	6	12
粮食	3	-1	3
林业	10	4	18
畜牧业	20	7	13
渔业	30	12	17

资料来源:《湖北统计年鉴》。

二　湖北财政支农政策对"三农"的影响

实施财政支农政策能否给农业带来效益,是社会所关注的问题。财政支农政策以最终提高财政支农实施效应作为目标,财政支农实施效应是衡量财政支农政策成败的标准。

湖北财政支农政策实施效应评价包括三个方面:第一,财政支农是否使农业生产总值及农村居民收入增加;第二,财政支农是否有效引导绿色农业的发展,实施财政支农后,湖北省绿色农业呈现怎样的态势;第三,涉农资金的使用效益。

(一)农业增产、农民增收

1. 财政支农支出规模分析

财政支农支出的规模体现出政府对农业支持力度的大小。财政支农支出绝对规模能否保证增长,相对规模能否保持合理比例,都对农业发展有着重要作用。湖北省财政支农支出随财政支出的增长而逐年增长,2006 年的财政支农支出总量为 70.45 亿元,2016 年则达到 664.96 亿元。2001 年农业发展滞后受到党中央高度的重视,"三农"问题的解决成为政府工作的重中之重,湖北省财政支农资金总量开始快速增长。2009 年湖北省财政支农资金总量突破 200 亿元,之后随着每年国家出台促进"三农"工作的政策，湖北省对支农资金的投入也在增加（见图5—6）。

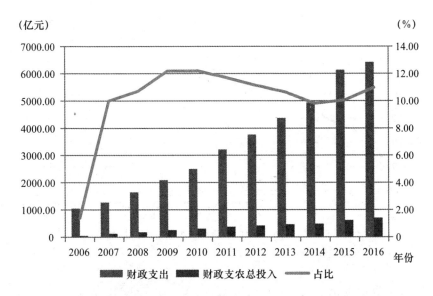

图5—6　2006—2016年湖北省财政支出、财政支农支出及其占比
资料来源：《湖北统计年鉴》。

自改革开放以来，湖北省经济增长迅猛，财政收入年年攀升，财政支农支出规模也随之不断扩大。想要判断财政支农的力度，必须还要看支农支出在财政支出中所占的比重。2007—2016年湖北省财政支农支出在财政支出中所占的比重基本维持在9%—13%（见图5—6）。从以上数据来看，湖北省财政支农资金支出占财政支出的比重适宜，随着湖北省财政支农资金总量的增加，支农力度加强，对财政支农政策的效应产生正向影响。

2. 财政支农支出对农业增加值的影响

2006—2016年湖北省农业总产值增加值逐年上升，农业对湖北省经济发展助力巨大。2006年，湖北省农业总产值增加1140.41亿元，比上年增长5.10%。2008年增长率最高，达到6%，农业总产值增加1780.00亿元。2010年，湖北省农业总产值增加值首次突破2000.00亿元，之后每年都保持2000.00亿元以上的增加值。2013年，湖北省农业总产值增加3098.16亿元，农业生产迈向更高水平（见图5—7）。湖北省农业总产值增长率基本维持在4%—5%，高于财政支农支出增长率。

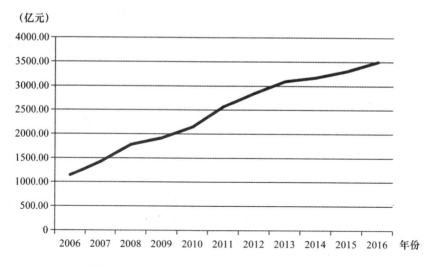

图 5—7　2006—2016 年湖北省农业总产值增加值

资料来源:《湖北统计年鉴》。

为测算财政支农支出对农业增加值的影响,选取湖北省每年的财政支农支出作为解释变量,用 Z 表示;选取农业总产值增加值作为被解释变量,用 G 表示,基于以上变量的设定,构建回归方程:

$$G = \beta_0 + \beta_1 Z + \mu \quad (\beta_0 \text{ 为常数项}, \beta_1 \text{ 为回归系数}, \mu \text{ 是残差项})$$

利用最小二乘法对财政支农支出和农业增加值的数据进行回归分析,用 Eviews7.0 作回归分析,结果如表 5—6 所示:

表 5—6　　　　　　　　　　　　回归结果

Variable	Coefficient	Std. Error	t-Statistic	Prob.
C	941.7908	99.31892	9.482491	0.0000
Z	4.224348	0.248900	16.97210	0.0000
R-squared	0.969702	Mean dependent var		2446.215
Adjusted R-squared	0.966336	S. D. dependent var		809.8189
S. E. of regression	148.5838	Akaike info criterion		13.00314
Sum squared resid	198694.3	Schwarz criterion		13.07549
Log likelihood	-69.51728	Hannan-Quinn criter.		12.95754
F-statistic	288.0522	Durbin-Watson stat		0.947195
Prob (F-statistic)	0.000000			

其中模型整体 R^2 为0.970，调整 R^2 为0.966，显著性为0.000，模型拟合程度较好。其中解释变量 Z 的回归系数为4.224，且显著。

得到具体回归方程：

$$G = 941.7908 + 4.224348Z$$
$$(9.482491) \qquad (16.97210)$$
$$R^2 = 0.969702 \qquad F = 288.0522$$

可决系数 R^2 为0.969702，表明农业总产值增加值变化的96.9702%可由财政支农支出的变化来解释，模型的拟合度很高。对变量 Z 进行显著性 t 检验，设定显著性水平 $\alpha = 0.05$，检验临界值为2.262，变量的 t 值的绝对值为16.97210，大于临界值，通过 t 检验，即在95%的置信度下，解释变量 Z 对被解释变量 G 有显著的线性影响；在一元线性回归中，t 检验与 F 检验是一致的，所以方程通过 F 检验，模型的线性关系显著成立。从回归方程可以看出，回归系数为4.224348，说明从2006年到2016年的11年间，财政支农支出与农业增加值呈正相关的关系，财政支农支出每增加1亿元，农业增加值就会提高4.224348亿元。从结果可以知道，湖北省财政支农支出与农业增加值有着正相关的关系，其对农业增加值的影响较大。

3. 财政支农支出对农民收入的影响

2006—2016年，湖北农村居民人均纯收入增长迅猛，2006年，农村居民人均纯收入为3419.35元，2014年达到10849.00元，突破万元大关，2016年增至12725.00元，农村居民生活水平不断提高，城乡差距逐步减小（见图5—8）。

为测算财政支农支出对农业增加值的影响，选取湖北省财政每年的支农支出作为解释变量，用 Z 表示；选取农村居民人均纯收入作为被解释变量，用 I 表示，基于以上变量的设定，构建回归方程：

$$I = \beta_0 + \beta_1 Z + \mu \quad (\beta_0 \text{ 为常数项，} \beta_1 \text{ 为回归系数，} \mu \text{ 是残差项})$$

利用最小二乘法对财政支农支出和农村居民人均纯收入数据进行回归分析，用 Eviews7.0 作回归分析，结果如表5—7所示。

（元）

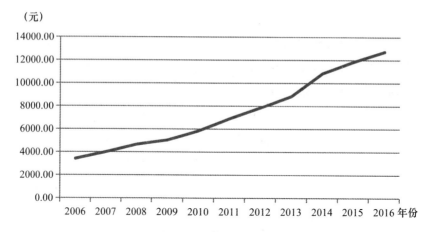

图 5—8 2006—2016 年湖北省农村居民人均纯收入

资料来源：《湖北统计年鉴》。

表 5—7 回归结果

Variable	Coefficient	Std. Error	t-Statistic	Prob.
G	1480. 965	517. 5231	2. 861640	0. 0187
Z	16. 76710	1. 296946	12. 92814	0. 0000
R-squared	0. 948903	Mean dependent var		742. 263
Adjusted R-squared	0. 943226	S. D. dependent var		3249. 334
S. E. of regression	774. 2286	Akaike info criterion		16. 30458
Sum squared resid	5394869.	Schwarz criterion		16. 37692
Log likelihood	- 87. 67517	Hannan-Quinn criter.		16. 25897
F-statistic	167. 1369	Durbin-Watson stat		0. 858124
Prob（F-statistic）	0. 000000			

模型 R^2 为 0.949，调整 R^2 为 0.943，显著性为 0.000，模型拟合程度良好。解释变量 Z 的系数为 16.76710，并且显著。

得到具体回归方程：

$$I = 1480.965 + 16.76710Z$$

$$（2.861640） \qquad （12.92814）$$

$$R^2 = 0.948903 \qquad F = 167.1369$$

可决系数 R^2 为 0.948903，表明农村居民人均纯收入变化的

94.8903%可由财政支农支出的变化来解释，模型的拟合度很高。对变量 Z 进行显著性 t 检验，设定显著性水平 $\alpha = 0.05$，检验临界值为 2.262，变量的 t 值的绝对值为 12.92814，大于临界值，通过 t 检验，即在 95% 的置信度下，解释变量 Z 对被解释变量 I 有显著的线性影响；在一元线性回归中，t 检验与 F 检验是一致的，所以方程通过 F 检验，模型的线性关系显著成立。从回归方程可以看出，回归系数为 16.76710，说明从 2006 年到 2016 年，财政支农支出与农村居民人均纯收入呈正相关的关系，财政支农支出每增加 1 亿元，农村居民人均纯收入就会提高 16.76710 元。

（二）引导农业绿色发展

湖北省作为农业大省，认真贯彻落实党中央、国务院的决策部署，以科学发展观为指导，以推进农业强省建设为目标，转变农业发展方式，调整产业结构，始终坚持绿色发展理念，扎实推进现代农业绿色发展和可持续发展，取得了显著的工作成效。

1. 农业标准化生产水平不断提高

大力推行农业标准化生产，提升全省特色农业、现代农业发展水平，促进农业绿色发展和可持续发展。一是扎实推进农产品标准化示范区建设。示范规模达 22.8 万公顷、6 万头（只），辐射带动 32 万公顷。示范龙头企业和专业合作组织 198 家，覆盖乡镇 200 个，带动农户 230 万人。二是积极开展水产健康养殖示范场建设。已创建省部级水产健康养殖示范场 641 家，其中国家级 408 家、省级 233 家。全省无公害水产品产地达 609 家，规模 33.1 万公顷，产品 1154 个，产量超 100 万吨。三是积极开展畜牧产品标准化养殖小区建设。已建成万头猪场 691 个（全国第一），十万只蛋鸡场 107 个，百万只肉禽场 55 个，千头牛场 86 个，千只羊场 214 个。通过推进农业标准化生产，农产品质量安全水平稳步提升。2011年以来，农业部对湖北省农产品质量安全监测总体合格率均达到 98.5%，位居全国前列。

2. 绿色农业科学技术快速推广

湖北省大力发展现代农业科学技术，创新集成生态农业、循环农业等绿色农业发展模式。全省应用 10 大类 120 项农业主导品种和主推技术，推广面积累计达 1 万公顷，依靠科技实现增收达 160 多亿元，农业科技贡献率达到 54.8%。大力推广"农作物轻型简化栽培技术""全程机械化作业技术""高效种养模式"等高效、低碳、循环种养技术，为农业绿色发展提供了有力的科技保障。

3. 农业生态文明建设同步发展

不断加大农业生态保护力度，推进农业绿色发展和可持续发展，提高生态文明建设水平。截至 2014 年，全省共有森林面积 736.27 万公顷，占林地面积的 84.04%，森林覆盖率达到 39.61%。推进"一建三改"，畜（禽）—沼（气）—农（粮、果、茶、鱼）循环利用模式被广泛接受；实施稻—虾、藕—虾套养；利用蜂传媒，发展蜂产业；利用农林剩余物栽培食用菌；对庭院实行多种经营，建立种养结合、互为依存、形式多样的庭院经济模式。

4. 农村人居环境不断改善

"十二五"以来，全省创建国家级生态乡镇 45 个，生态村 22 个；省级生态乡镇 136 个，生态村 897 个。截至 2014 年，实施以棚户区改造为重点的保障性安居工程建设，开工 46.89 万套，基本建成 26.49 万套，完成农村危房改造和渔民上岸安居工程 7.37 万套。不断推进农村基础设施建设和城乡基本公共服务均等化，农村人居环境逐步得到改善。武汉市黄陂区张家榨村、襄阳市谷城县堰河村、宜昌市夷陵区青龙村、利川市主坝村、襄阳市保康县格栏坪村 5 个乡村入选 2015 年中国最美休闲乡村。

（三）农村涉农资金使用效益

通过分析湖北省财政支农产出效率和产出弹性，对其涉农资金使用效益进行分析。

$$财政支农资金产出效率 = \frac{农业总产值增加值}{财政支农支出}$$

$$财政支农资金产出弹性 = \frac{农业总产值增加值的增长率}{财政支农支出的增长率}$$

该指标能说明湖北省财政支农资金投资效率，若比值越高，说明湖北省财政涉农资金投资效率越高，支农部门对中央政策的执行度越高。相反，若比值越小，说明湖北省财政涉农资金投资效率越低。

表 5—8　　　　　　2006—2016 年湖北省农业总产值增加值与
财政涉农资金的比值

年份	农业总产值增加值 （亿元）	财政支农支出 （亿元）	产出效率	产出弹性
2006	1140. 41	70. 45	16. 19	
2007	1422. 80	124. 78	11. 40	0. 32
2008	1780. 00	176. 70	10. 07	0. 60
2009	1915. 90	254. 92	7. 52	0. 17
2010	2147. 00	305. 44	7. 03	0. 61
2011	2569. 30	376. 23	6. 83	0. 85
2012	2848. 77	419. 02	6. 80	0. 96
2013	3098. 16	465. 34	6. 66	0. 79
2014	3176. 89	483. 80	6. 57	0. 64
2015	3309. 84	575. 81	5. 75	0. 22
2016	3499. 30	664. 96	5. 26	0. 37

资料来源：《湖北统计年鉴》及作者对相关数据的整理。

从表 5—8 可以看出，湖北省财政支农支出的产出效率整体呈现下降趋势，每元财政支农支出对应的农业总产值增加值由 2006 年的 16. 19 元，很快下降到 2007 年的 11. 40 元，再从 2008 年的 10. 07 元下降到 2009 年的 7. 52 元。之后下降趋势缓慢，2011—2014 四年都稳定在 6. 50 元以上。2015 年跌破 6 元，每元财政支农支出对应的农业总产值增加值为 5. 75 元。值得注意的是，2009 年后该值都不超过 10 元，这是因为湖北省大幅度增加农业基本建设支出，而农业基本建设实施周期较长，短期内难以看到明显的经济效益，所以财政支农支出对农业总产值增加值的贡献小。

同时，湖北省财政支农产出弹性的计算结果表明，其值波动较大。2006—2016 年，农业总产值增加值增长速度与财政支农支出增长速度的比值持续小于 1，即前者低于后者。特别是 2009 年的财政支农资金使用效率最低，财政支农资金金额每增长 1%，农业增加值仅增长 0. 17%。由此可知,产出效率和产出弹性均处于较低水平,这表明湖北省财政支农绩效处于偏低水平,且不稳定。

三 农业要素投入与农业增长

（一）农业要素投入分析

从产出上来看,2006—2015 年,湖北省农业总产值增长近两倍,农作物产量也增长了 27.56%。但是除了产出的变化,投入结构也发生了质的变化。劳动投入相对比较稳定,在 96—117 产生小幅波动。土地投入也比较固定,在 94—109 的范围波动。和劳动投入及土地投入不同,资本投入及化学肥料投入的变化则是翻天覆地的。资本投入多年来一直保持强劲的上升趋势,在 2015 年达到了 578.37,增长了 97.43%。化学肥料投入相比资本投入增长较缓慢,但数值远大于资本投入,在 2009 年就已经突破 600（见表 5—9）。

表 5—9　　　　　　　　1980—2015 年湖北省农业总产值、
农作物产出与投入（1980 = 100）

年份	农业总产值	农作物产出	劳动投入	土地投入	资本投入	化学肥料投入
2006	1538.58	151.62	116.58	94.96	292.95	524.16
2007	1780.66	157.11	116.74	95.36	330.22	537.46
2008	2157.28	161.27	117.49	97.26	362.06	587.20
2009	2336.15	168.14	117.11	100.67	395.74	609.78
2010	2970.17	168.36	116.33	106.96	436.36	628.62
2011	3553.79	172.84	115.44	107.12	462.28	636.00
2012	3845.53	177.25	112.74	108.41	497.35	636.00
2013	4139.23	181.31	108.83	108.41	528.27	630.70
2014	4268.42	186.43	102.29	108.50	555.69	624.14
2015	4297.33	193.41	96.58	106.36	578.37	598.33

数据来源:《湖北统计年鉴》及作者对相关数据的整理。

（二）全要素生产率

利用不同的方法对湖北省 2006—2015 年投入产出进行计算，得到不同的全要素生产率结果，再以 1980 为基期，即 1980 年的全要素生产率为 100，得到不同时期的全要素生产率指数，如表 5—10 所示。

表5—10　　2006—2015 年湖北省农业全要素生产率（1980 = 100）

年份	Tang	Wiens	Hayami-Rhttan
2006	1426. 37	1479. 80	1150. 68
2007	1629. 16	1693. 38	1278. 47
2008	1927. 83	2003. 49	1485. 80
2009	2027. 61	2100. 74	1542. 39
2010	2462. 44	2534. 95	1858. 12
2011	2930. 76	3018. 43	2176. 76
2012	3140. 91	3228. 40	2292. 80
2013	3385. 82	3473. 92	2427. 65
2014	3518. 71	3594. 05	2484. 91
2015	3616. 02	3688. 16	2504. 34

数据来源：《湖北统计年鉴》及作者对相关数据的整理。

从表 5—10 中可以看到，无论采用哪种方法，计算出的全要素生产率指数在 2006—2015 年其变化都是显而易见的。在 2012 年，根据 Tang 的方法，全要素生产率指数突破 3000，较 2006 年增长了 120. 20%。根据 Tang、Wiens 和 Hayami-Rhttan 的方法，到 2015 年全要素生产率较 2006 年增长了一倍多。由于农业税全面取消的政策，湖北省全要素生产率以更快的速度增长。由此可见，湖北省农业生产率的进步和财政政策对农业生产有着重要影响。

就湖北省自身而言，其农业全要素生产率的进步是毋庸置疑。但是和其他省份相比，湖北省农业生产率又是什么样的水平呢？已有学者对这一问题进行了研究对比。杨璐嘉利用 Malmquist 指数计算了 2002—2011 年中国粮食主产区各省全要素生产率。结果显示，湖北省在 13 个粮食主产区中排名第一，比排名末位的江西省高了 10%（见表 5—11）。所以，和其他粮食主产区相比，湖北省的表现也是相当亮眼的。

表5—11　　2002—2011 年中国粮食主产区各省全要素生产率排名

省份	Malmquist 指数			
	全要素生产率	效率改变	技术进步	排名
湖北	1.135	1.053	1.078	1
内蒙古	1.129	1.024	1.103	2
黑龙江	1.110	1.009	1.100	3
安徽	1.103	1.029	1.072	4
江苏	1.100	1.019	1.079	5
山东	1.094	1.018	1.074	6
河北	1.089	1.018	1.070	7
河南	1.087	1.010	1.077	8
四川	1.083	0.994	1.090	9
辽宁	1.083	1.013	1.069	10
吉林	1.078	0.983	1.097	11
湖南	1.073	1.004	1.069	12
江西	1.031	0.952	1.083	13

（三）农业增长情况分析

湖北省农林牧渔业总产值保持快速增长的势头。2015 年，农林牧渔业总产值高达 5728.56 亿元，同比增长 5.06%，占湖北省地区生产总值的 19.39%；农业总产值为 2780.37 亿元，占农林牧渔业总产值的 48.54%，相比 2006 年增长了 179.31%；林业总产值为 180.60 亿元，占农林牧渔业总产值的 3.15%，相比 2006 年增长了 345.93%，增速最快；畜牧业总产值为 1503.34 亿元，占农林牧渔业总产值的 28.24%，相比 2006 年增长了 208.64%；渔业总产值为 922.77 亿元，占农林牧渔业总产值的 16.11%，相比 2006 年增长了 316.75%；农林牧渔服务业总产值 341.48 亿元，占农林牧渔业总产值的 5.96%，相比于 2006 年增长了 249.41%。农业、林业、畜牧业、渔业及农林牧渔服务业都呈现逐年递增的趋势，且农业占农林牧渔业总产值的比重不断下降，林业、渔业所占比重持续上升，农业产业结构不断优化（见表5—12）。

年份	农林牧渔业总产值	农业	林业	畜牧业	渔业	农林牧渔服务业
2006	1842.20	995.46	40.50	487.09	221.42	97.73
2007	2296.84	1152.09	41.86	686.19	310.83	105.87
2008	2940.47	1395.76	49.69	1008.65	372.98	113.39
2009	2985.19	1511.49	57.67	881.78	413.14	121.11
2010	3501.99	1921.67	65.37	925.04	458.58	131.33
2011	4252.90	2299.30	86.10	1205.80	508.80	152.90
2012	4732.10	2488.10	100.10	1334.00	626.20	183.70
2013	5161.00	2678.10	122.00	1395.40	748.40	216.70
2014	5452.80	2761.70	157.00	1427.60	844.20	262.30
2015	5728.56	2780.37	180.60	1503.34	922.77	341.48

表5—12　　　　2006—2015年湖北省农林牧渔业总产值　　（单位：亿元）

资料来源：《湖北统计年鉴》。

四 财政支农政策与粮食生产

（一）粮食生产问题

国家高度重视"三农"问题，强调要继续开展粮食稳定和增产增收行动，湖北省积极响应国家号召，不断加大农业投入，2015年的农业财政投入高达617.57亿元。湖北省粮食综合产量稳步提高，从2006年到2015年，连续10次增产，单产达到湖北省最高纪录。

2015年，湖北省粮食作物播种面积为4466.03千公顷，比上年增加了95.68千公顷；粮食产量为2703.28万吨，比上年增长119.1万吨，粮食总产量增长4.61%，居全国第11位；单位面积粮食产量为6052.98公斤/公顷，比国家平均水平高570.08公斤/公顷（见表5—13）。可以说，湖北省在保障国家粮食安全、促进农业和农村经济发展、增加农民收入等方面发挥了不可替代的作用。

表5—13　2006—2015 年湖北省粮食作物播种面积、产量及单产情况

年份	粮食作物播种面积 （千公顷）	粮食产量 （万吨）	粮食单产 （公斤/公顷）
2006	3902.27	2099.10	5379.18
2007	3981.43	2185.44	5489.08
2008	3906.69	2227.23	5701.07
2009	4012.53	2309.10	5754.72
2010	4068.37	2315.80	5692.21
2011	4122.07	2388.53	5794.49
2012	4180.05	2441.81	5841.58
2013	4258.40	2501.30	5873.80
2014	4370.35	2584.17	5912.96
2015	4466.03	2703.28	6052.98

数据来源:《湖北统计年鉴》。

　　表5—14 列举了农业生产增长的四项指标:农业总产值、农业总产值指数、粮食产量和肉类产量。这些数据显示出湖北省农业成绩十分卓越,而这主要是由农村工作者和农村居民共同实现的。2006 年以来政府对农业和农村的投入不论真实数额还是占政府支出的比重,都增长得很快。2006—2015 年,农业总产值年均增速惊人,高达 12.09%;粮食产量的增加稍慢一些,增速为 2.85%;肉类生产也保持较高的增速,为 4.07%。虽然粮食产出增长比农业总产值的增长稍慢一些,不过它的增长也能基本满足人民粮食需求。

表5—14　　　　　　　　2006—2015 年湖北省农业生产增长指数

年份	农业总产值 （亿元）	农业总产值指数 （1980＝100）	粮食产量 （万吨）	肉类产量 （万吨）
2006	995.46	1538.58	2099.10	302.66
2007	1152.09	1780.66	2185.44	310.03
2008	1395.76	2157.28	2227.23	340.01
2009	1511.49	2336.15	2309.10	367.01
2010	1921.70	2970.17	2315.80	379.35

续表

年份	农业总产值 （亿元）	农业总产值指数 （1980＝100）	粮食产量 （万吨）	肉类产量 （万吨）
2011	2299.30	3553.79	2388.53	381.93
2012	2488.06	3845.53	2441.81	412.27
2013	2678.08	4139.23	2501.30	430.08
2014	2761.67	4268.42	2584.17	440.44
2015	2780.37	4297.33	2703.28	433.32

数据来源：《湖北统计年鉴》。

（二）粮食价格与粮食生产

粮食最低收购价政策是保护农民利益、保障粮食市场供应的粮食价格管制政策。2008—2017 年，我国稻谷最低收购价每年的平均增长率达 7%，高于我国 CPI 的增长率。这种增长极大地调动了农民种粮积极性，并为我国粮食安全做出贡献。

湖北省地处亚热带，属于典型的季风气候，光照充足，热量丰富，降水充沛，无霜期长，雨热同期适合稻谷的生长。河流以长江为主，湖泊星罗棋布，淡水资源丰富，为稻谷的生长提供了充沛的水源。湖北粮食主要种植于江汉平原、鄂中丘陵地区，以水稻、小麦为主，其中水稻所占比重最大。表5—15 为湖北省稻谷产量与播种面积。

表5—15　　　　2006—2015 年湖北省稻谷产量与种植面积

年份	产量			播种面积		
	湖北 （万吨）	全国 （万吨）	比重 （％）	湖北 （千公顷）	全国 （千公顷）	比重 （％）
2006	1437.90	18171.83	7.91	1975.07	28937.89	6.83
2007	1485.86	18603.40	7.99	1978.82	28918.81	6.84
2008	1533.72	19189.57	7.99	1978.94	29241.07	6.77
2009	1591.92	19510.30	8.16	2045.08	29626.92	6.90
2010	1557.81	19576.10	7.96	2038.17	29873.36	6.82

续表

年份	产量			播种面积		
	湖北 （万吨）	全国 （万吨）	比重 （%）	湖北 （千公顷）	全国 （千公顷）	比重 （%）
2011	1616.91	20100.09	8.04	2036.16	30057.04	6.77
2012	1651.38	20423.59	8.09	2017.88	30137.11	6.70
2013	1676.63	20361.22	8.23	2101.15	30311.75	6.93
2014	1729.47	20650.74	8.37	2143.95	30309.87	7.07
2015	1810.72	20822.52	8.70	2188.46	30215.74	7.24

资料来源：《湖北统计年鉴》、中国统计局。

2015 年，湖北省稻谷产量为 1810.72 万吨，占全国稻谷总产量的 8.70%；湖北省稻谷播种面积为 2188.46 千公顷，占全国稻谷总播种面积的 7.24%。2006—2015 年，湖北省稻谷产量占全国稻谷总产量的比值一直保持在 8% 左右，湖北省稻谷播种面积占全国稻谷播种面积的比值一直保持在 7% 左右，为我国粮食安全做出了巨大贡献。实施稻谷最低收购价政策后，无论是湖北省还是全国的稻谷播种面积都在增加。稻谷最低收购价政策对于保障粮食安全、提高稻谷产量有积极影响。

下文将使用生产函数 $Y = f(S, L, W, P)$ 进行湖北省稻谷最低收购价对稻谷产量的影响的研究。

为方便计算，对函数取对数，生产函数具体形式如下：

$$\mathrm{Ln}Y = \beta_0 + \beta_1 \mathrm{Ln}S + \beta_2 \mathrm{Ln}L + \beta_3 \mathrm{Ln}W + \beta_4 \mathrm{Ln}P + \mu$$

S 代表湖北省稻谷播种面积，用稻谷的播种面积来衡量稻谷的耕地投入。

L 代表种植稻谷每亩用工数量，用每亩用工数量来衡量稻谷的劳动力投入。

W 代表种植稻谷的农户每年在稻谷生产经营上的物质费用投入水平。

D 代表实施最低收购价政策，该政策可以保障农民种植的基本利益，防止谷贱伤民的情况发生。而最低收购价的高低，则可以体现出此政策的投入。选取的最低收购价为每年最低收购价的平均价格。

表5—16 2004—2015年影响湖北省稻谷产量因素

年份	稻谷产量 （万吨）	稻谷播种面积 （千公顷）	每亩用工数量 （天）	物质与服务费 用（元）	稻谷最低收购 价（元/公斤）
2004	1501.68	1989.61	11.85	226.24	1.47
2005	1535.32	2077.39	11.39	242.45	1.48
2006	1437.90	1975.07	10.37	255.21	1.45
2007	1485.86	1978.82	9.65	275.93	1.45
2008	1533.72	1978.94	9.06	341.41	1.59
2009	1591.92	2045.08	9.35	333.77	1.85
2010	1557.81	2038.17	7.83	358.62	1.97
2011	1616.91	2036.16	7.61	409.34	2.25
2012	1651.38	2017.88	7.20	453.51	2.57
2013	1676.63	2101.15	6.87	468.52	2.78
2014	1729.47	2143.95	6.44	469.80	2.85
2015	1810.72	2188.46	6.23	478.69	2.85

资料来源：《湖北统计年鉴》《全国农产品成本收益资料汇编》。

从表5—16可以看出，稻谷每亩用工数量递减。这应该是由于近几年来我国科技不断发展，应用于农业的科技水平不断提高，农业机械化加强，生产率提高，因此，种植每亩稻谷所需要的人工数量减少。与之相反的是物质与服务费用一直呈上升趋势，这是近几年来我国人民生活水平不断提高、各种生产资料成本不断上涨所导致的。

2004—2015年，湖北省稻谷产量平均为1594.11万吨，稻谷播种面积平均为2047.56千公顷，稻谷每亩用工数量平均为8.65天，稻谷每亩物质与服务费用平均为359.46元，稻谷最低收购价平均为2.05元/公斤。对以上数据进行描述性统计，统计结果如表5—17所示：

表 5—17 <center>**描述性统计量**</center>

	N	极小值	极大值	均值	标准差
稻谷产量（Y）	12	1437.90	1810.72	1594.11	108.27
稻谷播种面积（S）	12	1975.07	2188.46	2047.56	68.79
每亩用工数量（L）	12	6.23	11.85	8.65	1.91
物质与服务费用（W）	12	226.24	478.69	359.46	95.29
稻谷最低收购价（P）	12	1.45	2.85	2.05	0.59

运用 Eviews7.0 分析以上数据，得到结果如表 5—18 所示:

表 5—18 <center>**回归结果**</center>

Variable	Coefficient	Std. Error	t-Statistic	Prob.
C	−1.763170	2.635862	−0.668916	0.5250
LNS	1.028235	0.283120	3.631802	0.0084
LNL	0.129907	0.124136	1.046489	0.3301
LNW	0.165997	0.113907	1.457295	0.1884
LNP	0.069792	0.082039	0.850716	0.4231
R-squared	0.957500	Mean dependent var		7.371995
Adjusted R-squared	0.933214	S. D. dependent var		0.067016
S. E. of regression	0.017319	Akaike info criterion		−4.979686
Sum squared resid	0.002100	Schwarz criterion		−4.777642
Log likelihood	34.87812	Hannan-Quinn criter.		−5.0544490
F-statistic	39.42648	Durbin-Watson stat		1.910773
Prob（F-statistic）	0.000069			

模型 R^2 为 0.958，调整 R^2 为 0.933，显著性为 0.000，模型拟合良好。S、L、W、P 系数分别为 1.028、0.130、0.166、0.070。

得到具体回归方程:

$$\mathrm{Ln}Y = -1.763170 + 1.028235\mathrm{Ln}S + 0.129907\mathrm{Ln}L + 0.165997\mathrm{Ln}W + 0.069792\mathrm{Ln}P$$

$$(-0.668916)\ (3.631802)\ (1.046489)\ (1.45729)\ (0.850716)$$

$$R^2 = 0.95750 \qquad F = 39.42648$$

可决系数 R^2 为 0.957500，这说明湖北省稻谷产量变化的 95.75% 可由模型来解释，模型的拟合度很高。F 的伴随概率 0.000069 < 0.01，表明该模型的线性关系非常显著。$D.W.$ 值为 1.910773，表明该模型残差无序列相关。

湖北省稻谷播种面积对产量影响为正，且通过显著性检验，稻谷播种面积越大，在单产不变情况下，相应的产量会越多。湖北省稻谷每亩用工数量、物质与服务费用对稻谷产量影响为正且不显著。此处可以理解为，投入越大，且投入引发有效作用，使得越努力产量越高。实际情况下应该是用工数量、物质与服务费用越高，稻谷的产量越低，因为生产稻谷的成本上升，稻谷产量则会下降。最低收购价格与稻谷产量之间存在着正向关系。最低收购价格每上涨 1% 时，稻谷产量增加 0.069792%，也就意味着最低收购价格的实施会影响到稻谷的产量，最低收购价格越高，稻谷产量越高，最低收购价格的实施对稻谷产量的增加产生了积极的影响。因此，湖北省最低收购价政策收购价格的提高有利于提高稻谷的产量。

（三）粮食生产与农民收入

表5—19 中的数据描述了湖北省各年农村和城镇人均年收入的变化。鉴于 1978—1988 年及 1992—1993 年的城镇及农村零售商品价格指数数据的缺失，相应年份的城镇居民及农村居民真实人均年收入及城乡收入比也无法计算出来。改革开放以来，无论农村居民还是城镇居民，其人均年收入总体趋势均表现为提高。从农村名义人均年收入来看，其提高很快，2015 年的人均年收入水平是 1994 年的 10 倍多；从农村真实人均年收入来看，2015 年的人均年收入是 1994 年的 12 倍多，人民生活水平明显提高。农村居民名义人均年收入在 1994 年已突破千元大关，真实收入稍有滞后，1995 年方突破千元大关，其后也一直增长，于 2014 年，真实及名义人均年收入皆超过万元。自 2005 年取消农业税后，农民真实人均收入增速明显加快，2006 年其增速为 11.20%，2005 年增速为 10.39%，政策红利的效应立竿见影。

表 5—19 　　　　　 1994—2015 年湖北省名义和真实的城乡
居民人均年收入及两者之比

年份	农村居民人均年收入（元）		城镇居民人均年收入（元）		城乡收入比
	名义	真实	名义	真实	真实
1994	1170	932	3346	2698	2.86
1995	1511	1277	4017	3490	2.66
1996	1864	1743	4350	4096	2.33
1997	2101	2056	4673	4636	2.22
1998	2171	2216	4826	5012	2.22
1999	2217	2293	5213	5476	2.35
2000	2269	2336	5525	5631	2.44
2001	2352	2400	5856	6037	2.49
2002	2444	2456	6789	6899	2.78
2003	2567	2546	7322	7221	2.85
2004	2890	2742	8023	7782	2.78
2005	3099	3027	8786	8622	2.83
2006	3419	3366	9803	9725	2.87
2007	3998	3793	11486	11108	2.87
2008	4656	4328	13153	12479	2.82
2009	5035	5091	14368	14601	2.85
2010	5832	5641	16058	15591	2.75
2011	6898	6495	18374	17482	2.66
2012	7852	7645	20840	20351	2.65
2013	9692	9492	22668	22311	2.34
2014	10849	10742	24852	24655	2.29
2015	11844	11762	27051	26944	2.28

资料来源：《湖北统计年鉴》。

　　从图 5—9 中的城乡收入之比来看，1994 年为 2.86，2015 年为 2.28，中间的波动幅度较大。1994 年后连续四年下降，1996—2001 年稳定在 2.50 以下，2002—2010 年一直高于 2.75。但从 2009 年起，差距又开始缩小，从 2.85 一直下降至 2015 年的 2.28。就目前的趋势来看，缩小城乡差距工作日臻成熟，这与新时期我国财政支农惠农政策力度逐年加大密切相关。

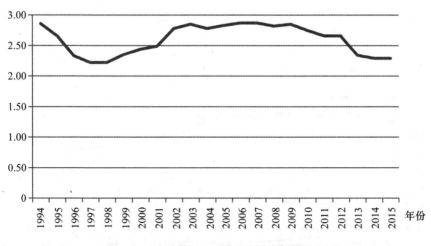

图5—9　1994—2015 年湖北省城乡居民收入比

资料来源:《湖北统计年鉴》。

农民作为粮食的主要生产者,一方面发展粮食生产,增加市场供给;另一方面通过粮食生产获得收入,改善生活水平。由此形成了农民生产粮食,获得经济收入,购买力增加,种粮积极性提高,扩大粮食生产的一个粮食增产—农民增收的循环。

为了验证粮食生产和农民收入的关系,下文选取了湖北农民人均纯收入（RJSR）、家庭经营性收入（JTSR）、工资性收入（GZSR）、转移性收入（ZYSR）、财产性收入（CCSR）、粮食播种面积（Area 1）、农作物播种面积（Area 2）等数据。由于 1978—1993 年的家庭经营性收入、工资性收入、转移性收入及财产性收入缺失,下面选取 1994—2015 年的数据。

为了更直观地考察农村居民收入来源的变化情况,将各收入来源的比重绘制成趋势图（见图5—10）。

从图5—10 中可以看出,家庭经营性收入在农民纯收入中占有主要地位,但其比重在平稳下降;工资性收入在农民纯收入中处于第二的地位,所占的比例在逐步上升;转移性收入所占比重虽低,但在近几年上升明显,主要是政府颁布的一系列农业补贴政策使转移性收入所占比重增大;

财产性收入在农民纯收入中所占份额最小,1997—2015 年都没有超过 2%,但所占比重在缓慢上升,主要是因为农民的金融意识不强,对财产投资还局限于定额存款等利息较低的理财产品。

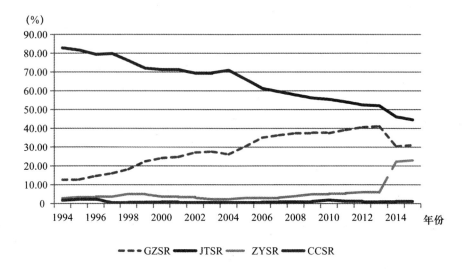

图 5—10　1994—2015 年湖北省农村居民各收入来源占人均纯收入的比重
资料来源:《湖北统计年鉴》。

研究粮食生产与农民收入的关系可以转化为研究粮食播种面积与农民纯收入的关系。

1. 粮食播种面积与农民纯收入的相关性分析

以 X1 表示农民人均纯收入,X2 表示粮食播种面积占农作物播种面积的比重。

表 5—20　　　　　　　　　　　X1 和 X2 的相关关系

	X1	X2
X1	1	0.869338
X2	0.869338	1

从表 5—20 中可以看出,粮食播种面积占农作物播种面积的比重与农民人均纯收入是一种正向相关关系。

2. 单位根检验

为了考察粮食播种面积占农作物播种面积的比重与农民人均纯收入的长期关系，在进行协整检验前，先进行单位根检验，具体结果见表5—21。

表5—21 各变量单位根检验结果

变量	ADF 检验			
	检验类型（C，T，P）	ADF 值	临界值	结论
X1（水平）	(0, 0, 4)	-2.10901	1.955681 (5%)	平稳
X2（水平）	(0, 0, 0)	-1.677995	1.610211 (10%)	平稳

从表5—21中检验结果发现，粮食播种面积占农作物播种面积的比重与农民人均纯收入的水平时间序列是稳定的。

3. 协整检验

单位根检验结果表明，粮食播种面积占农作物播种面积的比重与农民人均纯收入的水平时间序列是稳定的，可以对二者进行协整检验（见表5—22）。

表5—22 X1 和 X2 的 Johansen 协整检验结果

协整序列	假设协整方程个数	特征值	迹统计量	5%临界值	P 值
X1	无	0.42844	18.6266	12.32	0.0039
X2	最多一个	0.079567	2.404427	4.13	0.1429

从表5—22中可以发现，拒绝没有协整方程的假设，那么粮食播种面积占农作物播种面积的比重与农民人均纯收入存在长期均衡关系。

4. Granger 因果检验

协整检验表明，粮食播种面积占农作物播种面积的比重与农民人均纯收入存在协整关系，但是这种长期关系究竟是粮食播种面积占农作物播种面积的比重变动引起农民人均纯收入变动，还是相反？这需要对二者进行 Granger 因果检验，检验结果如表5—23。

表 5—23 X1 与 X2 的 Granger 因果检验

零假设	F-统计量	P 值
X2 does not Granger Cause X1	3.60184	0.03016
X1 does not Granger Cause X2	0.70399	0.21406

检验结果表明：粮食播种面积占农作物播种面积的比重是农民人均纯收入的 Granger 原因。粮食播种面积比重的增长将会推动农民收入的增长。

五 湖北省财政支农资金、劳动力转移与农民收入增长

（一）财政支农资金对劳动力转移的影响

湖北省作为人口大省和农业大省，农业劳动力资源相对丰富。2006年乡村人口占比为 56%，乡村从业人员占全社会从业人员的 64%。到2015 年湖北省总人口数为 5852 万人，乡村人口占总人口的 43%，乡村从业人员占全社会从业人员的 47%，农村依然提供了全社会大部分的就业人员，为湖北省经济发展提供了充足的人力资源。

由表 5—24 可以看出，湖北省三次产业的就业人员比重和产值比重存在不均衡现象。2006 年，第一产业 48% 的人口仅创造了 15% 的产值，而第二、第三产业则用更少的人口创造了更多的产值，这说明湖北省农业劳动力过剩较为严重、生产率低下。经过 10 年的发展，这一现象得到一定程度的缓解，到 2015 年第一产业就业人口比重下降至 38%，第二、第三产业就业人口增加至 23% 和 39%，农村劳动力部分转移至非农产业。但就业结构仍然存在偏离，第一产业 38% 的人口创造的产值为 11%，生产效率还有提升空间（见表 5—24）。

表 5—24 2006—2015 年湖北省产值结构和就业结构变化 （单位:%）

年份	第一产业		第二产业		第三产业	
	产值	就业	产值	就业	产值	就业
2006	15	48	44	21	41	32
2007	15	47	44	21	41	32

续表

年份	第一产业		第二产业		第三产业	
	产值	就业	产值	就业	产值	就业
2008	16	47	45	20	39	32
2009	14	47	47	20	40	33
2010	13	46	49	21	38	33
2011	13	46	50	21	37	33
2012	13	44	50	21	37	34
2013	12	43	48	22	40	36
2014	12	40	47	23	41	37
2015	11	38	46	23	43	39

资料来源:《湖北统计年鉴》。

(二) 劳动力转移对农民收入增长的影响

湖北省地处中原,属农业大省。省情决定了农村剩余劳动力转移应选择以农业内部转移为基础,以小城镇转移为主体,以大中城市转移和国外劳务输出为补充,以就地转移与异地转移相结合,以就地转移为主的复合型转移模式。

1. 增加了农民收入,提高了农民家庭收入水平

外出做工是一个农民增收的有效途径。统计数据显示,以农业生产为主渠道的农民的纯收入在 2006—2015 年持续增长,2015 年为 11843.89元,是 2006 年的 3.46 倍。农民的工资性收入(即劳务收入)与纯收入的比重增长至 2012 年的 40.63% 后开始下降,2015 年仅为 31.10%(见表5—25)。其原因离不开农业税的全面取消,农民生产经营负担大幅减轻,经营性收入增加,相对的工资性收入增长量占总增长量的比重就表现出下降的态势。

2. 消化了农村剩余劳动力,改善社会经济结构,推动了全社会的可持续发展

农村土地承包责任制是以家庭为基本单位的一种组织形式,农民经营分散的土地,不能实现规模化经营,抵御自然灾害和市场风险能力差,难以发挥较大的经济效益。农村剩余劳动力转移后,原承包土地,特别

是整户迁出的废弃土地，可以划拨给农业专家，优化生产要素组合，降低单位耕地劳动力的运载率，降低单位产品成本，有利于提高种植业人均收入，实现农业规模经济。

表 5—25　　　　2006—2015 年湖北省农民家庭年均纯收入及构成

年份	全年纯收入（元）	工资性收入（元）	工资性收入比重（％）	全年纯收入增长量 A（元）	工资性收入增长量 B（元）	B/A（％）
2006	3419.40	1199.16	35.07	320.20	257.52	80.42
2007	3997.50	1454.50	36.39	578.10	255.34	44.17
2008	4656.40	1742.33	37.42	658.90	287.83	43.68
2009	5035.30	1900.54	37.74	378.90	158.21	41.76
2010	5832.30	2186.11	37.48	797.00	285.57	35.83
2011	6897.90	2703.05	39.19	1065.60	516.94	48.51
2012	7851.70	3189.84	40.63	953.80	486.79	51.04
2013	9691.80	3648.20	37.64	1840.10	458.36	24.91
2014	10849.06	3298.61	30.40	1157.26	-349.59	-30.21
2015	11843.89	3682.91	31.10	994.83	384.30	38.63

资料来源：《湖北统计年鉴》。

　　农民进城就业开始遵循市场化的劳动就业制度。由于农民具有工资要求低、就业期望值低、吃苦耐劳等特点，农民工大多是城市脏、累、危等工作的主力军。他们的到来增强了城市就业竞争力，促进了城市劳动力市场的培育和发展，加快了城市就业的市场化进程。

　　农村劳动力转移过程是工业化和城市化的过程，促进了全省的现代化进程。1997 年以来，农民农业生产收入逐年下降，非农业收入在农民生产收入中的比重逐年上升。非农收入已日益成为农民增收的重要渠道。随着农村剩余劳动力的转移，全省就业结构有了很大改善，农村第二产业和第三产业也得到了很大发展。加快农村城镇化进程，在一定程度上保证农业的可持续发展。农村城市化的实质是农村劳动力和各种生产要素为了提高其效率，逐步向城市集中，城市文明向农村靠拢，缩小甚至最终消除城乡差别。农民工返乡度假，也对城市的生活方式、思想观念和相关信息返乡，缩小城乡生活差距，改变传统生活方式，提高消费水平和生活质量起到了潜移默化的影响。

第六章

改革开放初期(1978—1993年)的
湖北农村金融发展

在改革开放政策指引下，以家庭联产承包为核心的农村改革极大地释放了农村劳动生产力，农村经济获得了快速增长的动力，湖北省初步建立了适应农村经济发展的农村金融体制和经营体系。

第一节 改革开放初期的湖北农村金融体系

1978—1993年，湖北省农村金融体制改革形成了以农业银行为主体、农村信用合作社为基础、民间金融为补充的基本态势。湖北农村金融体制改革主要是由政府进行牵头的，强制性的特点突出，路径依赖特征显著，而且具有明显的阶段特征。

一 农业银行的恢复和发展

1979年2月23日出台的《国务院关于恢复中国农业银行的通知》中，国务院对中国农业银行的相关事项做出了明确规定。针对湖北省的情况，国务院恢复了中国农业银行的运营，再由湖北省革命委员会及各部委、直属机构牵头，着手对中国农业银行的湖北省地方机构恢复给予帮助和支持。1979年12月，中国农业银行正式恢复，其主要业务有：对支农资金进行有效管理，办理农村信用贷款以及引导农村信用合作社发展农村金融。中国农业银行湖北分行的重要业务和职责包括：首先，针对财政部门的农业拨款、商业部门的预购定金和金融部门发放的各项贷款，以及主管业务部门自筹的支农资金等，中国农业银行湖北分行要实现逐笔审查，核实拨付，计划发放，监督使用；其次，对于农村人民公社、生产大队、生产队、社队企业、国营农业企事业单位、农工商联合企业以及供销社等单位的存款和贷款，由中国农业银行湖北分行办理，其他各部门、各单位主办的专项储蓄和各项贷款，要进行清理，今后不再办理；再次，对农村人民公社基本核算单位、社队企业和社员个人的存款、贷款，规定由湖北农村信用合作社统一办理，而国家设在农村的机关、团体、学校、企事业单位的存款、贷款，以及城乡结算、现金管理等，规定由中国农业银行湖北分行办理；最后，中国农业银行湖北分行主管湖北地区农村人民公社基本核算单位的会计辅导，协助社队管理资金。①

中国农业银行自上而下建立各级机构，中国农业银行湖北分行级别为厅级，下设中心支行、支行以及各类处室，另外，农村信用合作社也由农业银行进行管理。

中国农业银行湖北分行的改革扩大了农业银行的信贷业务范围，突破了单纯农贷的业务范围。中国农业银行不仅办理农业各项存款、贷款，而且通过贷款支持农业发展，开展金融合作，引导农村信用合作社，经营农村金融业务。中国农业银行成立后，对农村金融体系以及农村金融工作都进行了改革，促进了农村经济的发展。这一时期，中国农业银行被定位为"为农村经济发展提供服务与资金支持的国家专业银行"，其内部改革坚持"放权搞活"原则，在资金和信贷管理方面进行大量调整，以此满足家庭联产承包责任制和农村商品经济发展的客观需求。

为配合国有企业的发展，1985 年，中共中央和国务院提出：中国农业银行要实行企业化经营，提高资金营运效率，这为中国农业银行确立企业化改革目标奠定了最高政策基础。同年 9 月，中国共产党全国代表大会通过关于"七五"计划的建议中，进一步明确"专业银行应当坚持企业化的改革方向"。至此，中国农业银行企业化的改革目标完全确立。随着金融体制改革的深入，为解决中国农业银行商业性贷款与政策性贷

---

① 《国务院关于恢复中国农业银行的通知》，1979 年 2 月，110 网（http://www.110.com/fagui/law_ 2612. html）。

款之间的矛盾,中共中央认为应当持续推进中国农业银行的商业化。1993 年,《中共中央关于建立社会主义市场经济体制若干问题的决定》指出:"发展商业性银行,现有的专业银行要逐步转变为商业银行。"商业银行要实行资产负债比例管理和风险管理,这为中国农业银行的商业化经营提供了政策依据。同时,为了化解中国农业银行的政策性包袱,1993 年国务院发布了《关于金融体制改革的决定》,决定把政策性业务从中国农业银行分离出来,交由新成立的农业发展银行来经营,中国农业银行开启了向现代商业银行转变的新征程。这样,中国农业银行的发展目标被确定为主要为城乡经济发展服务的、现代化的国有独资商业银行,其经营领域不再局限于为"三农"服务。

1993 年,中国农业银行在全国范围取得了较好的营运成绩。各项存款大幅度增长,资金使用重点得到保证,经营效益不断提高。各级农业银行、农村信用合作社始终把组织资金放在首位,抓住国家两次调整利率的有利时机,大力组织存款,促使储蓄存款稳步上升。截至 1993 年 12 月末,全国中国农业银行、农村信用合作社各项存款余额达 8193 亿元,比年初增加 1577 亿元,其中农村储蓄存款余额达 6103 亿元,比年初净增 1263 亿元。在资金的使用上中国农业银行按国家产业政策的要求,较好地完成了全年信贷计划。截至 1993 年 12 月末,中国农业银行、农村信用合作社各项贷款余额达 9645 亿元,比年初增加 1753 亿元。中国农业银行、农村信用合作社全年累计发放农业贷款 2329 亿元,比上年同期多发放 301 亿元,贷款余额比年初增加 313 亿元,重点支持了"两高一优"农业的发展及农业综合开发。发放粮食预购定金和棉花贴息贷款 97 亿元,及时支持了春耕生产。各级中国农业银行把支持农副产品收购,确保收购企业不给农民打"白条"作为一项重要的政治任务来抓,逐级建立负责制,积极筹集资金,严格专户管理,做到早调查、早安排、早落实。全年累计发放农副产品收购贷款 2430 亿元,比上年增加 13 亿元,保证了收购工作的顺利进行。与此同时,按照扶优限劣的原则,适当增加了对乡镇企业和农村企业的信贷投入。据统计,中国农业银行、农村信用合作社乡镇企业贷款余额和商业贷款余额 1993 年底比年初分别增加 552 亿元和 585 亿元,对促进乡镇企业的健康发展和支持农资专营、搞活农村商品流通发挥了重要作用。

　　1993 年各级中国农业银行在确保完成国家政策性任务的同时,通过采取大力清收应收利息、搞好资金调度等措施,健全经营目标责任制,缓解了资金紧张和两次利率调整对财务状况带来的影响,改善了经营状况,全年实现利润 20 多亿元。在比较困难的经营环境下,取得了较好的经营效益。坚决贯彻中央文件精神,加强和改善宏观调控,为整顿金融秩序,规范融资活动做出了贡献。一方面,严格控制信贷总量,优化信贷结构,增强总行的资金调控能力。中国农业银行总行对农副产品收购贷款实行年度专项管理,从而充分把握资金规模和资金用途,把贷款总量及指令性贷款控制在国家下达的限额之内。为保支付、保收购、保计划内农业生产,中国农业银行总行集中了一定的资金,有效地调剂了系统内资金余缺。另一方面,全面落实“约法三章”,整顿金融秩序,规范融资活动。各级中国农业银行、农村信用合作社认真贯彻中共中央〔1993〕6 号文件精神,停止了一切违章拆借活动,并摸清了底数,在短期内收回了绝大部分违章拆借资金。与此同时,整顿行、社自办经济实体的工作也全面展开。据统计,截至 1993 年 12 月底,全系统共撤销或合并因不合规定或经营管理不善而形成亏损的实体 1012 个,对实体发放的违章贷款也已基本清理收回。与此同时,中国农业银行严格执行国家利率政策,积极配合人民银行和有关部门坚决制止各种非法集资,在调查研究的基础上,向国务院及人民银行提出了整顿农村融资活动的政策建议。这些措施,对于抑制农村资金外流,集中资金支持农业起到了积极作用。

　　中国农业银行改革取得了良好的成效。各级中国农业银行确立了向商业银行转变的目标,积极稳妥地抓好以下几个方面的改革:一是全面推行信贷资产风险管理,建立信贷资产风险防范机制。二是针对会计制度、财务以及联行对账进行改革。三是将政策性业务与商业性业务分离,方便管理和核账。1993 年 7 月全国金融工作会议之后,根据中央有关领导的指示和人民银行的要求,中国农业银行对农村金融体制改革总体框架的设计做了大量调查和论证工作,多次研究、修改改革方案,为中央决策提供建议,并为改革方案的出台做了必要的准备工作。同时,中国农业银行对外开放的步伐加快。1993 年 7 月 26 日,中国农业银行新加坡代表处开业。其他几个境外机构也正在积极筹备之中。反腐败工作在年内重点抓好以下三项工作:一是加强对干部的监督管理。中国农业银行各级行领导和处以上干部对照中央关于廉洁自律的五条规定和人民银行有关规定认真开展了自查自纠,对存在的问题及时进行了纠正。二是集中力量狠抓大案要案的查处。各级农业银行抓紧查处领导机关、领导干部的违法违纪案件和十万元以上的经济案件,狠抓了金融诈骗案件。各级行领导和广大干部职工从已经发生的诈骗案件中吸取教训,进一步提高了警惕性,及时堵住了多起诈骗案件,保卫了资金安全。各级行领导还按照总行的要求,认真检查有关业务环节和管理方面存在的问题和漏洞,有针对性地提出了防范对策和具体措施,以从根本上杜绝诈骗案件。三是基本刹住落实"约法三章"中发现的不正之风。这些措施的实施,确保了将中央反腐败斗争的部署落到实处。

二 农村信用合作社的恢复和发展

从 1979 年开始,为适应家庭联产承包责任制的需要,湖北省农村信用合作社的首要任务是恢复和发展。其改革主要任务是:(1)加强信用合作组织建设,普及农村信用网点,满足农民日益增长的融资及其他金融需求。(2)扩大农村信用合作社业务自主范围。中国农业银行把贷款审批权限下放给农村信用合作社。(3)理顺农业银行和农村信用合作社的关系,适当调整行社往来资金的利率,解决农村信用合作社因存贷利率倒挂造成的亏损问题。1980 年,正式确立农村信用合作社由中国农业银行领导和管理,明确了农村信用合作社改革的方向。1980 年 8 月,中央财经领导小组认为农村信用合作社并非官办,但是农村信用合作社的开办方式还是为集体金融组织,这体现了当时政府没有区别集体制和合作制,认识层面还不足。另外,还将农村信用合作社等同于民间金融组织,组织约束缺乏。于是 1981 年 3 月,中国农业银行出台《关于改革农村信用合作社体制,搞活信用合作工作的意见》,这个意见为农村信用合作社的改革提供制度护航,有效促进了农村信用合作社的发展。到 1982 年,全国农村信用合作社的数量达到 337955 个,其中农村信用合作社为 30767 个,而信用站为 303182 个。1982 年底,中国农业银行召开了会议,会议明确了农村信用合作社应当为集体所有制性质,否定了其双重性质。在 1983 年的中央"一号文件"《当前农村经济政策的若干问题》中明确指出,农村信用合作社的基本性质为合作的金融组织。戏剧性的是在

1983 年 2 月，又将农村信用合作社的性质更改为集体所有制下的金融组织。由此可见，在改革开放初期，我国农村信用合作社的性质一直未根本确定，改革的目的和对象不明确，还处于探索阶段。

1984 年 6 月，中国农业银行提请《关于改革信用合作社管理体制的报告》，两个月后，国务院转批了中国农业银行的申请，决定开始对农村信用合作社的管理体制进行全面改革。这次改革是围绕着加强农村信用合作社群众性、民主性和灵活性这三方面开展的，并且改革决定将农村信用合作社办成合作金融组织。

（1）在民主管理方面，充分利用社员代表大会等民主形式，将农村信用合作社领导的选用改为选举产生，加强合作民主的氛围。在农村信用合作社的员工录用上，实施了合同制，使得员工加入和退出更加方便。

（2）通过建立县联社对农村信用合作社进行外部管理。1984—1986年是县联社从试点到普及的重要时间段，但是县联社与中国农业银行存在人员混同的问题，这影响了监督的独立性。于是在 1987 年，对县联社进行了相应的调整，加强县联社人员管理水平和能力，提高县联社的服务能力。从 1991 年开始，全国各地区县联社普遍开始设立营业部，这有助于县联社的资金调剂，方便了结算，从而一定程度上缓解了农村信用合作社的经营负担，为农村信用合作社更好地开展服务工作提供了帮助。1986 年 1 月，国务院发布《中华人民共和国银行管理条例》，要求中国农业银行代管农村信用合作社，并把其当作专业银行对待。1987 年，中国农业银行提出把农村信用合作社办成独立的集体所有制的合作金融组织。并且在《把农村改革引向深入》的文件中指出，"信用合作社必须改革官办的积弊。在遵守国家金融法律法规的前提下，农村信用合作社实现民主管理、独立经营、自负盈亏，使得国家银行及各级政府均不能干预其资金营运，从而实现经营管理自主权。县联社的体制改革，应在保证基层农村信用合作社合作性质的前提下，进行多样化试点。中国农业银行和其他专业银行应在平等互利基础上，为农村信用合作社提供服务和相互代办委托业务"①。

---

① 《中共中央政治局通过〈把农村改革引向深入〉》，1987 年 1 月，中国农经信息网（ht-tp：//www. caein. com/index. php/Index/Showcontent/index/bh/006001/id/5422）。

1990 年，中国农业银行开始对农村信用合作社进行改革，针对我国地区经济发展的不平衡现状，中国农业银行灵活地将全国农村信用合作社根据地区发展程度进行划分，分别对各地区农村信用合作社进行分类指导。1990 年 10 月，中国人民银行又进一步规范了农村信用合作社的管理。1991 年，湖北省根据指导意见，明确了中国农业银行对农村信用合作社指导和管理的范围，明晰了县联社对农村信用合作社监管的主要方面。1993 年 12 月，随即颁布了《国务院关于金融体制改革的决定》，提出"先将县联社从中国农业银行中独立出来，办成基层农村信用合作社的联合组织；在县联社的基础上有步骤地组建农村合作银行"① 的改革意见。1993 年 12 月以及 1994 年 2 月，明确了农村信用合作社改革要在党中央、国务院领导下进行，农村信用合作社需由中国农业银行领导和管理。

三　民间金融发展

家庭联产承包责任制的推广使得农民等生产经营者和剩余索取者的地位得到明确，调动了广大农民生产积极性，提高劳动生产率，促进了农村个体经济、私营企业等多种所有制经济形式的发展。农村商品经济的迅速发展和个体经济、私营企业的壮大，对资金的需求不断增加。但在当时国家垄断整体金融资源的背景下，它们很难从国家正规金融部门获得信贷支持。鉴于中国长期的小农经济状况，难以从正规金融部门获得资金的农村经济主体只能依靠内源融资或者求助于民间金融组织，故在国内的正规金融市场不能满足个体经济和其他民营经济活动的资金需求下，民间借贷的存在和发展是必然的。为了支持农村商品经济的发展，中央政府默认了这些民间融资活动，并放松了对其的约束，由政策法律环境与现实社会经济活动决定着民间借贷的活跃程度和表现形式。

1981 年 3 月，农业银行向国务院呈报了《关于农村借贷问题的报告》，报告中指出农村自行借贷是伴随着农业银行和农村信用合作社共同发展起来的，同时民间借贷兴起的主要原因是生产、生活资金需求量的

---

① 《国务院关于金融体制改革的决定》，1993 年 12 月，和讯网（http：//news. hexun. com/2008 - 07 - 16/107479386. html）。

大幅度提高，湖北省农村自行借贷也悄然发展起来。湖北省农村借贷在当时已经非常普遍了，无论是穷困地区还是富裕地区，农村借贷都有壮大的苗头。民间借贷中借贷双方，很多是基于双方的人情，一般不需要附带利息，还有的是通过送答谢礼来进行借贷，更有意思的是有的借方直接会要求还本付息，如果有人向社队进行个人借贷的话，那么利息是不可避免的，农村借贷利息普遍较高与农村经济发展中资金不足有重要的联系。民间借贷的资金主要来自社员个人劳动收入，借款后，农民主要用于发展生产，购置农机或者农药、化肥等。在民间借贷双方之间，信用意识都较强，一般都不会发生逾期不还的情况。但也有盲目借贷和高利贷情况发生。在农村地区，民间借贷比想象的要普遍得多，原因在于当农村生产渠道畅通后，商品经济的发展加大了对资金的需求，但是在农村生产队中，资金有限，积累的资金不足，这很难满足人们的需要。国家虽然通过财政手段大力扶持农业发展，支持农村商品经济的发展，然而资金还不能满足日益扩大的需求。加之农村地区资金潜力大，而且社员手中闲散资金较多，资金有余缺，而农村地区的银行、农村信用合作社很难提供充足的资金，这造就了农村地区民间借贷现象普遍。

在湖北，政府对待民间借贷的态度是维持现有状态，不反对也不大力支持，始终坚持正确引导、合理管理和趋利避害的原则，将农村资金利用到有利于发展商品生产的地方，并将民间借贷作为银行、农村信用合作社的补充，允许社员和集体之间与社员和社员之间存在合理的借贷行为。加强对集体向社员借贷的管理，应当尽量帮助满足社队合理的资金需求。如果有向社员借贷的需要，则应当按程序进行民主讨论，而且利率也必须限定在当地农村信用合作社贷款利率之内，必须严格区别个人之间的正常借贷与农村高利贷活动。社员与社员之间的借贷行为，即使存在利息偏高的情况，也不能完全定性为高利贷。

关于农村借贷的这些政策性意见，基本上适应农村商品经济发展的新情况，改变了"文化大革命"前期制定的把月息超过一分五厘的借贷都视为高利贷予以打击的政策。因此，在这样宽松的宏观环境下，中国农村民间借贷活动逐渐增多，特别是东部沿海商品经济发达地区的民间金融发展更快，并向内地延伸。农村民间金融逐渐得到恢复和发展，在一定程度上有利于调剂农村资金的余缺，促进商品生产和发展。

农村合作基金会肇始于农村改革开放时期。人民公社解体以后,集体财产逐渐流失,农村集体经济组织利用以欠转贷的方式将清收集体资金和追求集体财产保值增值结合起来,推动社员内部之间的互助融资,创建农村合作基金会。1984—1987 年,农村合作基金会产生。在这一时期内,农村合作基金会是农村地区自下而上的制度变迁过程。1983 年左右,农村合作基金会就在全国零星地方出现过,黑龙江、辽宁和江苏等省就自发对集体资金进行管理和融资的尝试。在这之后,全国各地陆续出现了农村合作基金会试办,但是这一时期的农村合作基金会并不受到国家的承认和认可,甚至在有的地方,合作基金会还被限制和取缔。

第二节 改革开放初期的湖北农村金融生态

一 金融环境

(一) 经济环境

一个国家的经济状况深刻地决定着国家的金融发展水平,经济发展状况很大程度上决定了金融发展的方向和水平,所以说经济环境是金融生态环境中一个核心的环节。① 具体而言,经济发展的程度决定社会资源配置方式。按照通用方式,农村金融生态的主要内容包括农村经济的总量、结构、效率和公平等。目前中国的农村经济基础薄弱,直接或间接转嫁到农村金融,造成农村金融生态环境恶化。

1993 年,湖北省实现工业总产值 1404. 85 亿元 (按 1990 年可比价格计算,下同);比 1992 年增长 18. 5%。与全国相比,湖北省工业总产值增长与全国的差距由 1992 年的 6. 2 个百分点缩小到 1993 年的 2. 6 个百分点,增长速度是改革开放 15 年来的最高水平。其中集体经济比上年增长 31. 6%,"三资"企业增长 37. 9%,国有经济增长 12. 4%。全省重工业增长 21. 7%,增幅比轻工业高 7. 6 个百分点。工业经济效益综合指数为

---

① 黎力萌:《我国当前农村城镇化进程中农村金融生态现状与问题——以山东省寿光市为例》,《智富时代》2015 年 11 月 17 日。

（亿元）

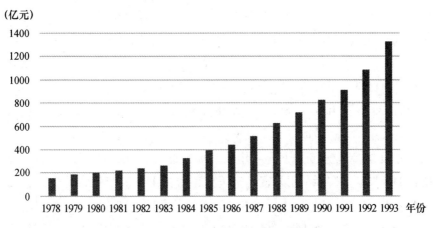

图6—1　湖北省1978—1993年国内生产总值

95.0%，比上年提高3个百分点。其中工业产品产销率为96.5%，资金利税率为11.1%，工业增加值率为28.3%，实现利税167.14亿元。流动资金周转比上年加快，次数为1.63次。全年建筑业创造增加值64.15亿元，比上年增长22%，全员劳动生产率比上年提高45.8%，人均利税水平上升2%。全年农业总产值501.17亿元（可比价为466.74亿元），增长6.7%，高于全国平均水平；农业增加值348.32亿元，比上年增长6.4%，占国内生产总值的26.9%。在农业总产值中，种植业增长0.4%，林、牧、渔业分别增长7.8%、13.7%、35.8%。主要农产品中，粮棉减产，总产量分别为2207.9万吨和42.5万吨。[①] 油料总产量达111.74万吨，比上年增产12万吨。全省植树造林面积360.96千顷，比上年增长4.5%。牧业产值134.02亿元，增长13.7%。水产品产量首次突破百万吨，达101.29万吨。全省社会商品零售总额556.54亿元，比上年增长21.1%。其中消费品零售额500.54亿元，增长23.2%，扣除价格因素，实际增长7.4%，高于近几年水平。城市消费品零售额227.19亿元，比上年增长28%；农村消费品零售额223.35亿元，增长17.8%。全年农业生产资料零售额56亿元，增长4.5%。物资供销企业购进生产资料369.3亿元，比上年增长12.6%；销售393.9亿元，增长14.3%。全社会固定资产投资规

---

① 吴勉坚：《湖北省统计局新闻发言人吴勉坚评述1993年经济形势——经济快速健康发展总量指标再上台阶》，《统计与决策》1994年第1期。

模达 348.83 亿元, 比上年增长 44.9%, 其中国有单位投资高速增长, 全年完成投资 279.18 亿元, 增长 52.7%; 集体单位投资 30.08 亿元, 增长 33.6%; 城乡个人投资 39.57 亿元, 增长 11.9%。① 国有单位用于农业、能源、原材料、交通邮电建设的投资 152.87 亿元, 占国有单位投资比重由上年的 53.1% 上升到 54.8%。全省 38 个重点工程完成投资 76.53 亿元, 比上年增长 60.3%。技改投入完成投资 71.08 亿元, 增长 34.6%。全省外贸出口总额 16.86 亿美元, 比上年增长 22%; 进口总额 8.59 亿美元, 比上年增长 115.72%。实际利用外资 6 亿美元, 增长 44%。当年新批准 "三资" 企业 2188 家。旅游外汇收入 4588.9 万美元, 增长 3.5%。

1993 年, 银行各项存款余额 798.52 亿元, 比年初增加 180.56 亿元; 各项贷款余额 1162.61 亿元, 比年初增加 179.13 亿元。各项存款中, 城镇居民储蓄和企业存款当年分别增加 82.65 亿元、57.03 亿元, 占各项存款增量的 45.77% 和 31.59%。各项贷款中, 流动资金贷款增加 109.86 亿元, 占 61.33%; 农业贷款增加 5.82 亿元, 占 3.25%; 固定资产贷款增加 51.86 亿元, 占 28.95% (见表 6—1)。银行固定资产贷款 85% 以上的资金投向了瓶颈行业和 38 个重点建设项目, 近 50% 的流动资金支持了农副产品收购。全年累计收购粮食 98.8 亿斤, 42.31 亿元; 棉花 661.14 万担, 24 亿元; 油脂 245.31 万担, 5.53 亿元。加上其他农副产品收购, 收购总值达 87.59 亿元, 收购付现率达 99.8%。多年困扰农副产品收购的 "打白条" 问题得到圆满解决。

全省已收回违章拆借资金 24.76 亿元; 撤销银行自办经济实体 119 个, 脱钩 371 个; 乱集资、乱浮利率、乱设机构、乱卡结算等违规现象基本得到制止; 全省专业银行超额储备余额 68.9 亿元, 支付准备金率 11.28%, 超过了正常的高位水平, 支付能力大大增强; 货币投放增势趋缓, 1993 年净投放货币 64.83 亿元, 投放总量低于上年。

证券市场进一步发展壮大。华新、长印、沙隆达、猴王、凤凰五家公司成功地发行了上市股票, 分别在深、沪挂牌交易。武汉证券交易中心国债交易量达 510 亿元, 比上年增长 4 倍, 占全国国债交易量的 2/3 以

---

① 《浙江省统计局关于 1993 年浙江省国民经济和社会发展的统计公报》,《统计科学与实践》1994 年第 3 期。

上。证券机构发展迅速。全省证券机构达 403 家，还积极发展国内外金融机构在湖北设点营业，招商银行武汉分行正式营业，中南银行在武汉设立了代表处。保险事业发展快，全年承保社会财产总额达 2300 亿元，支付赔款 14.6 亿元，比上年翻了一番。

湖北金融和经济存在的问题包括：（1）市场物价涨幅高，通货膨胀的压力大。1993 年以来物价一直具有涨幅高、涨面宽、持续时间长的特点。全年全省零售物价总指数上涨 15%。居民生活费用价格上涨 18.4%，其中城镇上涨 18.8%，农村上涨 17.6%。特别是服务价格，粮食、油类和蔬菜价格涨幅更高。其原因既有比价调整的滞后效应和自主、自发性涨价行为的推动，也有需求和成本推动因素等。（2）经济循环不畅，经济效益低，加剧资金供求不平衡的矛盾。一是产成品积压居高不下，企业相互拖欠严重。1993 年末，预算内工业企业月末存货 176.65 亿元，增长 8%，其中产成品资金 53.82 亿元，增长 50%。据综合调查和测算，当时企业"三角债"规模已经超过了 1991 年大力清理的"三角债"。二是企业效益增长与生产增长不同步。全省预算内工业企业亏损面为 32.01%，比上年扩大 7.8%；亏损额 6.28 亿元，增长 80.3%。企业亏损增加，信贷资金大量垫付性投入，信贷资金对经济的最终推动力和流转增值能力降低，使资金供求矛盾加剧。此外，还存在投资规模大、城乡居民收入差距大等难以与经济的健康发展相适应的问题。

表6—1　　　　　　湖北主要经济、金融指标（1989—1993 年）　　（单位：百万元）

项目 ＼ 年份	1989	1990	1991	1992	1993
国民生产总值	70083	79254	85847	100357	129500
工农业总产值	131197	141043	154106	180908	216648
工业总产值	97693	100819	113602	137366	166531
其中：重工业	51358	51344	60476	76855	80604
轻工业	46335	47675	53126	60511	59882
农业总产值	33504	40223	40504	43542	50117
地方财政收入	7727	7785	9509	9414	11466

续表

项目＼年份	1989	1990	1991	1992	1993
地方财政支出	7997	8482	9953	9897	11487
社会商品零售额	36600	37511	41318	45977	55654
零售物价指数（比上年增长）（％）	23.47	2.9	4.3	7	15
银行存款	33205	40656	50543	61796	79852
财政存款	942	697	1047	5308	1139
企业存款	11331	13594	16596	21185	26888
储蓄存款	14609	19261	24449	30292	38557
银行贷款	59903	73277	85022	98348	116261
流动资金贷款	46883	58231	66164	73046	84032
固定资产贷款	8929	10161	13333	17758	22944
现金投放（＋）回笼（－）	1820	3886	4699	6649	6483

资料来源:《中国金融年鉴》。

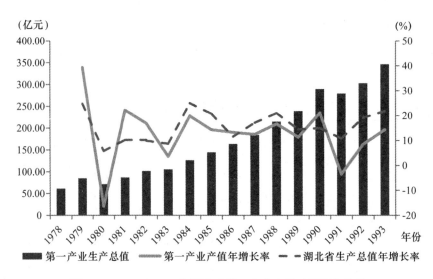

图6—2　1978—1993年湖北省第一产业产值及增长率趋势

资料来源:《湖北统计年鉴》。

从图 6—2 中可以发现，第一产业生产总值整体上呈现出上升趋势，部分年份内出现了小幅度产值下降的情况。在增长率方面，除了在 1979 年、1981 年、1982 年和 1990 年第一产业产值增长率高于省内生产总值增长率，其他年份均低于省内生产总值增长率，第一产业产值增长率和省内生产总值增长率都基本维持在 20% 范围内。

1. 湖北省经济结构出现了明显的变化

经济结构是一个由许多系统构成的多层次、多因素的复合体，从经济学理论上看，经济结构主要为产业结构，在农村地区，第一、第二、第三产业的比例即可体现农村产业结构，一般通过用各产业的产值占农村生产总值的比重来反映。其中，农村第一产业产值为农林牧渔业增加值，其第二产业为乡镇企业中的工业、建筑业，其第三产业为乡镇企业中的其他产业，包括交通运输仓储业、批发零售业、住宿及餐饮业、社会服务业等。

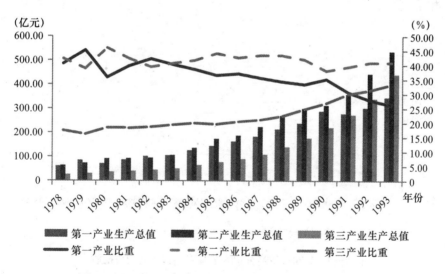

图 6—3　1978—1993 年湖北省三次产业产值及比重情况

资料来源:《湖北统计年鉴》。

从图 6—3 中明显可以发现，在考察的 1978—1993 年阶段，湖北省三次产业结构呈现出非常典型的变化。自改革开放后，湖北省第三产业比重逐年上升，于 1991 年前后，其比重超过了第一产业的比重，但还是低于第二产业比重;第一产业比重整体上呈现出下降的趋势,到 1993 年左右第一产业比重已经下降到最低;第二产业比重在小范围内波动,整体位于 40% 比例的附近。在产值方面,在 1978—1983 年区段,第一产业产值与第二产业产值每年相差不大,产值大小互有高低;1983 年以后,第三产业产值明显大幅度提升;到 1993 年,第一产业产值最低,第二、第三产业产值非常接近。

2. 湖北城乡收入增长较快

经济收入方面衡量指标主要包括农村和城镇居民人均可支配收入以及恩格尔系数。首先由图 6—4 可见,1978—1993 年,农村和城镇居民人均可支配收入呈现出上升趋势,但是城镇居民人均可支配收入上升的速度和幅度明显大于农村。农村居民人均可支配收入在考察年份均低于 1000 元;而在 1984 年左右,城镇居民人均可支配收入就已经达到1000 元。这可以看出城乡居民收入状况逐渐出现分化,贫富差距开始显现。

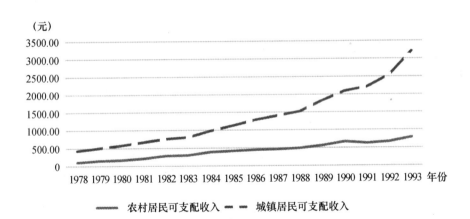

图 6—4　1978—1993 年湖北省城乡居民人均可支配收入

(二) 改革开放初期的农村金融发展环境

为了推进农村金融事业的蓬勃发展,自 1978 年开始,国家相应出台了众多政策法规促进农村金融体制完善,从而更好地服务广大农民。1978 年,《中共中央关于加快农业发展若干问题的决定(草案)》出台,提出要恢复中国农业银行,大力发展农村信贷事业。1979 年 2 月,国家正式恢复中国农业银行日常业务，并由中国农业银行领导农村信用合作社发展农村金融事业。1985年是中国农村经济和金融发展的一个重要时点，党的十二届五中全会的召开开启了中国农村生产力和生产关系的变革，量变到质变的过程在这一时期尤为突出，一些新情况、新态势逐渐显现，把握好其中的性质和特点，才能够有针对性地提出任务，做好工作。面临的新情况概括起来就是以下几方面。

第一，农村地区经济飞速发展，城市经济体制的改革和农村地区产业结构的调整将会极大推进农村经济向商业化和现代化方向转变；第二，农村商品经济发展中，价值规律发挥了根本性的作用，农业银行利用规律可以发挥更大的作用；第三，农业银行应当遵循市场原则，根据需求转变自己的经营方式，加强管理，建立制度。1985年的农村信贷工作主要有以下几个特点：一是大力组织存款，积极收回逾期贷款，灵活融通资金。到7月底，农业银行农村储蓄存款余额比年初增加31.2亿元，比上年同期增加22.6亿元。1—7月，农业贷款收回率由上年同期的59.5%提高到76.5%，信贷资金周转速度明显加快。在加强系统内资金纵向调剂的同时，扩大了地区间、同业间的资金横向调剂。二是努力做好"少米之炊"，有重点、有顺序地安排使用资金，发挥信贷杠杆作用，提高资金使用效益，支持农村经济稳步发展。较好地解决了农村发展农业和林、牧、渔业等多种经营的资金需要，支持了农村产业结构调整。积极帮助企业改善经营管理，挖掘资金潜力，搞活资金和物资。在当地政府领导下，会同有关部门，对乡镇企业在建工程进行分类排队，根据资金可能与市场需要，及时提出"保、压、停、缓、撤"的具体措施，尽量减少企业和银行的经济损失。同时，协助主管部门搞好企业利润的分配和使用，帮助企业清查和处理积压物资，推销产成品，清理收回应收款项，促进了乡镇企业的正常发展。三是全面进行信贷检查，严肃信贷纪律，认真纠正不正之风。适当集中了贷款审批权限，坚持贷款要有符合规定的自有资金比例，清理和控制农户大额贷款，使信贷管理工作得到加强。四是农村信用合作社在继续深入进行管理体制改革，积极发挥民间信贷作用，支持农村发展商品经济的同时，服从国家宏观平衡的要求，适当控制贷款规模。

党的十三届五中全会的召开，顺利通过《中共中央关于进一步治理整顿和深化改革的决定》，该决定对于国家收紧银根，控制金融规模，优化结构提出了重要指示。1990 年，国家加大力度对我国金融进行整顿和治理，以稳定为第一要求，促进国民经济持续健康发展。

1992 年是中国市场经济建设和改革开放具有关键性意义的一年，李鹏在第七届全国人民代表大会第五次会议上讲话："1992 年经济工作的重点，是抓紧调整结构和提高效益，特别是要在搞好农业和国有大中型企业方面取得更大的成绩。计划要求在保持社会总需求与总供给基本平衡的基础上，国民生产总值增长 6%，全社会固定资产投资增长 8%。投资要符合产业政策，避免盲目发展和重复建设。社会商品零售总额增长 12.3%，货币发行和信贷规模与去年大体持平，零售物价上涨幅度控制在 6% 以内。"[①]

1993 年 12 月国务院《关于金融体制改革的决定》中决定在中国人民银行监管下建立中国农业发展银行、中国农业银行、农村合作金融组织协调发展的农村金融体系。国家再次重申了农业基础地位的作用，国民经济的稳定发展需要农业的稳定，在任何时期，对农业的重视程度都不能下降，要全面促进我国农村经济的增长。具体而言，对我国农业生产结构要进行调整，以期在保证产量的基础上提高农业的质量和效率，力争到 1997 年粮食产量突破 4.75 亿吨，经济作物也要得到较好发展。还要加大我国农业发展中的投入，改善生产条件，兴修水利等基础设施，对于一些中、低产量的土地，要加强水土保持。在农村中，要提高人力资本，加大对农民知识技能的培训，实施科教兴农战略。各级政府要注意减轻农民负担，将负担限定在合理的范围内。

可见，这一时期国家为农村金融体制改革创造了良好的政策环境；但也存在不足，这种不足导致了后来商业银行逐渐撤离农村市场。

（三）湖北农村金融发展的社会人口结构

1978 年湖北省城镇人口 690 万人，乡村人口 3884 万人；1993 年湖北省城镇人口达到 1731 万人，乡村达到 3921 万人，分别增长了 150% 和

---

① 李鹏：《政府工作报告——1992 年 3 月 20 日在第七届全国人民代表大会第五次会议上》，《中华人民共和国国务院公报》1992 年第 10 期。

0.9%。可见，湖北省农村人口在 1978—1993 年基数远大于城镇人口，占总人口的70%以上（见图6—5）。农村人口基本无太大变化而城镇人口则呈现大幅度增长，总体城市化水平还比较低。

中国农村是以家庭经营为主的，因而劳动力相当充足。农村中的劳动力向城市转移需要时间，所以发展农村经济需要对农村的经济结构进行优化升级，着力提高农村地区生产部门的生产效率，使得单位产量能够有效提升。农村地区人口受教育程度还需要提升，要通过提高人的生产技能来增进效率提升，而不是简单地加大劳动力的投入量。

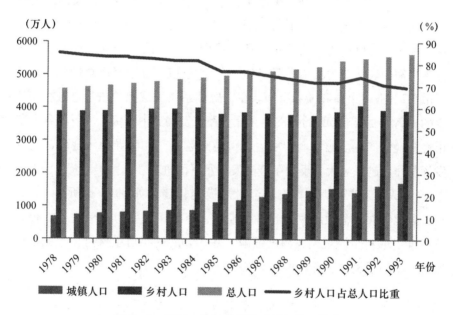

图6—5 1978—1993 年湖北省城乡人口构成

资料来源：《湖北统计年鉴》。

第三节 1978—1993 年湖北农村
金融发展评价

一 湖北农村金融发展水平测度分析

（一）发展规模

在测度金融发展规模的指标中，FIR 指标是当前国内学术界运用较多、可行性较高、比较易于理解的指标。FIR 是指金融相关率,它表示一国金融活动总量与经济活动总量之间的比率,用公式表达为:金融相关率(FIR)=(金融资产÷国内生产总值)×100%。

金融相关率(FIR)通常用于衡量金融的发展水平,其表示的是一个国家或地区拥有的金融资产占其国民生产总值的比例。如下是金融相关率公式,其中 S_t 代表该区域的存款余额,I_t 代表该区域贷款余额。

$$FIR = \frac{S_t + I_t}{GDP_t}$$

本书选取戈式的金融相关率来衡量湖北省各区域金融发展总量的情况,同时由于中国独特的体制造成各地区金融资产规模数据无法获得,且中国人民金融行为较为单一,所以我们选用存款和贷款之和反映金融资产总额,表达式为:金融资产/地区生产总值。金融资产总量包括广义货币 M2、股票市值和债券余额。在金融体系尚未成熟阶段,金融相关比率的提高主要依靠 M2 的提高。在社会经济发展的中高级阶段,各种非货币性金融资产在金融资产中所占比例越来越高,在引导经济金融活动中发挥的作用越来越大,反映了金融发展水平的进步。

1986—1993 年湖北省农村金融规模变化趋势如图 6—6 所示,1987 年,湖北省农村金融规模达到一个高潮,金融相关率为 20% 左右;但在 1988 年,农村金融规模大幅度缩减,并在以后的年份里保持很小幅度的增长,总的来说湖北省农村金融规模较小。

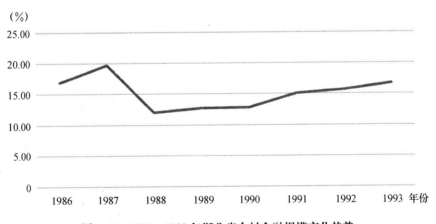

图6—6 1986—1993 年湖北省农村金融规模变化趋势

（二）金融发展效率

本书用农村贷款与存款的比值作为农村金融发展效率（RFE）指标。具体公式为：农村金融发展效率（RFE）=（农业贷款÷农业存款）×100%。

该数值体现了农村地区获得信贷的能力，当数值变大，则意味着农村地区可以从银行机构获得的资金增多。

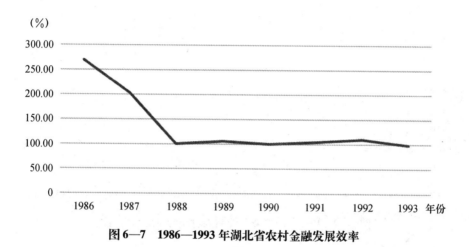

（%）

图6—7 1986—1993年湖北省农村金融发展效率

从图 6—7 中可以清楚地看出，1986—1988 年，湖北省农村金融发展效率持续下降，从 269.25% 直接下降到 99.78%。1988—1993 年，湖北省农村金融发展效率基本持平在 100% 左右。这说明在此阶段，湖北省农村金融发展情况逐步变差后，一直没得到有效的发展，持续处于一个低水平上。

（三）金融结构

金融结构是指金融组织、金融工具、金融商品价格、金融业务活动等的组合，亦即金融整体中各个部分的组合。[①] 本书所指的金融结构是指金融体系结构，用公式来表达为：农村金融发展结构（RFS）=（农业存贷款总额÷非农存贷款总额）×100%。湖北省农业存贷款与非农存贷

---

① 周勋：《湖北省农村金融发展对城乡收入差距影响的实证分析》，硕士学位论文，浙江海洋大学，2016 年，第 21 页。

款的比值在 1986—1988 年先增后降；1988—1993 年，湖北省农业存贷款
与非农存贷款的比值基本衡定，无太大的变化。形成这种趋势主要原因
可能是改革开放后，经过农村金融改革，农村金融市场逐渐活跃，农民
存贷款业务增多，在 1987 年以后，伴随着城市改革号角，资金开始从农
村流向城市，造成农村存贷款业务缩减，因而农村金融结构发生了很大
变化（见图 6—8）。

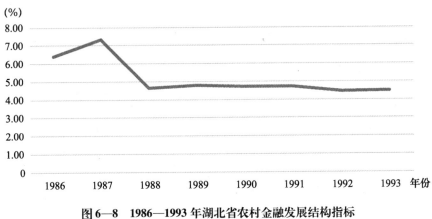

图 6—8　1986—1993 年湖北省农村金融发展结构指标

二　金融监管

金融监管是由监督和管理组成的，主要是对金融机构和市场进行有
效的监管。在我国实行改革开放以前，国家奉行计划经济体制，金融机
构数量少而且种类单一，在相当长的时间里只有中国人民银行这一家银
行，中国人民银行在那段时期包含着中央银行和商业银行的综合特性，
并且这种特性体现得还不够充分。因为在那段时期，我国还没有真正意
义上的金融监管行为，监管主体和对象都不明确，政府将金融监管简单
地看成财政政策，单纯地对资金的调配进行控制。随着 1978 年党的十一
届三中全会的召开，我国经济体制的改革也拉开了序幕，中国金融体制
也得到发展和完善，国内一批诸如中国人民银行、中国人民保险公司等
金融机构得以恢复和重建。中国人民银行也开始成为我国中央银行，其
监管能力也被普遍释放。

改革开放的初期，人民银行对我国农村金融体系的监管侧重于管制。

比如说在农村地区强化对涉农金融机构及金融市场的控制。随着改革的深入和环境的转变，农村金融体系的监管力度出现了波动。尤其是在进入 21 世纪后，我国城乡差距逐步扩大，农村地区发展陷入困境，社会矛盾激化，国家因此加大对农村地区的经济支持，农村金融作为其重点也得到了改善和加强。

（一）针对金融机构设置的监管

在中国农村金融市场中，金融机构的网点数量变化可以有效反映农村金融监管强度的一系列变化情况。改革开放的前期，一方面，在我国农村地区存在的金融机构有中国农业银行、农村信用合作社以及邮政储蓄；另一方面，非正规金融是当时我国农村地区金融市场的重要部分。非正规金融由于其特殊性，并不能被纳入正常的监管对象之中，所以非正规金融的规则、制度都不够完善，政府很难对其进行有效监管。依据非正规金融发展的特性，政府对其态度经历了"鼓励—默许—禁止"等变化，当非正规金融风险加大时，影响金融稳定时，政府就会对其进行严厉的打压。政府对于我国非正规金融监管强度的变化也在一定程度上体现农村金融监管的强度。农村信用合作社的监管是我国农村地区金融机构监管重要组成部分，对农村信用合作社的监管变化也在一定程度上体现出政府农村金融监管强度。

（二）利率的监管

利率监管是金融监管的一个重要部分。中国在很长时期里对利率都进行严格的限制，利率市场化推进得较慢，金融资产定价权受到制约。利率也不是完全不能浮动，比如农村信用合作社的利率的浮动程度一般都比银行要大些。中共中央 1985 年的"一号文件"中就指出，农村信用合作社的利率可以参照银行定基准利率进行上下浮动，甚至可以接近市场利率进行适当民间信用。从 1987 年 1 月 1 日开始，专业银行流动资金贷款利率可以在国家规定的范围内进行浮动。农村信用合作社的存款利率可以在专业银行利率基础上浮动 20%。

到了 1988 年，国家对利率进行了调整，规定农村信用合作社贷款利率可以在 7.92%—11.52% 的范围内进行变化，9 月 1 日以后变动范围更改为 9.0%—12.6%，存款利率则是在专业银行基础上浮动 20%。1989年，中国农业银行将一般流动资金贷款利率进行上调，而且可以适时实行差别利率。农村信用合作社的贷款利率上调 100%。但在 1990 年 8 月 21 日后，中国人民银行决定对农村信用合作社的存款利率不得上浮，贷款利率可以上浮 60%，超过这个限定必须进行批准。

1993 年上半年，我国金融领域出现乱拆借现象，而且利率人为提高，因此中国人民银行决定不准擅自提高或者变相提高利率。这一举措强化了中国人民银行的监管能力。1993 年 5 月 15 日，中国人民银行规定，存款利率不允许上调，除农村信用合作社外的各类金融机构可以将贷款利率上调 20% 或者下调 10%，农村信用合作社的贷款利率可以在专业银行利率的基础上上调 60%。1993 年 7 月，又将农村信用合作社的利率浮动批准许可的权利收到省级人民银行，这充分体现了我国利率管制加强。

（三）金融市场监管

中国农村金融的重要特点就是存在非正规金融市场。非正规金融是指农村金融市场中存在的位于政府监管体系以外的民间金融活动，主要形式为民间借贷。非正规金融是从农村中自发生成的，具有极强的生命力，而正规金融是国家自上而下的制度安排。在特定的时期，非正规金融在农村经济中扮演的角色其重要性甚至超过了正规金融。尤其从农户的角度，农民可以轻而易举从非正规金融市场获得自己所需的资金，而在正规的金融机构，例如银行，得到资金是一件非常困难的事情。非正规金融的一个重要作用就是促进农村地区资金的融通，推动了农村的经济发展；但是我们也可以看到非正规金融的存在也有一定负面作用，比如说，过高的利率和资金用途偏离生产等问题造成金融风险增大。政府对待非正规金融的态度也有较大的变化。

农村信用合作社是农村金融市场重要的主体，对其进行监督可以反映我国对农村金融市场的监管变化。农村信用合作社的改革经历了波澜和曲折。1980—1988 年，这是对农村信用合作社进行改革的第一阶段，本阶段改革着重恢复农村信用合作社合作性质，并对其经营自主权进行加强。1980 年 8 月，中央财经小组就对农村信用合作社的管理进行过激烈的讨论，认为把农村信用合作社给公社开办是错误的，也不能弄成"官办"，这无法体现农村信用合作社集体金融组织的性质。因此农村信用合作社应当接受银行的领导，独立实行内部核算，自负盈亏，还要大力发展民间借贷的力量。改革的主要目的是恢复农村信用合作社合作金融的性质，并规定个人和集体均可以入股，农村信用合作社领导干部由选举产生。

综上而言，作为改革开放之后的农村新事物，农村金融市场还处于起步阶段，国家对金融市场的监管主要在于使其适应我国农村商品经济的发展。农村金融市场受价值规律的影响，在供求关系的作用下，自发调节生产和商品流通功能，由于市场带有盲目性，因而加强监管和引导是必需的。这一时期，国家强化了中国人民银行对农村金融市场调控能力，引导市场统一化、规范化。成立了相应的农村金融市场管理委员会，目的在于对交易主体进行审查和监督，防止高利贷等非法现象的发生。国家进一步控制农村地区的投资和信用规模，有效控制金融风险，并进一步推动存款保险制度的建立。

三　改革开放初期湖北金融发展的制度变迁

（一）湖北农村金融体制政策演进特点

对于新制度经济学开创者的诺斯而言，他认为制度的产生是由于制度安排的非均衡结果以及制度安排没有达到帕累托效率准则最优，这是进行制度变迁的前提条件。而制度变迁的动力来源于成本与收益的比较，即只有当预期收益大于预期成本的情形下，行为主体才会有动力采取制度变迁，否则只会维持原有制度不变。同时，诺斯也认为，当社会经济条件变化后，制度安排也会受到潜在利润带来的创新压力而将原来的制度均衡打破，新的均衡重新出现，这一过程就是制度变迁的过程。湖北农村金融制度的变迁实际上是一条由政府主导的、以机构为主的变迁路径，这种变迁的结果是农村金融机构经济质量低下、支农边际效率递减，农村金融制度效率低，这种变迁的特点包括以下几方面。

第一，湖北省金融制度的变迁一直是由政府主导，金融机构如农村信用合作社以及农业银行的制度改革都是由政府发起。政府主导的制度变迁可以减少制度变迁过程中的摩擦成本，有利于农业开发和农村经济发展。但是，同时也存在一定缺陷。因为不是农户与乡镇企业等自主提出的改革请求，这些改革可能无法完全满足农村经营主体的真实需要。政府的从上而下层层金融体系强制性改革，可能会降低制度变迁促进农村经济增长的效率以及农村金融效率。并且各类金融机构在改革后需要一定的时间去适应和恢复正常的经营管理，有些甚至可能出现短时期的制度动荡。中央政府主导过程中，农村经营主体的需求可能是被放在第二位的。包括地方政府的金融制度自主权也要让位于中央政府，中央政府的利益要高于地方政府以及农村经营主体的利益。比如政府在 1999 年取消了农村合作基金会，主要是因为金融利益方面的矛盾。当时的金融市场运行并不能满足农户的金融需求，中央政府的强制性改革做法有一定影响，这些可能造成脱农、隐蔽脱农以及潜在脱农行为的发生。农村金融资源配置不合理，金融服务不完整，金融机构运作低效率，都会导致农村资金外流现象。

第二，制度变迁采取"渐进式"模式。"激进式"和"渐进式"是两种主要的变迁模式，制度变迁的过程基本也是从这两种模式展开，是通过变迁的速度来区分的。"激进式"模式强调变迁的结果，在变迁开始前，先设定要达到的目标，对于现行的机构组成或者信息存量不太关注，只是按照目标去执行行动，行动方式果决，直接完成制度变迁所设定的目标，减少了过程中的成本和可能存在的风险，在面临迫切的改革需求时能很快满足制度要求。"渐进式"模式则不同，是在变迁之前并没有设定最终目标的模式，采取的是逐渐累积直至质变到最终制度的方式。主要原因是考虑到现存的信息存量不具备一步到位的程度，需要不断增加以寻找突破。运用经济学原理，帕累托改进是在不危害已有制度模式各组织集体利益的前提下，逐步加入制度增量，在加入新制度后的模式运行成熟时，进行改革，这样可以达到帕累托成本最小化，将制度变迁的成本降到最低。中国的"渐进式"改革取得过一些成就，从1978 年开始，中国经济抛弃了原来计划经济时代的一些陋习，开始向市场经济时代转变，国民经济不断提高，人均生产总值上涨，制度稳定是一个不断积累最终完成目标的转轨改革。湖北省金融体制采用渐进式改革模式，中央政府需要通过降低市场准入制度等相应政策，使中国金融市场具有一定竞争性，加大金融市场规模，增加金融机构数量。如村镇银行的成立，曾经被兼并的农村合作基金以及管理政策性资产的中国农业发展银行，在体制内外都进行调整，以此增加支农效率。市场化水平的提高，使得金融机构法人治理与农村信用合作社产权改革效果显著。虽然"渐进式"农村金融改革促进了农村金融发展，但其缺点在于改革模式较少关注到根本性深层问题。这将直接影响改革进程与效果，例如一些根本性问题，金融机构内部治理、产权结构以及农村资金流动问题并没有完全改善，一些问题积累过多，会增加金融市场运行风险。

第三，农村金融体制演变过程中的路径依赖。路径依赖是制度改革中常见的一种现象，对制度变迁有一定的制约作用。路径依赖理论是由诺斯提出的，诺斯认为制度的存在有两种状态即好与坏，当进入其中一种路径时常常会产生依赖，即出于惯性继续沿着原来的路径发展。当现行路径良好时，会产生良性循环，经济发展将越来越好；但是当现行路径是错误的，由于惯性，无法很快改变路径，就会产生连锁反应，继续状态下滑，最坏的情况是被禁锢在一个循环中，效率可能停滞不前。湖北省农村金融体制改革之路也走得比较曲折，农户对现在的金融体制有强烈的改革需求，政府也想在政策上给予支持，但是面临着农村经营主体的需求与中央政府的强制性行为，湖北省的农村金融改革仍然犹豫不前，主要是一些金融机构等集体组织在权衡改革后的利益与改革成本之后，阻碍了农村金融体制改革的进程。农村信用合作社体制在建成之后的改革变迁过程中，得到了人民群众以及政府的支持，但是由于惯性的原因，制度变迁还是较为缓慢，路径依赖性问题也普遍存在，在不断地完善与修复中，无法达到变迁的显著性效果。湖北省农村金融体制的"路径依赖"，减缓了制度变迁效率，无法完全发挥农村金融支农的效用。

第四，农村金融体制改革和农村经济制度改革没有相辅相成。1979年开始，湖北省进行了农村经济体制改革，主要是更加明确产权关系。农村经营主体主要有农户以及乡镇企业等，资金需求要区别对待，农户的资金需求一般较为分散和灵活，份额较少；乡镇企业再生产所需资金较多。然而，湖北省的农村金融体制改革并不完全，金融机构逐渐走向城市化和非农化，导致农村金融贷款很难，非正规民间借贷很多，影响了农村经济增长。

(二) 湖北农村金融体制演变的新制度经济学分析

新制度经济学理论由四部分组成。一是制度变迁理论，分析制度的主体、结构、起源，关于制度变迁主要探讨变迁的方式、过程以及结果，影响制度变迁的因素。在制度变迁中提到"路径依赖"理论，强调制度在经济发展中的重要作用。二是交易成本理论。交易成本是多种费用的总和，其中包括完成交易过程中的成本衡量、决定交易价格约谈、合约订立、产权界定、执行交易等。三是契约理论。科斯指出一些不完全的契约组合构成了企业，契约的不完全可能因为所处环境的不确定性、交易成本的存在以及不存在完全的"理性人"。四是产权理论。主要研究产权的来源、发展过程、结构、功能性质和产权的转变以及产权制度效率。主要目的是明确产权含义，减少交易成本，达到帕累托最优。本部分主要运用其中的两种理论即制度变迁理论和交易成本理论，探讨中国农村金融制度的演变。

1. 农村金融制度成长中的交易成本分析

在农村金融中进行交易时主要关注交易成本。金融机构以及接受金融产品与服务的农户是农村金融的主体，由于两者之间的信息不对称以及非理性的状态，对交易成本的把握通常不准确，使得交易成本要高于正常水平。在进行农村金融交易的过程中，金融机构在放贷之前要对农村经营主体的信用情况、经营状况、贷款用途等进行调查，产生一定费用；当进行贷款时，要产生谈判、交易费用；在贷款之后，金融机构要长期追踪经营主体的经营状况以及贷款资金的使用情况，起到一定的监督管理作用。农村经营主体一般比较分散、贷款数额也较小，但是项目数较多，金融机构需要花费更多精力去实施整个借贷过程，信息量越大，所需的费用越多。当金融机构提供信贷服务的成本费用过高或者超过了利润时，金融机构可能会停止其金融产品服务的提供，停止金融交易。从经济学的角度，制度的存在必定会造成交易成本的产生，制度、体制在运行时的目标是降低交易成本，中央政府和人民在选择和执行制度时也旨在减少费用。在不同的金融制度下，农村经营主体与金融机构的交易方式可能也不一样，特定的金融体制产生特定的金融交易行为。金融市场环境也比较重要，当要实施一项金融体制时，当地的金融发展情况不够完善到能够实行该项制度，这就大大增加了制度实施的成本。当农村金融市场环境较差时，给予农村经营主体的资金也较少。当经营主体生产经营所需的资金缺乏时，金融市场的业务开展也会受阻，反过来影响经营主体发展。这样的恶性循环在中国出现过，当时由于金融交易费用过高，导致农村金融机构被大规模地撤销或者兼并，农户资金外流严重。

2. 农村金融成长中的制度变迁分析

制度供给是指经济系统里产生制度的意愿以及能力，制度的需求则是经营主体对现行制度不满意而对新制度的需要。中国农村金融体系中并不是都处于供求均衡的状态。例如改革开放初期，农村经营主体对制度的需求过剩，但是金融市场所能提供的制度是不足的，不能满足经营主体的需求，供不应求可能是造成制度变迁的主要原因。金融制度需求与供给的博弈中产生了制度变迁的路径，中央政府在制度变迁的过程中发挥着不可忽视的重要作用，从根本上影响着金融制度变迁。

中央政府在农村金融体制改革中发挥着主导作用，改革的措施是一种强制性行为。一方面，金融市场的有秩序运行离不开中央政府管理，政府在农村金融发展、减少金融风险以及支农方面都起到正向作用。另一方面，政府的强制性制度改革，打击了一部分农村经营主体的投资、借贷积极性，在一定程度上减少了农村金融交易数量，降低了金融支农的效率。合作型金融一直是国家想要建立的，政府在合作型金融制度改革中作用显著。20世纪50年代，政府建立了信用合作社；到60年代，人民公社在中央政府指派下管理农村信用合作社；80年代，中国农业银行接手农村信用合作社；直到90年代，实行了自主化发展，但还是保持着政府管理的合作型金融发展模式。经过几十年的制度改革，人民对于合作型金融的需求还是不能完全满足。在不同的制度下，主体的行为方式也不同，伴随着经济体制的改革，金融体制也改变了原来计划经济时代的金融机构较少、金融产品与服务品种匮乏的情况。经过体制改革，农村金融机构数量增加，四大国有银行都在农村开展了金融服务，金融主体走向多元化，政策性银行也发挥了支农作用。农村金融体制随着金融机构的增加逐渐完善，能为农村经营主体提供完整的金融服务。但是农村金融发展的速度与农村经济的发展速度还是有一定差距，市场化经济要求更高效的农村金融体制。从1995年开始，农村金融机构大部分退出了农村金融市场，国有商业银行退出市场、政策性银行的服务受到限制、乡村集体金融倒闭，说明金融体制改革并没有为农村金融带来好的发展，反而减少了金融资金支持。与此同时，民间借贷应运而生，不论是政府还是农户和乡镇企业，这些农村经营主体的生产管理都需要资金支持，当他们无法从正规金融机构获取贷款时，向当地的非正规金融机构寻找金融资金支持也就成了趋势。非正规金融机构的金融风险是显而易见的，没有完整的法律保障，但是的确能在一定程度上代替正规金融机构为经营主体提供金融服务。所以，农村金融制度创新与体制改革是必然趋势。

3. 制度范式下湖北农村金融成长中的各利益主体的行为分析

国家在制度选择、拟定、变迁以及改善制度供给不足过程中发挥着主导作用。国家和其他利益集团发展都是为了自身利益最大化，国家为实现一些目标时可能损害其他利益集团的利益，发展中国家的这种情况更加普遍，其中受损的集团一般人数较多，比如农民阶层。另外，国家也可能被某些利益集团利用，损害其他集团利益。

中国农村经济发展过程中，有以下几种主要现象：农民数量较多，占全国总人口的大部分，农户在公共选择行动中并不存在优势；国家在处理问题时有绝对强势性，农户等较为弱小；国家与农户之间缺少一个中介机制来减少利益冲突。在中国现行农村金融体制下，每种利益主体的行为表现主要有下面几类：一是中央政府在农村通过农业银行和农业发展银行等国有商业银行为农户提供金融产品服务，在资金方面给予支持，稳定农村经济发展，掌控农村经营主体的借贷行为。但是当农户利益与国家总体利益存在矛盾时，会为了不让国家利益受损，选择减小农村金融市场规模。二是国家在农村经济平稳发展时不会过分关注农村金融水平，当农村经济发展减慢或者倒退时，农户收入损失过大，直接影响人们生活稳定时，中央政府会重视中国农村金融的体制以及经营管理问题。三是当国家直接经营管理农村金融问题时，由于信息不对称以及国家与个人利益冲突问题，导致管理成本很高，即缺少一个中介组织，能够衔接国家与农村经营主体，形成一个集体金融体系，提高国家对农村金融的管理效率。地方政府以及一些金融机构内部人员作为最合适的中间人人选，可能会从中受益颇丰。四是国家为了增加正规金融的覆盖性，在一定程度上打击了其他一些农村金融形式，以期更高效实现工业化。

4. 湖北农村金融成长缓慢的原因

改革开放初期湖北省的农村金融成长缓慢，主要原因是中央政府的政策制定。农村金融体制改革方案主要还是根据部门以及国家利益制定，有一定的偏向性。金融机构经营管理原则是追求利润最大化以及安全性，偏向于规模化资金运行。然而，中国农村金融市场较为特殊，小农经济是中国农村发展的主要模式，农户的资金需求较为分散，对资金的需求力度不大，并且在生产方面都有一定风险，其安全性也较低。经营主体很难改变在投资资源竞争中的不利地位。这样的主体构成了中国农村金融市场很重要的一部分，金融服务的需求方与金融机构这一供给方在特点以及追求的目标上存在一定矛盾。金融机构在农村可能会缩小经营规模或者减少金融服务，而去实现自身的投资流向。面临这一情况，中央政府对农村金融市场给予了更多干预去支持工业化发展，减少了市场本身的自主性及活力，导致农村储蓄资金外流。因此，在政府、金融机构以及农村经营主体三者共同作用下，减缓了湖北省金融发展进程。

第七章

湖北农村金融的"市场化"
发展（1994—2005 年）

邓小平南方谈话和党的十四大以后，中国进入社会主义市场经济快速发展阶段。在《关于金融体制改革的决定》的指引下，1994 年中国进行了一系列的财税金融体制改革，湖北省农村金融迈入市场化发展阶段。

第一节　市场化发展阶段的农村金融主体

一　正规农村金融机构

1994—2005 年，随着社会主义市场经济体制初步建立与运行以及农村经济发展的多层次要求，为建立由中央银行管理的，以商业银行为主体，各金融机构并存的组织体系，中国农村金融体制进行了两项重大改革，分别是 1996 年的农村金融体制改革和 2003 年的深化农村信用合作社改革。这两项改革建立了以农户为主的农村合作金融机构和以工商企业为主的商业性金融机构，使得中国农村金融机构逐渐从单一和无序转向多元化改革发展，形成了能满足城乡居民需求的完善的金融体系。

（一）中国农业发展银行

20 世纪 90 年代初期，国家为弥补金融市场资源配置不足，保证国家信贷支农政策得到有效落实，加快金融体制改革，提出分离金融体系与商业性金融，建立以国有商业银行为主体的金融体系。因此，1994 年 11 月 18 日，中国农业发展银行正式成立，实行农业政策性金融，即以国家信用为基础，在国家和政府强有力的支持和扶持下，剥离农行和农村信用合作社的政策性金融业务，创造政策性金融与商业性金融分离的有利条件，从而促进全国农村金融体制改革发展。不过农业发展银行湖北省分行 1996 年才正式挂牌。

中国农业发展银行是由中国人民银行管理，从事农业政策性金融服务，办理国家粮棉储备和农副产品合同的收购业务，代理财政支农的拨款和监督的现代农业政策性银行。根据国家政策要求，筹集信贷支农资金，落实好农业政策性金融职能，为"三农"事业发展做好金融服务。业务范围是处理那些由于资金需求量大、还款期长、商业银行不愿承担的正常贷款或贷款利息，即社会效益好、经济效益不高的项目贷款。具体而言，主要办理由国务院确定、中国人民银行安排资金、财政部贴息的重要农副产品专项储备贷款和国家农业财政补贴贷款。

1. 中国农业发展银行经营模式的转变

中国农业发展银行的经营模式分为如下五个阶段。

（1）代理制阶段（1994—1995 年）：在中国农业发展银行成立早期，其业务运营由农业银行全权代理，这种代理模式极大地促进了中国农业发展银行的发展。然而商业性银行和政策性银行管理机制不同，造成商业金融与农业政策性金融没有达到预期的分离效果；另外，代理制模式给政策性金融管理带来了诸多管理失误、缺乏约束、权益损害等体制弊端。

（2）基本自营阶段（1996—1997 年）：1996 年中国农业发展银行按照精简高效原则不断增设分支机构，实现业务的自主经营。《国务院关于农村金融体制改革的决定》指出，设立中国农业发展银行总行，并且在总贷款超过 5000 万元的县（市）设立县支行；不足 5000 万元贷款水平的县，由中国农业发展银行地（市）分行派驻信贷组。1996 年底，中国农业发展银行基本完成分支机构的增设工作，其中湖北省共增设了 87 个县市级支行。此外，不断加强农产品收购基金的管理，中国农业发展银行需要坚持商品储存和贷款互联的原则，完善和加强对粮油政策的放贷管理。随后，中国农业发展银行逐渐实现业务基本自营，极大促进了"八七"扶贫攻坚和农业支持开发工作，逐步发挥出农业政策性银行的职能。然而，由于没有改变传统粮食流通体制、未转换运行机制，以及监管松懈,中国农业发展银行资金流失、亏损挂账严重,在这个阶段仍存在许多问题。

(3)封闭运行阶段(1998—1999 年):1998 年 4 月,国务院进行粮食流通体制改革,实施《食品购销条例》和《食品违法购销罚则》等法案政策,不断强化粮食收购和流通管理。同时,调整中国农业发展银行业务范围,将农业综合开发、贷款和粮棉加工贷款等职能纳入中国农业银行。明确规定其主营业务是收购粮棉油等主要农产品,并且实行封闭管理。因此,中国农业发展银行经营模式进入封闭运行阶段,集中精力抓好收购资金的供应与管理工作。在这个阶段,封闭管理模式下中国农业发展银行的收购资金被挤压、挪用的现象被遏制,从而在粮食流通体制改革工作中取得显著功效。但是,中国农业发展银行封闭式经营管理严重缩减了经营业务,将大量的政策性农业贷款放置于中国农业发展银行,影响了中国农业发展银行商业化进程。

(4)规范管理阶段(2000—2003 年):中国农业发展银行先后实施省、地行和基层行机关的规范化管理考核,全面建立规范的规章制度,完善培训、强化内部管理,逐步加强了对粮食收购资金的封闭管理。此后,国务院出台的《关于进一步深化粮食流通体制改革的意见》,使得农发行的业务逐渐从粮食流通向粮食加工和生产领域延伸扩展。

(5)加强管理阶段(2004—2005 年):自 2004 年起,中国农业发展银行的支农业务范围不断拓展。首先,中国银行业监督管理委员会批准中国农业发展银行可以服务主要加工粮食的农业产业化龙头企业。同年 8 月,随着粮棉流通体制改革和农村金融体制的改革,中国农业发展银行进行了深化体制改革,分类管理政策性与商业性业务,建立利润绩效考评体系,逐渐提高了运营效率。2005 年国务院出台的中央"一号文件"进一步强调,要求中国农业发展银行加强农业支持力度,扩大经营范围,明确指出中国农业发展银行是引导农村资金回笼的专项服务农村金融的重要载体。

2. 湖北农业发展银行的改革与发展

改革开放以来,影响中国农业发展银行的重大改革是 1996 年实施的农村金融体制改革和 1998 年实施的粮食流通体制改革。农村金融体制改革不断增设中国农业发展银行的分支机构,加强了农产品收购资金管理。

粮食流通体制改革对中国农业发展银行的制度变迁更具深远影响，主要表现为以下两点：粮食购销体制改革前，中国农业发展银行没有发挥政策性银行职能。因为政策性金融的本质是准财政机构，是财政与金融手段的有效结合。然而，本身作为唯一的政策性银行并没有承担起农业开发与发展的重任，只充当了单纯的粮棉收购贷款银行角色。另外，农发行的发展长期受限于财政资金来源的有限与拖延。农发行为达到"独立核算，自主、保本经营，企业化管理"目标，只有逐步缩小支农业务来降低亏损数额，不能发挥出政策性金融作用。

粮食购销体制改革完成后，由于农发行的业务严重萎缩，以单一的购销信贷为主，导致其贷款资产业务呈现出规律性下降。此外，农发行两重职能自相矛盾，本身具有财政和金融两种特性，但其内部业务运作流程中过分强调金融特性，呈现出淡化"政策性"，强化"商业性"的趋势，使得出现政策性项目被商业化运作，与商业银行争利润的局面。

（二）中国农村信用合作社

最初中国农村信用合作社的性质是非营利性的，组织形式多样化，农民自有资金互助的组织，其向银行低息借贷，然后优先向会员发放贷款。随着中国农村经济的快速发展，农村信用合作社积极拓展服务，创新服务品种，提高服务手段和功能，立足于服务"三农"。一些地区的农村信用合作社不断完善代理、信用卡等中间业务，并增加贴现票据、外汇、电话银行、网上银行等新业务，为社员、客户提供更优质、方便的金融服务。

1. 农村信用合作社经营模式的转变

1994—2005 年，其经营模式主要经历了以下三个阶段。

（1）合作制变质阶段（1994—1995 年）：农村信用合作社的社员合作性质被集体化、准国有化，逐渐蜕化变质，其市场的组织和管理模式也逐渐让位于计划经济。农村信用合作社使农业产业转移资金流失严重，受到国家控制工业和城市农村经济资源和其他重要渠道的影响。在经济体制改革过程中，农村信用合作社成为中国农业银行托管下政府促进乡镇企业发展的承载工具，大量贷款转向乡镇企业，农民失去了对农村信用合作社的监督权利。

（2）农村信用合作社独立发展和合作制规范阶段（1996—2002 年）：这一阶段，农村信用合作社管理体制改革了中国农村信用合作社行政隶属于农业银行的性质,农村信用合作社县联社、中国人民银行负责农村信用合作社的业务管理和财务监督,农村信用合作社成为由社员出资、民主管理的农村合作金融机构,并且不断推出农户小额信贷和农户联保等业务加大对农支持。这一改革改变了信用合作社的经营模式,标志着中国农村信用合作社进入合作社制度规范阶段,走上了独立发展之路。不过,在这一时期农村信用合作社的发展仍存在一些诟病。改革局限于调整行政隶属关系,未触及产权关系和法人治理结构,并且中国农业银行将大量的不良资产转移给了农村信用合作社。据统计,全国农村信用合作社的农业贷款比重从 1985 年的 12.48% 下降到 2002 年的 5.9%。湖北省农村信用合作社资金外流现象也很严重。统计年鉴数据显示,1996 年湖北省农村信用合作社存贷款分别为 254.61 亿元和 146.57 亿元,存贷差为 108.04 亿元,而上一年的存贷差仅为 87.52 亿元,即存贷差增长率达到 23.45%。农村信用合作社追求商业利润最大化加大了广大农村和农户贷款难度。

(3) 农村信用合作社产权制度与管理体制改革阶段(2003—2005年):2003 年,国务院在包括湖北在内的 8 个省中进行深化农村信用合作社改革试点,拉开了农村信用合作社新一轮改革序幕。这次改革旨在依据市场经济规律,明晰产权关系,加强约束机制,强化服务功能,从而加快农村信用合作社的信贷管理体制和产权制度改革。改革中首先要解决的是明确农村信用合作社产权形式及关系,完善法人治理结构;其次是成立农村信用合作社省(市)联社,改革农村信用合作社由政府管理制度;最后是积极探索和分类实施股份合作制、股份制、合作制等产权制度,改进农村信用合作社服务方式、服务功能和服务水平,并且明确农村信用合作社监督管理制度和风险防范的处置责任。同年成立银监会,具有对农村信用合作社的监管职能。在这轮改革中,农村信用合作社面临三种体制的选择。一是在发达地区改制成农村商业银行(股份制);二是在较发达地区改制成农村合作银行(股份合作制);三是在欠发达地区改革成以县级农村信用合作联社为法人(以前乡镇农村信用合作社为法人),也称统一法人改革。至此,农村信用合作社其业务管理和金融监管分别由县联社和人民银行承担,其改革摒弃合作制,以市场化、商业化为导向进行制度变迁。在这一阶段,改革完善了农村信用合作社的管理体制和经营模式，并且促进了其业务扩展，同时各大商业银行为追求经济利益逐渐退出农村领域，形成了农村信用合作社垄断地位。

2. 市场化中的湖北省农村信用合作社的发展

在农村信用合作社改革方面，湖北省主要以农村信用合作社区域性股份合作制金融机构为改革目标，取得了突破性进展：①构建新型农村信用合作社管理体系框架。根据国务院对农村信用合作社管理的要求，湖北省于 2005 年 4 月组建了农村信用合作社筹备组，并于 7 月正式成立了湖北农村信用合作联社。省联社作为地方金融机构，承担起全省农村信用合作社的管理、指导、协调和服务职能。在新制度下，通过完善公司治理结构、规范管理行为、强化监督机制，全省农村信用合作社经营效率开始提高。2005 年 10 月，农村信用合作社实现整体盈利，扭转连续10 年亏损局面。②产权改革进展顺利，公司治理结构初步建立。湖北省农村信用合作社资本充足率快速提升，财务实力大幅提升，资产质量有所提升，抗风险能力明显提高。随着农村信用合作社改革的开展和深化，截至 2005 年底，湖北省农村信用合作社存款余额达到 750.07 亿元，比年初增加 52.36 亿元，增长率为 7.5%；贷款 449.74 亿元，比年初增加45.05 亿元，增长 11.13%；全省农村信用合作社股本 89.59 亿元；所有者权益 24.86 亿元，比年初增加 74.6 亿元；资本充足率 4.91%，达42.46%；公司治理结构方面，根据湖北省农村信用合作社的实际情况，以股份合作制为基本的产权形式，以县联社为统一法人的基本组织形式。全省首批统一法人试点在江夏等 9 家县联社进行。原先选定的农村合作银行模式的 4 家联社被列入首批试点地区，调整为统一的法人模式。

图 7—1 和表 7—1 显示出湖北省农村信用合作社的存贷比基本维持在60% 水平，贷款总额增长趋势明显。1995 年，湖北省农村信用合作社总存款和总贷款分别为 205.04 亿元和 117.52 亿元；2005 年，存贷款则分别增长至 750.07 亿元和 449.74 亿元，年均增长率分别为 13.85% 和14.36%。存贷比变化不大，其中 1998 年存贷比达到该时期最大值64.10%。尽管湖北地区农村信用合作社的存贷比变化很小，然而数据显示，湖北省农村信用合作社的存款与贷款的数额差距在逐渐扩大，1995年存贷差为 87.52 亿元，2005 年则增长至 300.33 亿元，说明湖北省农村信用合作社的贷款规模相对在缩减。

表7—1　　　　　1995—2005 年湖北省农村信用合作社存贷结构

年份	存款（亿元）	贷款（亿元）	存贷比（%）
1995	205.04	117.52	57.31
1996	254.61	146.57	57.57
1997	300.34	177.58	59.13
1998	320.32	205.34	64.10
1999	317.39	197.85	62.34
2000	351.12	213.01	60.67
2001	411.5	247.15	60.06
2002	484.73	283.36	58.46
2003	581.5	341.39	58.71
2004	697.71	404.69	58.00
2005	750.07	449.74	59.96

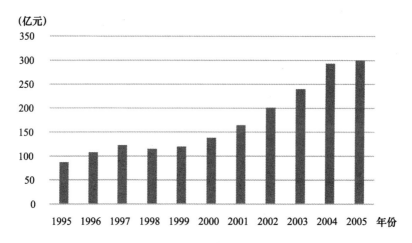

图7—1　1995—2005 年湖北省农村信用合作社存贷差趋势

资料来源：根据《中国金融年鉴》各期整理，1994 年数据缺失。

　　湖北省农村信用合作社没有充分利用所吸收的存款，作为支农主力军的农村信用合作社没有充分发挥支农作用。这说明农村商业银行吸收的大部分资金不仅流向城市，而且在一定程度上也成为农村资金净流出的重要渠道。资金外流的主要形式是存款准备金、银行转账以及购买政府债券和金融债券等，农村信用合作社在商业化倾向下越来越远离农村，将资金放贷于收益加剧了农村贷款难问题。

3. 湖北农村信用合作社的改革与发展

湖北农村信用合作社的改革强化了农业支持，形成了产权制度、法人治理结构，并且扶持政策扩大了资产充足率，化解了历史包袱，改善了资产质量。但是，农村信用合作社改革并没有达到预期的效果，改革目标与改革意图存在很大差距。农村信用合作社的商业化倾向使农村资金非农化严重，农村信用合作社摒弃了"合作"原则，选择性贷款的盈利模式严重限制了贷款的范围和对象。一般农户获得贷款的可能性不断下降，贷款逐渐流向城市和大型乡镇企业。改革中存在的问题有：首先，机制改革成效不明显，过于强调机构兼并和品牌转型；其次，政府对农村信用合作社改革中设定的总体目标即服务"三农"发展与农村信用合作社自身可持续发展、产权发展等具体目标相矛盾，陷入政府对农村信用合作社过度干预局面，进而破坏了其支持"三农"的能力；最后，农村信用合作社产权不明晰，增资扩股难度大，治理机制不完善，难以为广大农户提供有效服务。

（三）中国农业银行

中国农业银行是重要的农村金融主体之一，是中华人民共和国组建的第一家大型国有商业银行。党的十一届三中全会首次明确中国农业银行从专业银行转变为国有商业银行的性质，从而拉开了中国农业银行商业化改革的序幕。在这一阶段，中国农业银行进行了一系列重大改革。

1. 农行经营模式的转变

这一阶段的金融体制改革，中国农业银行逐渐加快了商业化步伐，其经营模式发生转变的阶段主要表现为如下两个时期。

（1）中国农业政策性银行的成立（1994 年），使得中国农业银行被分离出政策性金融业务。这一阶段的农村金融体制改革中，随着农发行机构的不断下延，农业银行发展业务受到重大影响。主要表现在：一方面，改革解决了中国农业银行监管农村信用合作社的金融政策职能与其商业化进程的矛盾，这样使得农行从"一身三任"中解脱，明确发展责任和目标。另一方面，农行承担的政策性任务和政府的行政干预减少，银行业务发展主动性增强。不过,农村金融体制的改革也使得中国农业银行现有的业务量相对缩小,人员、机构数量规模缩减,资金营运难度加大。

(2)农村金融体制改革中(1996 年),农村信用合作社与中国农业银行脱钩为农行转向县域高端商业金融服务提供了体制基础。中国农业银行根据中国人民银行出台的《关于对商业银行实行资产负债比例管理》制定了资产负债比例管理的办法,以"面向三农、整体改制、商业运作、择机上市"为原则,全面推行经营目标责任制,加速向商业银行转化,加强信贷资金的规模经营,增强了风险管理意识、竞争意识。并且为确保中国农业银行股改后不偏离"三农"的航向,专项推出《中国农业银行服务"三农"总体实施方案》。然而自这次改革后,中国农业银行仍然在商业化改革的道路中不断脱离农村。根据《中国金融年鉴》数据,得到如图 7—2 所示的 1997—2005 年中国农业银行存贷款结构,湖北地区农业银行商业化改革后"非农化"倾向明显。数据显示中国农业银行的业务量不断扩大,2005 年存款额达到 1280 亿元,贷款额达到 820 亿元,存贷款的年均增长率分别为 12.47% 和 6.92%。其农业贷款波动幅度较大,1997 年和 1998 年农业贷款不变,均为 40 亿元。1999 年"面向'三农'"这一改革原则的政策成效基本显现,涉农贷款增长至 390 亿元,占贷款总额的比重为 61.90%。然而此后农业银行加快了商业化进程,不断脱离农村,涉农贷款呈现显著下降趋势。2005 年农业银行涉农贷款为 180 亿元,占比 21.95%。不过农业银行的贷款服务主要面向农村基础设施和农产品加工企业,农户受惠很少。

2. 湖北省农业银行的发展状态

图 7—3 显示出 1996—2005 年湖北地区中国农业银行机构数下降明显,由商业化改革前的 3066 个减少到 1214 个,总体减少率达到60.40%。其中基于面向三农的政策,1999 年湖北地区中国农业银行机构数量有小幅增长,达到 2973 个。此后商业化改革加快,机构数量不断下降。湖北地区中国农业银行机构数量的变化反映出农行整体商业改革中农业经营机构快速缩减的现象,说明这一时期农村金融体制改革使得农村贷款难度加大。

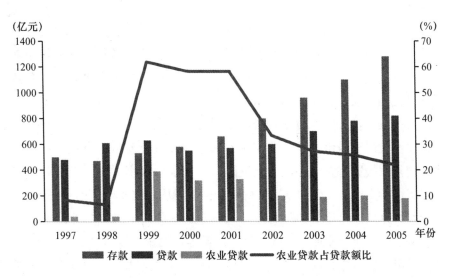

图7—2 1997—2005 年中国农业银行存贷款结构

资料来源:《中国金融年鉴》。

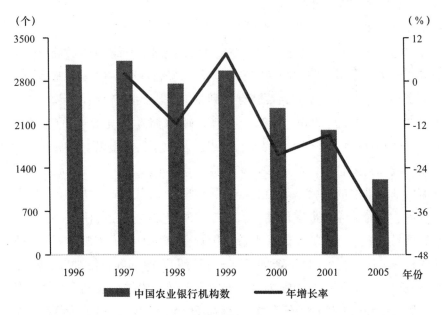

图7—3 1996—2005 年湖北地区中国农业银行机构数情况

资料来源:《中国金融年鉴》。

3. 农业银行的改革与发展

中国农业银行实行商业化经营后，不断调整业务结构，发展城市业务，提升支农水平，撤销农村网点，形成适合自身的盈利模式，经营效益显著提高。农行的业务范围基本与商业银行无差别，贷款结构中贷款总体规模逐步扩大的同时涉农贷款呈明显下降趋势，农村金融市场的长期重要性被严重弱化。至于涉农业务农行的县级和乡镇网点往往存多贷少，使得农村资金大量外流，严重阻碍农村金融效率。这不但没有为农村经济提供支撑，反而加剧了农村资金供求矛盾。农业生产的"高风险，波动性，分散性和长期性"特点；农业金融服务需求者如农业产业化和中小型乡镇企业等管理水平低、生产效益少；农业贷款风险高、成本高、补偿力弱的事实与商业银行"营利性、安全性和流动性"的操作原则相违背，导致国有商业银行纷纷由分散经营向集约化转变，并且撤离县及乡镇营业支行网点，逐步退出农村信贷市场。

（四）邮政储蓄银行

1. 邮政储蓄银行经营模式的转变

20 世纪 90 年代，邮电部门自办成立邮政储蓄。该金融机构将存款转存于中国人民银行，获取的转存利息差作为经营收入。1998 年邮政电信分营，中央银行统一邮政储蓄转存的利息率，导致邮政储蓄存款模式的改革迫在眉睫。至 2003 年 8 月 1 日，邮政储蓄规定已有的存款以 4.131% 的高利率全部转入中央银行，以后新增存款资金以 1.89% 的利息率由邮政局自主管理，促进邮政储蓄走向市场化发展道路。邮政储蓄是由有关部门批准的储蓄基金自行经营，但限于几个领域：协议存款、同业拆借、政府债券和金融债券，以及银行间票据。资金的使用由国家邮政管理局统一进行。邮政储蓄银行运用资金结算的渠道为邮政网点—商业银行—人民银行—国家邮政储汇局—银行和财政部等合作对象。因此，2003—2005 年，该银行的资金使用方向主要转变为银行业同业拆借，债券市场运作和商业银行大额存款。此后，2005 年 7 月 25 日，为缓解农村金融体系中系统性负面投资，改善金融环境，邮政储蓄银行进行邮政体系改革，全国筹建资金充足、内控严密、运行安全、竞争力强的现代银行，成立了中国邮政储蓄银行。中国邮政储蓄银行是以零售和中间业务为主的与其他商业银行形成互补关系的基础金融服务机构，并且有效消除农村信用合作社长期低效的垄断经营，激活农村信用合作社的竞争意识，市场创新意识淡薄弊端。

表 7—2 是 1995—2004 年中国邮政储蓄银行金融业务的发展状况。可以看出中国邮政储蓄银行的金融业务在不断发展，经营业务包含储蓄存款、汇兑、债券、代理保险和商业银行发行小额贷款等，抢占的市场份额从 1995 年的 5.45% 快速上升为 2004 年的 9.02%。储蓄存款从 1995 年的 1615.8 亿元上升为 2004 年的 10787 亿元，其中 1995 年的存款增长率最高，达到 62.51%，以后每年平均增长率均保持 20% 的水平。不过这十年间，中国邮政储蓄银行只增加了 756 个网点，储户却增长了 2.55 倍。中国邮政储蓄银行的业务迅猛增长使其成为进行金融服务的主要的金融机构之一，发挥出支持国民经济发展和促进城乡居民生活发展的举足轻重作用。

表 7—2　　1995—2004 年中国邮政储蓄银行金融业务的发展状况

年份	储蓄存款（亿元）	当年存款增长率（%）	全国总储蓄存款（亿元）	市场份额（%）	网点（个）	储户（万户）
1995	1615.8	62.51	29662.3	5.45	30130	7590
1996	2146.6	32.85	38520.8	5.47	30712	9007
1997	2645.7	23.25	46279.8	5.72	31473	11190
1998	3202.1	21.03	53407.5	6.00	31563	10848
1999	3815.3	19.15	59621.8	6.40	31477	11092
2000	4579.2	20.02	64332.4	7.12	31763	12913
2001	5908.5	29.03	73762.4	8.01	31704	15978
2002	7363.5	24.63	86910.7	8.47	31704	18997
2003	8985.7	22.03	103617	8.67	31704	22961
2004	10787	20.05	119555	9.02	30886	27000

资料来源：根据《中国邮政储汇局年报》《中国金融年鉴》和《中国人民银行统计季报》分析汇总整理而得。

2. 湖北省邮政储蓄银行的发展

图 7—4 和图 7—5 是湖北地区邮政储蓄存款额趋势，显示出湖北省邮政储蓄的存款业务呈现稳定快速增长趋势，储蓄存款由 1996 年的 23.63 亿元上升到 2005 年的 636.21 亿元，增长了 26 倍，年均增长率达 44.18%，邮政储蓄网点遍布城乡，覆盖面高。不过基于农村邮政储蓄的特殊性质，其性质决定只收存款，不自行贷款，将存款都转移到中央银行，其大量吸存农村储蓄而不向农村借贷，被称为农村"血泵"，在一定程度上该金融机构成为上级的"储蓄所"。

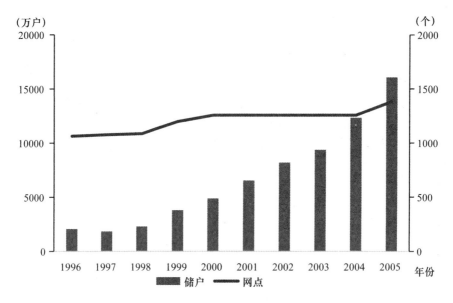

图 7—4　1996—2005 年湖北地区邮政储蓄发展规模情况

资料来源:《中国金融年鉴》。

3. 市场化阶段中国邮政储蓄银行发展存在的问题

市场化阶段中国邮政储蓄银行发展存在的问题主要是，加剧了农村金融资源"抽水机"的负面效应，并且造成银行业市场的不公平竞争。随着邮政储蓄的快速发展，该银行通过四通八达的邮政网络筹措的资金规模不断增长，2005 年湖北省邮政储蓄业务收入占同期邮政总收入的 62.16%，市场占有率 14.25%。但是中国邮政储蓄银行经营模式是将其储蓄存款全部转存到中央银行，储蓄资金运作方式单一，只有较小规模

（亿元）

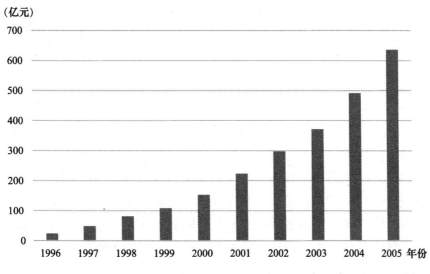

图 7—5　1996—2005 年湖北地区邮政储蓄存款额

资料来源:《中国金融年鉴》（1996—2005）。

的资金会自主运用于国债投资、国债逆回购等业务，资金运用渠道狭窄。然而中央银行长期以来缺乏对存放在中国邮政储蓄银行的资金进行利息管理的灵活性，因此邮政储蓄通过吸收居民的存款而进行外汇和收付等业务，每年获得数百亿美元的利润，造成银行业不公平竞争。在这种管理体制下，邮政储蓄经营需要关注存款的合理性，而不是包括资产负债管理和表外业务在内的其他风险。此外，邮政储蓄无独立法人机构资格，不是真正的金融机构，其管理体制与风险管理机制的矛盾日益凸显，存在严重的经营不规范、高息揽储现象，并且不能有效管理部分分支机构的金融犯罪行为，因此邮政储蓄存在严重的金融风险。

二　非正规金融机构

由于农村金融苛刻的发展环境，我国主要服务于政府、企业和个体工商户的正规金融机构在农村经济活动中状态较消极，导致我国农村地区的主要金融服务主体仍是非正规金融机构，其组织形式多样，主要有合会、当铺、私人钱庄、私人借贷等。据估计这一阶段中，湖北省农村金融服务需求大约有一半以上的借款来自非正规民间借贷渠道。非正规金融机构中值得一提的是农村合作基金会，其从 1983 年最早的萌芽阶段，经历了发展、扩张、整顿，至 1999 年全面清理关闭。

（一）农村合作基金会发展历程

1. 高速扩张阶段（1994—1995 年）

邓小平南方谈话后，全国兴起了新的投资热潮，高涨的金融服务需求使得农村合作基金会进入扩张发展阶段。供销社、计生委、民政、劳动和社会保障等部门都加入了创办基金会、股金会，参与高利率资金市场的恶性竞争，使得许多农村合作基金会在竞争中发放了大额贷款，造成金融秩序混乱。同时农村合作基金会监督机制弱，管理水平低，资金投放风险大，经营效益滑坡等隐患逐渐凸显，已造成部分地区出现小规模的挤兑风波。

2. 整顿发展阶段（1996—1998 年）

农村合作基金会将以数量扩张为主的发展模式转变为强化管理模式，不过也遇到诸多困难。一方面是难以处理农村信用合作社和基金会双方已存在的不良资产，另一方面是农村合作基金会是基层政府参与组成、没有许可证而从事金融业务的准金融组织，异于正规金融机构受中央银行调控的性质，存在更高风险性。1997 年底至 1998 年初，湖北省已经出现大规模挤兑风险，严重危及农村社会及政治稳定，国务院宣布全国统一取消农村合作基金会，同时对各类农村民间金融组织也维持高压态势。

3. 清理关闭阶段（1999 年 1 月以后）

国务院 3 号文件明确指出农村合作基金会不是金融机构，不得办理存、贷款业务，取缔农村合作基金会，其已有的存贷款额在整改后纳入现有的农村信用合作社，也可另设立农村信用合作社。各地农村合作基金会清产核资、分类清算，债务清偿和存款兑付等清理整顿工作陆续开展，全国 28588 个农村合作基金会的 22.6%（6447 个）被纳入农村信用合作社，并入资产 525 亿元，占比 28.6%，并入负债 521 亿元，占比29.4%；另外 77.4% 的农村合作基金被直接关闭，资产 1309 亿元，负债1249 亿元。

（二）政策评价

大部分农村合作基金会以招股名义高息吸收存款，且基金会放贷过程中常出现违反金融法规现象，自身存在很大的风险性。因此，由于内外部环境因素的相互作用，农村合作基金会挤兑风险凸显，中央政府出台了一系列限制性政策来纠正农村合作经费。虽然农村合作基金会所有制结构和管理体制存在很多缺陷，但自成立以来，农村合作基金会在农村金融发展中起着重要的作用。基于农村信用合作社不能满足农村金融服务需求的事实，农村合作基金会的存在能遏制私人高利贷，同时因为集体银行账户的农行和农村信用合作社主要信贷服务对象不是农户，农村合作基金会能弥补这些银行的小额信贷真空。农村合作基金会进一步完善了农业投资保障机制，中央政府没有采取整改而是采取直接取缔的方式对农村合作基金会进行分类，加剧了农村金融短缺。

三　市场化阶段农村金融改革发展的总体评价

（一）全国农村金融改革发展

1994—1997 年，中国农村金融改革以新建农村金融机构、让原有附属农村金融机构独立运作为主要特征。1998 年后，中国农村金融改革和发展转向以现有金融机构的整顿和改革为主要任务。

从 1998 年开始，四家国有商业银行开始了商业改革。考虑到信息不对称、运营成本高、质量特性（包括自然风险、市场风险、道德风险等）和缺乏抵押担保等问题，四大国有银行等正规金融机构开始大幅度撤离人员与营业网点，中国农村金融服务覆盖面随之下降。根据中国银行业监督管理委员会公布的"中国银监会 2006 年度农村金融服务分布图"，截至 2006 年底，全国农村金融机构数量低于平均水平 1.26%，金融机构平均每万人为 1.26 个，而城镇为 2 个。中国平均每万人有不到 3 个银行分行，有 8231 个乡镇只有一个银行分行，有 3302 个乡镇没有银行业金融机构。银行业金融机构没有分支机构或县域只有一个分支机构，全国乡镇总数比例超过 35%。随着农村金融市场中各商业银行的退出，农村信用合作社逐渐占据领先优势，但由于历史包袱沉重，产权关系不明确，农村信用合作社不良贷款率名列全国不良贷款榜首，对农村信贷市场的支持并不理想。基于此，《国务院关于印发深化农村信用社改革试点方案的通知》启动了对现有农村信用合作社改革的深化，提高了农村信用合作社资产质量,并且逐渐转制成立农村合作银行和农村商业银行,不过新成立的具有商业可持续能力的农村信用合作社,以及改制后的农村商业银行和农村合作银行,也开始呈现出与大型商业银行"去农业化"倾向相同的趋势。2005 年,全国农村金融机构共吸收农村资金 4.14 万亿元,向农村贷款 2.96 万亿元,存贷款差额高达 1.18 万亿元,其中农村合作金融机构存贷款余额 1.06 万亿元,占比 89.8%。

总的来说,1998 年开始的中国农村金融改革压制了农村民间金融,导致了大规模的正规金融机构退出农村。农村信用合作社越来越脱离农业,必然导致农村金融供给严重不足。农业贷款占全国金融机构贷款余额的比重由 2000 年的 15.6% 下降到 2005 年的 10.3%,而农民贷款满意率仅为 57.6%。根据中国农村金融需求和农村信用合作社改革小组的调查数据显示,2001—2004 年,有借款需求的调查用户中有 42% 没有得到正规贷款,其中获得正规贷款的 35.6% 的农户反映其获得的贷款低于他们的需求。虽然农村非正规金融机构适度弥补了正规金融机构退出造成的缺口,但还不能满足农村借贷需求。

(二) 湖北省农村金融改革发展

总体上,这一阶段的湖北省农村金融体制中,正规金融机构不断商业化倾向和非正规金融机构的非规模化,严重制约着湖北省农村金融的发展。截至 2005 年,湖北省金融机构发展规模情况如表 7—3 所示,大型商业银行的机构数和资产额分别为 3126 个、3498.3 亿元,分别占所有金融机构总数和资产的 67.79%、59.59%;而小型农村金融机构只有 8 个,资产只有 522.1 亿元,分别占比 0.17%、8.89%,说明湖北省农村金融发展规模水平严重不足。自 2005 年起,湖北省大力发展金融支持"三农政策",牢固树立服务"三农"的宗旨,制定了《湖北省粮食抵押贷款暂行办法》和《湖北省金融支持农村消费市场发展的指导意见》。促进金融机构开展订单质押担保贷款和大额农贷业务,创新适合农村实际需要的信贷产品。积极引导金融机构加大力度支持和培育农业化国家级和省级重点龙头企业,发挥龙头企业对农户的辐射作用。引导农村信用合作社深入推广农户小额贷款,鼓励和支持农民创办农产品加工企业、流通企业、社会中介服务企业。组织做好扶贫贴息贷款,引导中国农业银行湖北省分行将资金用于贫困地区有比较优势的特色产业、产品的开发以及农村基础设施建设。密切关注民间借贷,建立民间借贷资金监测体系和 100 户企业重点联系制度,探索合理引导民间资金的途径和方式。

表 7—3   2005 年湖北省金融机构发展规模

分类	金融机构总数 (个)	金融机构从业人数 (人)	金融机构资产总额 (亿元)
大型商业银行	3126	61266	3498.3
政策性商业银行	94	2251	1204
小型农村金融机构	8	439	522.1
邮政储蓄	1383	6088	646.4
合计	4611	70044	5870.8

资料来源:《湖北统计年鉴》1996—2006 年各期。

第二节   1994—2005 年的湖北省农村金融生态环境

一 经济环境

(一) 经济发展现状

1. 湖北省经济发展水平现状分析

湖北省基于较好的农业生产条件,农业经济总量呈保持稳定增长趋势。根据《湖北统计年鉴》资料,得到 1994—2005 年湖北省第一产业产值及增长率趋势(见图 7—6)。总体上,湖北省生产总值和第一产业产值,除个别年份有小幅波动外,均呈逐年稳定增长趋势。并且第一产业产值年增长率与总产值的年增长率走势基本同步,说明湖北省的农业发展较稳定。具体而言,湖北省第一产业产值年增长率波动幅度明显。

1994 年,湖北省农业基础地位不断提高,农村经济得到快速发展。湖北省贯彻实施中央农村工作会议精神,以调整优化结构、依靠科技进步、加大生产投入、提高农产品价格为目标,具体实施了包括加强农业生产资料价格管理、农业产业发展、粮食收购价格等政策。这些政策使

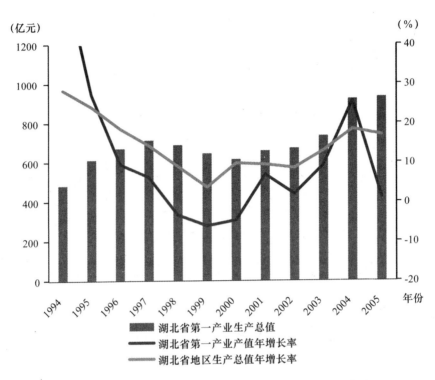

图7—6 1994—2005 年湖北省第一产业产值及增长率趋势图

资料来源:《湖北统计年鉴》。

得国民经济总体运行总需求供给稳定,总量平衡稳定。全年农业总产值达到 512. 28 亿元,比上年增长 9. 8%,是改革开放以来的第二个高速增长期。全年粮食总产量 2422 万吨,比上年增长 4. 1%;棉花总产量 45 万吨,比上年增长 5. 9%;油料作物总产量 138 万吨,比上年增长 23. 5%,创历史最高水平。在农村经济结构调整的影响下,畜牧业和渔业保持平稳增长。

不过,随后湖北省第一产业发展增长速度减缓,全省经济保持相对稳定状态。1999 年第一产业产值增长率甚至为负值(- 16. 08%),原因是全省遇到持续 3 个多月的罕见历史洪涝灾害,大量农田被摧毁,1 万多家企业停产,长江封航 1 个多月,全省直接经济损失近 50 亿元。灾害性洪水造成的破坏严重,使得灾后恢复重建任务重。此外,湖北省供给侧结构待优化,产业结构和产品结构仍不能满足买方市场需求。

自 2000 年起，湖北省国民经济增长速度回升，经济运行质量和效益明显改善。全省国内生产总值按可比价格计算达 4276.32 亿元，增长 9.3%，第一产业产值达 662.3 亿元，相比上年第一产业产值年增长率上升 1.41%。湖北省进一步强调减粮、增油、扩菜的生产格局，加大了农业生产结构的调整力度。全年粮食产量比上年减少 9.5%；棉花产量为 30.43 万吨，增长 8.1%；油料产量 269.98 万吨，再创历史最高水平。畜牧业全年猪牛羊肉产量 232.68 万吨，水产品产量 234.34 万吨。林业生产也持续发展，投入进一步加大。全省拥有农业机械总动力增长 3.7%。

2002 年，湖北省农村经济有些许下滑趋势。这一年，湖北省国内生产总值以 9.1% 的年均增长率上升为 4975.63 亿元，农村经济也在稳步增长。全省进一步加大农业结构调整力度，全省稳粮、压棉、扩渔的格局进一步强化。导致第一产业产值下降的原因是湖北省主要种植品种减产，全年粮食总产量为 2047 万吨，比上年减少 4.3%；棉花总产量 32.26 万吨，比上年减少 13.6%；油料产量 245.29 万吨，比上年减少 12.2%。不过蔬菜等其他经济作物和畜牧、水产品稳定增长，蔬菜产量比上年增长 2%；茶叶产量比上年增长 4.4%；肉类产量比上年增长 2.4%；生猪出栏数比上年增长 3.2%；牛、羊、禽产量出现一定增长；水产品产量比上年增长 12.3%。

2003 年，湖北省农村经济发展步伐加快。全省生产总值 5395.91 亿元，增长率达 9.3%。农林牧渔业总产值 1342.09 亿元，比上年增长 5.3%，超过全国平均水平。受种植面积减少和自然灾害影响，全年粮食总产量为 1920.22 万吨，比上年减少 126.78 万吨，下降 6.2%。林业呈现快速增长态势，全年造林面积 318.89 万公顷，比上年增长 26.9%。畜牧业、水产品保持稳定增长，肉类总产量 308.53 万吨，比上年增长 4.4%；水产品产量 287.66 万吨，比上年增长 5.4%。

此后，全省加大了农业的财政支持力度。2005 年省政府投入 16 亿元用于良种补贴、农机购置等补贴项目，并且全部免征农业税，实施惠农三扶政策并取得明显成效。

2. 湖北县域经济发展分析

2005 年，全省国内生产总值 5633.24 亿元，取得了长足发展，不过也存在发展不均衡、产业结构不合理的问题。表 7—4 为 2005 年湖北省各市第一产业产值结构，数据显示，湖北省恩施、鄂州、黄石的第一产业产值分别为 16.37 亿元、23.17 亿元、30.57 亿元，其第一产业产值结构占比远小于襄阳、荆州、黄冈，这表明湖北省县域经济发展不平衡。各县市差距很大，呈现出以江汉平原和鄂北为中心领先发展，鄂东、鄂西区域发展格局相对缓慢落后。发达县市主要分布在武汉市周边，贫困县市集中于鄂西。全省 29 个山区县市的工业增加值和财政收入仍然较低，部分县市资产投资增长较慢，有的则呈负增长。各县市自主创新的支柱和新项目基本都是传统产业，产业链普遍存在深加工力度低、产品技术含量低、增值能力薄弱、产品衔接不合理、品牌产品缺乏市场竞争力、经济困难等问题。

表 7—4　　　　　　　　2005 年湖北省各市第一产业产值结构

地区	第一产业产值（亿元）	第一产业产值占全省 GDP 的比重（%）
武汉	109.57	11.78
黄石	30.57	3.29
十堰	35.80	3.85
宜昌	85.00	9.14
襄阳	119.17	12.81
鄂州	23.17	2.49
荆门	78.07	8.39
孝感	94.50	10.16
荆州	116.93	12.57
黄冈	115.54	12.42
咸宁	53.61	5.76
随州	52.16	5.61
恩施	16.37	1.76

资料来源：Wind 数据库。

（二）湖北省农村经济结构

湖北省农村经济结构整体上在持续发展。全省国内生产总值保持较高的增长速度，从 1994 年的 1700.92 亿元增长至 2005 年的 5633.24 亿元。就农村三次产业而言，第一、第二、第三产业的产值分别由 1994 年的 501.44 亿元、812.56 亿元、564.65 亿元，变成 2005 年的 1082.13 亿元、2810.01 亿元、2628 亿元。第二、第三产业呈上升态势，成为推动全省经济增长的主要力量，这也导致农村生产总值中三大产业的比重发生变化。图 7—7 是 1994—2005 年湖北省三大产业贡献率趋势，数据显示，湖北省农村第一产业贡献率由 1994 年的 14.2%，逐年下降至 1998 年的 −1.6%，此后小幅上升，在 2005 年达到 6.5%，呈现稳定状态。一直以来，湖北省第二产业的贡献率最大，然而，第三产业的贡献率逐年快速上升，在 2001 年赶超第二产业。2005 年第三产业中的金融业产值为 1853.12 亿元，占第三产业产值的 14.55%，促使第三产业快速增长。随着三大产业结构的不断调整，农村产业结构在不断优化。

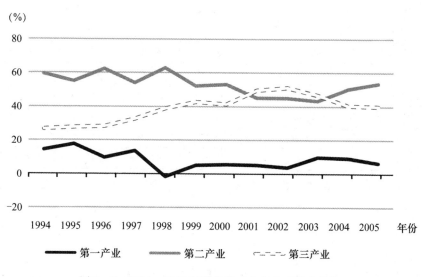

图 7—7　1994—2005 年湖北省三大产业贡献率趋势

资料来源：《湖北统计年鉴》。

根据 1994—2005 年《湖北统计年鉴》中农林牧渔产值结构（见表 7—5）可以看出，随着农业经济的不断发展，湖北省农业经济结构也发生了变化。1994 年农业经济结构中农业、林业、畜牧业和渔业的产值占比分别为 61.23%、3.36%、27.90% 和 7.50%，农业产值占比远远超过其他产值。然而此后几年，农业呈逐渐不断波动下降趋势。2005 年，农业产值占比仅为 52.50%；畜牧业和渔业有小幅增长，分别上升至

30.72%和13.32%;林业产值无太大变化。从农林牧渔业产值占比的变化看,湖北省经济结构在不断优化,更加趋于均衡状态。不过农村经济结构中,仍需重视林业、畜牧业和渔业的发展,进一步解决产业结构不均衡问题。

表7—5　　　　　1994—2005 年湖北省农林牧渔业产值结构　　（单位:亿元）

年份	农林牧渔业总产值	农业	林业	畜牧业	渔业
1994	786.83	481.82	26.47	219.53	59.01
1995	988.52	612.12	28.33	268.09	79.98
1996	1140.77	670.27	33.62	337.02	99.86
1997	1243.68	711.91	37.33	381.40	113.04
1998	1222.58	688.06	41.29	371.37	121.86
1999	1126.10	645.98	40.86	311.43	127.83
2000	1125.64	615.74	40.24	338.77	130.89
2001	1172.82	658.26	27.11	352.63	134.82
2002	1203.30	671.20	28.33	354.84	148.93
2003	1322.53	733.36	34.78	383.71	170.43
2004	1673.57	921.59	31.78	514.52	205.68
2005	1751.34	932.15	37.30	545.40	236.49

资料来源:《湖北统计年鉴》。

（三）经济收入及活跃程度

1. 农村居民经济收入

随着政府不断加大对农村的扶持力度以及农业产业的发展,湖北省农村居民收入水平不断提高,城乡差距逐渐缩短。图7—8 是 1994—2005 年湖北省城乡居民收入情况,数据显示,1994 年,湖北省农村居民人均纯收入为1170.06 元,逐年增长,年均增长率为9.26%,2005 年农村居民人均纯收入增长到3099.2 元。此外,1994 年湖北农村恩格尔系数为64.88%,2005 年则下降为49.06%,年均下降率为2.51%,恩格尔系数明显的下滑趋势也凸显出湖北省农村居民收入不断提高。并且,对比城乡居民收入差距发现,虽然湖北省农村居民收入在迅速增长,但远落后于城市居民收入的增长速度。1994 年,湖北省城乡居民收入差仅为

1655.51元；2015年，两者差距扩大至4564.26元。说明湖北省城乡收入差距明显，农村居民经济收入还存在较大提升空间。农村居民的收入直接影响其消费、储蓄和投资行为，城乡收入差距巨大，决定了农村金融活动主要集中在农村贷款和农村民间借贷。农村居民普遍将闲置资金以储蓄形式存入商业银行，很少用于私人投资，从而影响市场资金的充裕程度和投融资活动水平。这将严重影响湖北省农村居民的生活质量，打击农民的积极性，而且也会影响湖北省农业生产的稳定，削弱湖北省作为农业大省的地位。

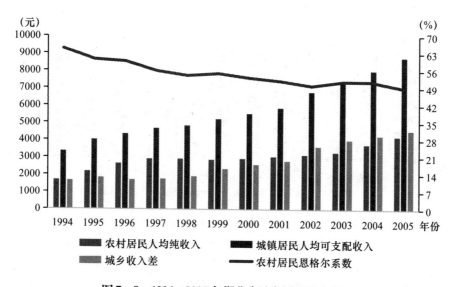

图7—8　1994—2005年湖北省城乡居民收入情况

资料来源：《湖北统计年鉴》。

2. 农村经济活跃程度

固定资产投资能促进实体经济增长，因此通过分别考察农村固定资产投资额、农村固定资产投资额占全省社会固定资产投资总额比率和投资效率指标来衡量湖北省农村经济活跃程度。

根据《湖北统计年鉴》数据，得到图7—9中1994—2005年湖北省农村固定资产投资情况，显示1994年农村固定资产投资额为51.79亿元，逐年稳定增长至1999年达到最大值121.97亿元；随后出现较大波动，呈现下降趋势；不过2005年湖北省又加大了对农村固定资产的投资，投资额上升至 120.95 亿元。通过对比农村固定资产投资额占全省社会固定资产投资总额比率发现，20 世纪末，湖北省对农村固定资产投资极其重视。然而 21 世纪初，对农村固定资产的投资逐年减少，直至 2005 年，才又开始重视农村经济问题。投资效率指标中常用的是边际资本产出率 ICOR，虽然其忽略了固定资产折旧并且存在随机扰动，但是这一方法比较直观，操作相对容易，被广泛运用且效果良好。[1] 该指标源于资本的边际生产率，是资本存量的边际产量，即资本存量增量与产出增量的比率：ICOR = I/ △ GDP。

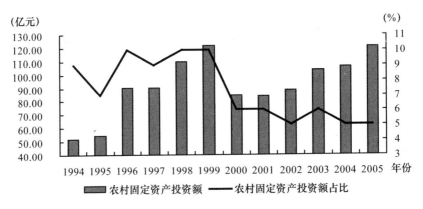

图 7—9 1994—2005 年湖北省农村固定资产投资情况

资料来源:《湖北统计年鉴》。

图 7—10 是 1994—2005 年湖北省农村固定资产投资效率 ICOR 趋势，显示从 1999 年以来，湖北省农村投资效率明显下降，且波动幅度较大，说明湖北省对农村固定资产的投资力度不够。

二 社会文化环境

(一) 城乡人口构成

2005 年底全省常住人口为 5710 万人，其中农村人口为 3243.3 万人，占比 56.8%，同 1994 年底相比，农村人口减少了 871.68 万人，占比率

---

① 杨佐平、沐年国:《ICOR:固定资产投资效率与经济增长方式研究》,《经济问题探索》2011 年第 9 期。

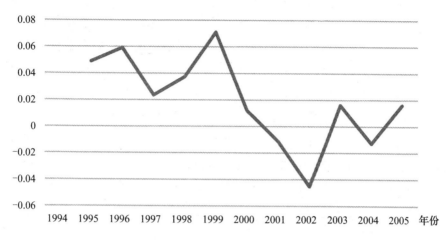

图7—10　1994—2005年湖北省农村固定资产投资效率ICOR趋势

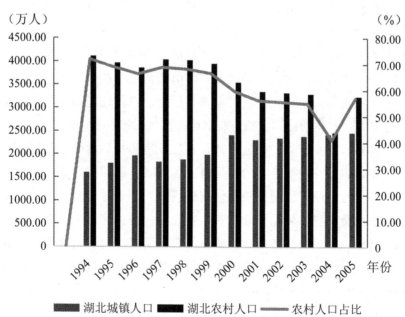

■ 湖北城镇人口　■ 湖北农村人口　—— 农村人口占比

图7—11　1994—2005年湖北省城乡人口构成

数据来源：《湖北统计年鉴》。

下降14.95%。（见图7—11）。从1994年到2005年，湖北省农村人口整体呈现下降趋势，其中的原因既有计划生育政策不断控制人口数量的增长，也伴随大量农民工入城成为城市劳动力。但总体来说，农业人口在全省人口中仍占有较大的比重。湖北省农村的情况是以农户家庭经营为主,农村经济发展需要通过农村经济结构调整和优化,提高农村生产部门的效率,使农村经济在同等投入下获得更大的产出。在现代市场经济条件下,生产要素的转移是通过金融资源的再分配来实现的,这一过程在金融系统收集和传递信息的能力中起着重要作用。中国农业政策的目标是确保粮棉等农产品的有效供给增加,稳定农产品供给,增加农民收入。但有效供给的增加需要提高农产品质量,增加优质农产品的供给。中国部分县域的经济发展基本摆脱了依靠农业推动经济增长的发展模式。县域中小型工商企业和农村企业的不断发展,吸纳了大量农村劳动力,增加了资金需求。

(二) 金融信用环境和信息环境

金融环境中最主要的就是信用环境和信息环境。改革开放以来,中国各项金融服务的信贷形式迅速发展。但由于信用观念宣传力度不够,信用关系的法律保障体系不完善,不能满足有效信贷需求。目前,农村金融环境中没有良好的信用环境,农村信用信息系统建设滞后。农民没有建立个人信用体系,往往缺乏申贷人信用信息,较难判断个人信用意识和信贷能力;同时已建立的企业信用评级体系不具有社会化、系统化,缺乏真实性和可操作性,并且个别企业会计造假提供虚假信息时,金融机构也难以识别并把握企业的实际情况。金融企业的信用评级体系仍然是空白。银行信用评级制度缺陷使得银行破产、整顿、缺乏市场退出机制等,农村金融贷款风险不能及时、准确地检测,这些都限制了银行的扩张。此外,农村社会信用意识薄弱,农村信用体制的完善滞后于农村改革的进程,在一定程度上影响了农村贷款的投资,从而降低了农村金融机构对农村金融资源的配置效率。

信息环境主要包括两方面:一方面是金融部门与农民之间的信息不对称。对金融部门来说,贷款人对借款人的资产状况、信用度收入和还款能力等了解越多,贷款的预期风险越小。为了评估贷款风险,对借款人信用度的测评与调查构成金融机构的成本。然而,目前中国农村金融市场的数量、借贷机制不完善,难以审核借贷者信用度和还贷风险,因此设立了较严格的担保贷款制度。现实中,多数农民没有合适的资产抵押担保等,导致银行减少或拒绝发放贷款,从而抑制了金融机构对农村地区资金支持。另一方面是金融部门与农村企业之间的信息不对称。金融部门和农村企业间信息不对称会带来经营风险。一般而言，企业是主要金融需求主体，而同时企业的信息存在更多的风险性，因为企业会基于自身追求利益最大化的目标而提供虚假的财务报表隐瞒不利信息。此外，获取贷款后，企业很可能将贷款资金投向高风险、高收入项目，银行已有的信息体系并不能准确及时地获知企业资金使用途径，导致借贷资金存在更大的风险性。总体上，农村金融市场的金融服务主体无法充分掌握农户和农业企业机构等借贷者的信息，从而使得农村金融机构将储蓄转化为投资的效率受到严重影响。

第三节　湖北省农村金融发展水平

一　农村金融发展现状

1. 各项存款快速增长

1994 年末，全省金融机构存款 1298.06 亿元，其中各家银行存款余额 1043.77 亿元，比年初增加 297.64 亿元；企业存款比年初增加 126.31 亿元；城镇储蓄比年初增加 163.62 亿元。2005 年全省金融机构各项存款余额首次突破 8000 亿元大关，达到 8335.17 亿元，比 1994 年增加 7037.11 亿元，年均增长 18.42%。从结构上分析：一是企业存款快速增长。紧紧围绕经济建设这个中心，做大做强工业企业，全省企业数量的增加、经济效益的稳步提高，使企业存款由 1994 年的 268.88 亿元增加到 2005 年的 2547.15 亿元，年均增长率为 15.84%。二是城乡居民储蓄存款大幅提高。从 1994 年的 697.90 亿元快速增长至 2005 年的 4560.72 亿元，年均增长率为 18.61%，经济的持续发展，提高了城乡居民收入水平。

2. 贷款增长相对较慢

2005 年金融机构贷款余额 5855.75 亿元，比 1997 年的 1561.71 亿元增加了 4294.04 亿元，年均增长仅为 12.77%，平均每年比存款余额增幅低 5.63 个百分点。贷款增长较慢的主要原因：一是受国家宏观经济政策的影响，银行业出现惜贷现象。二是企业还贷意识增强，企业贷款回笼加快。

3. 金融机构存贷差由负转正，并不断扩大

1994 年以后金融机构存贷差出现大幅增长。2005 年末，湖北省金融机构存贷差达 2479.42 亿元，存贷比由 1994 年的 1.203 降为 2005 年的 0.703（见图 7—12）。

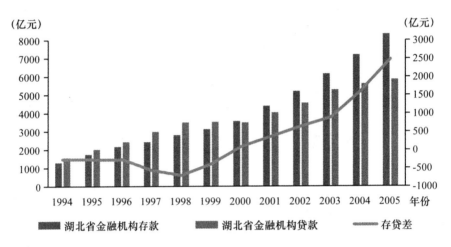

图 7—12　1994—2005 年湖北省金融机构存贷款额趋势图

资料来源：《中国金融年鉴》。

4. 农业贷款扶持力度逐渐加强

图 7—13 是 1994—2005 年湖北省农村存贷款占全省金融机构存贷款总额的比重趋势。数据显示湖北省农村存款占全省金融机构存款总额的比重呈现出先下降后缓慢增长趋势，1998 年是其转折点，该年的农村存款总额占比为最小值 1.37%。此外，湖北省农村贷款占全省金融机构贷款总额的比重趋势在 1994—1995 年基本不变；1996—1998 年农村贷款所占比重呈现迅猛增长趋势，这三年的年均增长率达 48.71%，随后呈现缓慢增长势态。农村存款和农村贷款分别从 1994 年的 54 亿元和 29.14 亿元增长到 2005 年的 138.26 亿元和 246.71 亿元，年均增长率分别为 8.92% 和 21.43%，存贷差由 1994 年的 24.86 亿元变为 2005 年的 -108.45 亿元，农业贷款呈现逐年迅猛增长趋势。说明湖北省是从 1996 年起加大了对农村金融的扶持力度，使得湖北省农业经济得到快速发展。

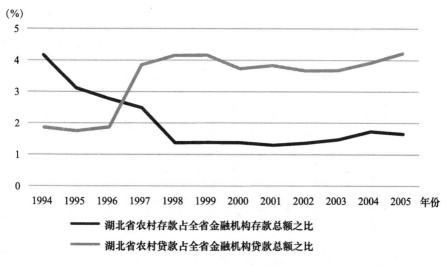

图 7—13　1994—2005 年湖北省金融机构农村存贷款占比趋势

资料来源：湖北省金融机构存款、贷款数据来自《中国金融年鉴》，农村存款数据来自《湖北金融年鉴》。

二　农村金融发展水平的指标测度

（一）农村金融发展规模

本书选用金融相关比率指标 FIR 来衡量农村金融运转情况，农村金融发展相关比率为 RFIR，公式为：金融相关比率 =（金融资产÷国内生产总值）×100%。图 7—14 是 1994—2005 年湖北省农村金融相关比率变化趋势，1994 年，农村金融发展相关比率为 10.57%，其后两年有短暂下降，自 1997 年起呈现出逐年稳定发展的趋势，直至 2005 年，农村金融发展相关比率增长为 21.68%。总体上，湖北省的农村金融规模保持着平稳增长势头，特别是 1996 年中国农业发展银行湖北省分行挂牌发展，使得湖北省农村金融发展规模年增长率达到 51.9%，完善了湖北省乡村金融体系。

（二）农村金融发展效率

本书选用农村金融发展效率指标（RFE）来衡量农村经济取得信贷的效能，当农村金融发展效率越高，农户得到的信贷越多，说明该地区支农服务越好。公式为：农村金融发展效率 =（农业贷款÷农业存款）×100%。1994—2005 年湖北省农村金融发展效率如图 7—15 所示。

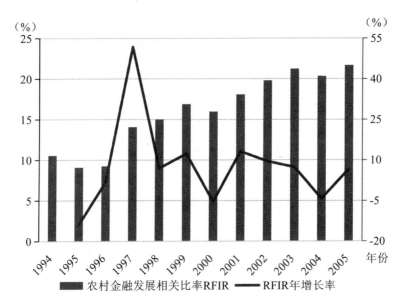

图 7—14　1994—2005 年湖北省农村金融相关比率变化趋势

资料来源:《中国金融年鉴》。

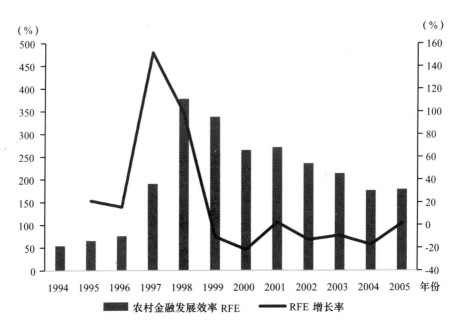

图 7—15　1994—2005 年湖北省农村金融发展效率

资料来源:《中国金融年鉴》。

图 7—15 中数据显示，湖北省农村金融发展效率呈现出先上升后下降的趋势。1994 年农村金融发展效率为 0.53，随后几年基本没变。从 1997 年开始，"三农"问题成为国家关注重点，在国家财政支持下，农村金融发展效率大幅度上升。1997 年农村金融发展效率增长为 1.90，年增长率为 53.05%；1998 年农村金融发展效率仍呈现快速发展趋势，翻了一番达至 3.78。伴随着国家城镇化进程，金融机构更加趋向于在城市发展，这也导致了农村金融发展效率无法延续上升势头，1999 年开始逐年下降。直到 2005 年，湖北省农村金融发展效率略微上涨达至 1.78 水平。

（三）农村金融发展结构

金融发展结构能够体现金融市场的组织情况、不同金融机构占比，以及各个金融机构内部职能机构情况。通过文献查阅，农村金融发展结构指标（RFS）用农业存贷款总额比上非农存贷款总额来表达。即农村金融发展结构指标 =（农业存贷款总额÷非农存贷款总额）×100%。非农存贷款总额用金融机构存贷款额和农业存贷款总额之差来表示。

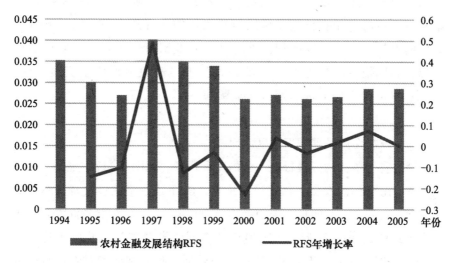

图 7—16　1994—2005 年湖北省农村金融发展结构指标变化趋势

图 7—16 显示 1994—2005 年湖北省农村金融发展结构呈现明显非农化倾向。1994 年农村金融发展结构指标为 0.035，后两年逐渐下

降,随着 1997 年国家加大扶持"三农"发展后达到湖北省农村金融发展结构最优值 0.402,此后农业存贷款总额逐渐下降,2000 年后农村金融发展结构中非农化倾向略微减缓。湖北省农村金融发展结构趋势说明湖北省农村资金外流严重,分析其原因是国有商业金融机构为了提高盈利能力和规避风险,注重质量项目的选择和高端客户的信用交付。商业银行贷款投向风险低、规模大的大中型城市。然而,由于长期的生产周期和自然环境的影响,农业越来越难以获得贷款资金支持,现有农村金融机构大量退出农村,只发挥了农村吸收存款的功能,基本成为上级机构的资金"吸存器"。显然,这种行为在客观上导致农业和农村地区的信贷资源有限,导致信贷分配扭曲。一方面,国有金融机构的大量吸收储蓄不能及时转化为农业投资,或者只能成为不能转移的存款;另一方面,由于农村经济发展的信贷规模越来越大,需求不能得到有效的满足。与此同时,商业银行吸收的存款由上级主管部门统一安排,通常被视为大量提款和更少的交付。基本贷款机构的上端,即使有多余的资金,也不愿意发放贷款。此外,其烦琐的程序也在一定程度上影响了贷款的发放。而商业银行内部对新增贷款实行严格的信用责任制,基层信贷人员的心理压力较大,导致农村基层网点扩大农业贷款的积极性较低。农业银行为了获得足够的资金来源和高回报,农村地区的一部分存款不可避免地形成了资金外流,使得农村金融市场上资本变得更加稀缺。

三 农村金融发展情况的区域比较

湖北省金融机构涉农贷款占全国比重趋势(见图 7—17)显示,虽然湖北省金融机构涉农贷款额在稳定增长,然而其占全国涉农贷款总额的比重则呈现先增长后明显下降的趋势。2003 年 12 月,湖北省涉农贷款占比为 2.97%,随后逐渐增长至 2005 年 3 月,湖北省涉农贷款占比达到 3.05%,说明这段时间内,相比于全国其他省份,湖北省对农村金融的扶持力度较大。然而接下来湖北省涉农贷款占比明显下降,2005 年 12 月,涉农贷款占比仅为 2.95%,说明相比较而言,湖北省对农村金融的扶持力度逐渐下滑,优势不明显。

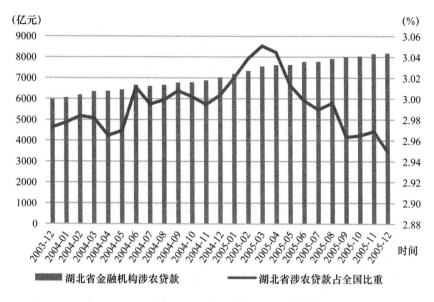

图 7—17　湖北省金融机构涉农贷款占全国比重趋势

　　湖北省与全国主要农业大省的农村金融发展水平进行横向比较，得到表 7—6，分析得出在农村金融发展结构、发展规模、发展效率三方面，湖北省的水平都较低。尤其是其农村金融发展效率在主要农业大省中处于最低水平，农村经济取得信贷的效能较弱。相对而言，湖北省农村金融发展规模略优于河南、湖南、江西和安徽等，不过和浙江、江苏相比仍有很大差距。湖北省仍需优化农村信贷服务，加大对农村金融的扶持力度。

表 7—6　　　　　　　2005 年中国主要农业大省金融发展水平数据

区域	RFIR	RFE	RFS
河北	9.13	16.57	0.74
江苏	16.24	45.13	0.63
山东	9.87	8.38	0.64
浙江	25.33	12.64	0.61
安徽	6.95	9.66	0.65
河南	6.07	7.49	0.66
黑龙江	9.50	12.04	0.66

续表

区域	RFIR	RFE	RFS
吉林	7.39	14.86	0.61
湖北	8.08	6.72	0.63
湖南	6.72	14.76	0.67
江西	6.84	14.89	0.67
四川	7.48	8.63	0.67

第四节 湖北省农村金融发展经验总结

一 政策评价

为促进金融市场化进一步发展,以及与经济体制整体发展水平保持一致,农村金融体制展开了长时间的改革发展阶段。根据农村金融体制改革和农村信用合作社改革政策,农村金融体制主要被划分为两个阶段。

第一阶段:分工合作的农村金融体系框架构筑阶段(1994—1996年)。这一阶段的工作重点是建立服务于农村金融经济发展的金融体系。中国农业银行主要是为工商企业提供金融服务;中国农村信用合作社的服务对象是农户;中国农业发展银行作为政策性金融机构,为中国农业技术进步、农业经济开发以及农副产品的收购提供资金支持。为此,首先,中国农业发展银行于1994年成立,使得政策性金融服务有独立的金融机构,农村信用合作社以及农业银行不再参与此类服务;其次,中国农业银行逐步朝商业化目标开展服务,注重管理目标的责任,信贷资金的规模管理以及对贷款机构进行中央管理审查和批准;再次,合作金融作为农村信用合作社的主要职能得到大力发展。1994年国务院做出了两项重要决议,其一是金融体制改革的政策决议。计划在1994年基本组建成县联社,1995年实现较大规模建成农村信用合作银行。但是在实际完成过程中,现实情况与预期目标相去甚远。其二是改变了农村信用合作社的监管部门,中国人民银行接管了之前由中国农业银行、农村信用合作社和县协会共同组成的金融监管部门。

第二阶段:农村信用合作社主体地位的树立和农村金融深化改革(1997—2005年)。1997年,亚洲面临着金融危机的挑战,通货膨胀也日趋严重。中国金融机构以往的重视数量而轻视根本性增长源泉的发展模式急需完善改革。农村信用合作社的成立发展适应中国金融市场的发展目标,逐渐形成垄断地位。表现在以下方面:第一,国有银行在进行信贷服务时要落实责任人。第二,适当减少国有银行覆盖面。1997 年,国家金融会议提出国有银行(例如国有商业银行和中国农业银行等)应该适当收缩在县级及以下的机构,大力促进当地中小型金融机构发展,提升当地金融发展效率。第三,制裁非正规金融活动,抵制民间借贷行为。第四,农村金融体制改革的关键是改革农村信用合作社。自 2003 年以来,这一政策趋势越来越明显和强化,包括:使得贷款利率在农村信用合作社中有自由变动的空间、政府给予财政支持、严加监管资产的来源、杜绝一切不良资产的流入、促进和深化完善农村信用合作社工作服务模式并进行改进。政府从两方面对农村信用合作社试点地区进行财政支持以杜绝不良资产的存在:一是央行实施专项再贷款;二是央行发行专门的票据,使得试点农村信用合作社的不良资产得到替换。

二 发展成效

(一)完善农村金融服务体系

在旧制度下,由几家专业银行负责收购农副产品的资金管理,然而不少粮食企业和专业银行非法挪用,管理混乱。改革后,建立了新的农村金融体系,即政策性农业发展银行、农业银行、农村合作银行,明确了农业发展银行专款管理的收购责任。首先,农村金融体制的改革减少了收购资金的管理不当问题,避免多余的货币供给;其次,在收购贷款减少的同时,全国资金可得到合理配置;最后,收购资金能及时、足额到位,还有利于集中资金保重点。

中国金融发展进程正逐渐深入农村,提高农村金融服务水平。中国农村发展存在较大的地区差异,但信贷失灵问题存在于中国大部分农村。为解决这一问题,实行政策性金融机制是非常必要的。因此,1994 年成立中国农业发展银行的决定实践意义重大。长期以来,中国农业发展银行一直扮演着"粮食银行"的角色,经营范围狭窄,对农民的支持力度不够。随着新农村建设的推进,银行业务范围的调整,经济、金融机制、自然环境、农林牧渔业的发展和工业化,农村扶贫开发,中西部地区的发展,商业贷款的产品创新等。单一发放政策性贷款的情况发生了逆转,业务范围扩大,贷款品种丰富,通过整合现有贷款产品进行创新,开办"政府信贷协议"贷款,开展农业中小企业贷款试点。

(二) 促进银行市场化发展

随着市场经济的发展,国有商业银行必将成为专业银行的替代品。加快银行商业化、市场化是健全经营机制、促进资源优化配置的关键一步。以下关系可以较客观反映这一问题。

关于企业运行机制转变与金融体制改革的关系。市场经济体制的重要部分有企业经营体制与企业经营管理,供应链运作的所需资金大部分由银行等金融机构贷款所得。因此,金融机构进行体制改革将直接影响企业的运行机制。1992 年开始,中国工商企业逐渐改变运行机制,以适应市场化发展。然而,由于专业银行运行机制的不完善,企业管理机制的转型受到严重的制约。这体现在:首先,现行的信贷机制主导"供给制",使得企业更加主观依靠原来的市场机制;其次,伴随着金融市场化的发展,信贷以及资金等仍旧遵循以前的政府主导控制,无法体现出市场价值导向,各地区发展没有针对性,对于优劣无区别对待;最后,企业在经营管理过程中的独立管理权力受到一定制约,企业无法完全按照现状实施改革转变。

关于国家宏观调控层面的效率与银行运行机制的关系。国家进行宏观调控主要有两个手段,即财政政策和货币政策。货币政策主要有三个调控手段,即存款准备金率、再贴现率和公开市场业务。可以调整商业银行的贷款规模,在供给侧方面调整货币,以改变市场货币供求关系,从而影响整个宏观经济发展。商业银行在完全遵守央行的各项政策方针的前提下,根据资本收益性、资金流动性以及安全性三方面考量进行经营管理,央行政策对商业银行的影响主要体现在信贷水平上,商业银行的可贷款规模、贷款限额在一定程度上受到央行制约。这一金融市场管理体制的缺陷逐渐展现出来。

关于金融市场竞争良性与专业银行运行机制转变的关系,竞争是市场经济的主要表现方式,但是竞争环境必须是公平、公正、公开的,使得有限的资源能够在市场上进行合理配置。中国专业银行在分工上日益完善,各司其职,在业务方面有一定交叉。现行缺陷主要是银行之间的竞争来自储蓄额争抢，部分银行无法做到自负盈亏，为扩张经营规模负债情况较严重。银行自身信誉以及经营收益方面受到影响，也影响了国家金融市场发展。

三　农村金融发展阶段存在的问题

1994—2005 年是推动中国农村金融机构加速商业化发展阶段。利率市场化政策给中国农村金融机构带来了双向影响，利率市场化直接作用于各类金融机构，产生的主要效果有：商业银行能够自主依据成本制定产品价格；在商业银行自行管理经营权上给予一定肯定；商业银行可以科学制定相关金融产品以及服务，提供多元化业务等。在产生正面效应的同时，也存在一些负面影响。

现行体制下，政策性资金、农村商业性资金和农村信用合作社资金构成了农村资金的三部分。在进行改革之前，这三种资金被统筹管理，各自针对不同时段以及不同方面的资金需求。改革之后，三种资金不再被当成一个整体，各自被不同的机构监督管理，即农业发展银行分管政策性资金、农业银行经营农村商业性资金、农村合作银行运营农村信用合作社资金。这样分类进行经营管理后，农村资金在内部不能再随意进行协调，资金的融通效率下降，整体运作水平降低，从而导致农村资金的非农化倾向严重。

改革之后，农业发展银行分管政策性资金，商业性资金与农村信用合作社资金由农业银行以及农村合作银行管理。其运营机制是以追求利益为最大目的的商业化机制，其资金流动也会偏向于利润率高的产业以及企业。积极影响有：改善产业结构，实现资源合理配置。但是也应该看到，一些地方政府和金融部门为了自身的局部利益，引导了部分资金不合理的流动。一些不合理的资金流动导致正规金融机构在农村无法提供所需的金融服务，反而成为促使农村资金外流的工具。主要表现为以下几方面。

第一，政策性金融机构支农力度逐步弱化。农业发展银行并没有发挥完全的政策性资金运作效用，在支持农业发展、农村基础设施建设、产业化升级、农业技术进步开发等方面没有给予相应的资金支持。由于经营业务的局限性，金融产品与服务品种单一，也无法同其他商业银行一样以营利为主要目的，缺少一定的盈利能力，导致其经营越来越单一，粮棉的收购成了其主要业务，在农产品收购方面发挥了政策性效应，其他方面的支农力度却在逐步退化。

第二，商业性金融机构减少农村金融服务。农业银行作为商业性金融机构，在资金支农方面也发挥一定作用，如促进农村产业化发展、金融扶贫、农业科技建设等。然而，由于城市化进程的加快以及商业性银行自身的追求利益的目标，农业银行在运营管理方面做出了一些政策性调整。在信贷服务方面，乡镇企业以及其他农业特色产业企业更加难以获得贷款，贷款额度有所限制，农业银行更加倾向于大型重点企业。农业银行的工作重心也从农村转移到城市，其资金流向也大部分转移到城市，实行商业化运转。对农业的资金支持力度逐渐下降，农村金融覆盖面也相对降低。

第三，合作性金融机构运行非农化。农村信用合作社也逐渐背离初衷，其贷款对象具有选择性，农户和小型乡镇企业能从农村信用合作社获取的贷款额度受到限制，其贷款机制逐渐成为"非农化"和"城市化"，农村信用合作社的支农作用没有充分体现。在与商业金融机构的竞争中，为了实现利润最大化，其经营模式与商业性金融机构逐渐相似，不再是合作金融性质，影响了促进农村经济发展的作用。

第八章

湖北省农村金融"普惠化"
发展（2006年以来）

"普惠金融"概念是由中国人民银行于2006年引入的，普惠金融是指立足机会平等要求和商业可持续原则，以可负担的成本为有金融服务需求的社会各阶层和群体提供普遍、有效和全方位的金融服务。中国银行业监督管理委员会（以下简称"银监会"）于2006年底发布了《关于调整放宽农村地区银行业金融机构准入政策更好支持社会主义新农村建设的若干意见》（以下简称《意见》）（银监发〔2006〕90号），强调"以低门槛、严监管为指导原则，鼓励各类资本深入到农村中建立分支机构，积极引导各类新型农村金融机构，尤其是村镇银行、贷款公司和农村资金互助社等新型农村金融机构在农村地区的设立"①。为了实现金融"普惠化"发展，进一步消除金融服务空白区，在《意见》中，银监会还挑选了湖北、四川、青海、甘肃、内蒙古、吉林6个省区作为新型农村金融机构试点省份，而中部六省中只有湖北省是唯一一个首批参与农村新型金融机构建设试点的省份，使得湖北农村金融机构向多元化、多层次改革发展，形成能满足城乡居民需求的完善的普惠金融体系。

2011年3月银监会发布的《中国银监会办公厅关于进一步推进空白乡镇基础金融服务工作的通知》（银监办发〔2011〕74号）中也指出，中国的金融服务工作在2010年取得了很大的进展，但在金融服务全覆盖过程的推进中也存在不少问题。主要问题有：农村金融服务全覆盖工作

---

① 《关于调整放宽农村地区银行业金融机构准入政策更好支持社会主义新农村建设的若干意见》，2006年，新浪爱问共享资料（http://ishare.iask.sina.com.cn/f/13564339.html）。

进展不平衡，有的地区仍然存在不同程度的认识不到位以及工作开展不力的情况；有的地区仍然只能提供方式单一的金融服务，服务深度不够；有的地区提供的金融服务缺乏有效性、时间短、频度少；还有的地区由于经营风险较大、成本高，导致不能实现可持续发展。为了进一步实现金融服务在金融空白乡镇全覆盖，各地区要紧密结合自身金融服务需求和资源分布的实际情况，认真总结 2010 年的工作经验，制定科学、差别化的工作方案，在原有金融网点的基础上，以"巩固、完善、提高"为原则，因地制宜提供金融服务，增加金融机构网点规模，逐步完善网点功能、提高金融服务质量、增强金融服务功能转变。① 而作为中国普惠金融国家战略规划的《推进普惠金融发展规划（2016—2020 年）》（国发〔2015〕74 号）于 2016 年 1 月 15 日正式发布，要求"坚持借鉴国际经验与体现中国特色相结合、政府引导与市场主导相结合、完善基础金融服务与改进重点领域金融服务相结合，不断提高金融服务的覆盖率、可得性和满意度，使最广大人民群众公平分享金融改革发展的成果，打开了中国普惠化金融发展新的局面"②。

现阶段，湖北省虽然通过各种政策手段大力扶持农业发展，支持农村商品经济的发展，然而农村资金还不能满足日益扩大的需求。为了满足湖北农村经济与金融发展的需要，湖北省作为中国重要的商品粮基地与中国粮食主产区之一的农业大省，积极参与新型农村金融机构试点。相较于其他农业大省来说，湖北省农业问题比较特殊，湖北省落后的农业与农村经济发展、匮乏的农村金融资源与相对落后的农村金融发展，制约了湖北省经济社会的进一步发展与新型工业化进程，也限制了湖北新农村建设的发展，这也是严重制约湖北省农村经济发展的主要原因。因此，如何完善农村金融体系，抑制农村资金外流，集中资金支持农业、发展农村经济，实现农村金融体系的适度平衡，成为湖北省农村亟待解决的问题。

---

① 《中国银监会办公厅关于进一步推进空白乡镇基础金融服务工作的通知》，2011 年 3 月，法律图书馆（http：//www. law－lib. com/Law/law_ view. asp？id＝345297）。

② 《推进普惠金融发展规划（2016—2020 年）》，2016 年 1 月，中国政府网（http：//www. gov. cn/zhengce/content/2016－01/15/content_ 10602. htm）。

第一节　湖北省农村金融现状

一　湖北省农村金融基本状况

(一)机构体系进一步完善

2015年湖北省为进一步完善农村金融服务,实现农村金融服务全覆盖,继续发展农村金融全覆盖工程,湖北农村金融服务机构网点有着明显增加。全省2015年内涉农金融服务持续改善,涉农贷款达到7705亿元(见表8—1)。

表8—1　　　　　　　　2015年湖北省农村金融机构情况

机构类别	机构数量(家)	从业人数(人)	资产总额(亿元)
商业性金融机构	2869	63910	22932
政策性金融机构	95	2542	8199
合作性金融机构	2151	30703	9099
新型农村金融机构	145	2771	288
邮政储蓄银行	1642	7936	4422
合计	6902	107862	44940

资料来源:湖北银监局。

总体而言,湖北省已基本建立了包含政策性、商业性、合作性新型农村金融机构以及中国邮政储蓄银行在内的多元化、多层次的农村金融体系,但由于新型农村金融机构的发展历史较短,目前湖北省农村金融的主体依然是合作性金融机构、政策性金融机构及商业性金融机构,尤其是合作性金融机构中农村信用合作社在湖北农村金融发展中发挥着主导作用。截至2015年底,湖北省农村信用合作社各项存款余额5865亿元,贷款余额达3621亿元,在湖北省内提供最多的营业服务网点和最大范围的金融服务,其人民币存款余额及其资产总额在湖北省地方金融机构中排名第一。与农村信用合作社的快速发展相比,近年来,农业发展银行由于政策调整,其农业政策性贷款逐年下降,主要功能变成为国家提供粮食储备服务,因此农业发展银行支农作用薄弱;而农业银行也由于经营策略发生变化,支农效应明显下降,农业银行的业务重心由农村转向城市,其主要业务范围逐步与其他商业性金融机构业务同化。可以看出,农业发展银行和农业银行的支农作用正在逐渐减弱。此外,新型农村金融机构的良好发展,对农村经济发展贡献也大幅增加。

(二) 农村信贷支持作用突出

随着农村普惠金融的发展,湖北省农村金融机构的县域农村信贷额逐年增加,在一定程度上反映了湖北省农村地区居民对信贷的需求和使用情况。由表 8—2 可知,湖北省县域贷款余额及存款余额在 2006—2015 年逐年增加,信贷规模也逐年增加。农村信贷资金与农村经济增长有着密切的关系,信贷资金投入能有效促进经济增长。2015 年末,湖北省金融机构各项贷款余额 29514.6 亿元,增长 16.7%,增速比上年末高 1.1 个百分点,扭转了近五年贷款增速持续下滑的局面。全年新增贷款首次突破 4000 亿元,比上年增多 931.3 亿元。其中,新增中长期贷款 277.3 亿元,占全部新增贷款的 65.7%,贷款增长仍呈现较为明显的中长期化趋势。货币政策工具信贷投向引导成效明显,信贷资金积极向小微企业、"三农"领域、科技创新、绿色发展、扶贫开发等重点领域和薄弱环节倾斜,有力支持"稳增长、调结构、惠民生"。全省小微企业、涉农贷款余额同比增长 25.1% 和 17.2%,连续六年高于各项贷款平均增速。

表 8—2 　　　　　 **2006—2015 年湖北省县域农村存贷款情况**　　　 (单位:亿元)

年份	存款余额	贷款余额
2006	1919.93	1059.81
2007	2259.66	1297.89
2008	2782.40	1385.90
2009	3807.42	2178.32
2010	4067.96	2474.47
2011	4668.45	2907.01
2012	5811.49	3734.03
2013	6779.86	4476.73

续表

年份	存款余额	贷款余额
2014	8110.41	5366.71
2015	9284.99	6241.06

资料来源：《湖北金融统计年鉴》。

（三）普惠金融效果明显

中国农村金融市场较为特殊，小农经济是中国农村发展的主要模式，农户的资金需求较为分散，对资金的需求力度不大，并且在生产方面都有一定风险，其安全性也较低。经营主体很难改变在投资资源竞争中的不利地位。这样的主体构成了中国农村金融市场的一部分，金融机构这一金融服务供给方为了追求利润最大化，降低经营成本，金融机构在农村可能会缩小经营规模或者减少金融服务，使得满足农村偏远地区的农民的金融需求更加困难，偏远地区的农民想要获得金融服务也困难重重。湖北省"十二五"农村金融服务覆盖计划将新农村网络作为重要目标任务，优化省内金融机构布局，引导金融服务下沉，改善农村金融基础设施，使金融机构网点能够在农村地区普及。因此，湖北省创新发展普惠金融，探索实施金融服务网格化战略。截至2015年底，湖北省已建成10646个普惠金融电网化工作站，覆盖6871个基层（社区、公园、校区、商务区）、1.6万个行政村，基本实现了农村金融服务全覆盖。为了解决融资"难和贵"的问题，发放402.4亿元贷款，在助力精准扶贫、推动社会治理等方面发挥了重要作用。全省所有地区都开展了全面试点工作，部分地区的实践进展顺利，取得了良好的成效和较高的社会认可度。农村支付结算业务有所改善，新建1000多个标准化农户金融服务点，转账电话基本实现行政村全覆盖。

二　湖北省农村金融机构

目前，湖北省已基本建立了包含政策性、商业性、合作性新型农村金融机构以及包括中国邮政储蓄银行在内的多元化、多层次的正规农村金融体系，与此同时，在法律约束之外，渐渐活跃起来的民间借贷机构也形成了一套非正规金融体系。全省正规金融机构性质可分为以下五类：

一是由于政策调整，政策性金融机构的主要功能发生转变，因此其支农作用逐渐减弱的政策性金融机构；二是近年来影响力有所减弱，但随着其介入新型农村金融机构试点而逐渐回升的商业性金融机构；三是自2003 年开始实行农村信用改革以来，虽然有不少农村信用合作社已经或即将完成股份制改革，在官方文件和研究工作中还是以合作性金融机构看待的合作金融机构；四是中国邮政储蓄银行被列为一个单独的类别，主要是因为它在成立之初就有特殊的地位，它不属于政策性银行，但在银行成立之初没有贷款业务，直至 2012 年开始可以全面办理商业银行业务，成为继工、农、中、建四大国有商业银行后的第五大商业银行；五是表明中国农村金融已经走上了普惠制金融之路的新型农村金融机构的建立，包括村镇银行、贷款公司和农村资金互助机构。

农村金融是现代金融体系的薄弱环节，农村金融资源配置不合理，金融服务不完整，金融机构运作低效率，都会导致农村资金外流现象。因此，加强和改进农村金融服务，满足农民日益增长的融资及其他金融需求，补齐县域农村金融短板，是支持"三农"发展，建设农业强省的有力支撑。金融机构是农村经济发展的资金来源，加强和改善金融服务，也是实施中央供给侧结构性改革的重要抓手。目前，湖北省已经完成了农村信用合作社产权制度和组织形式的改革，从而一定程度上缓解了农村信用合作社的经营负担，为农村信用合作社更好开展服务工作提供了帮助，经营实力显著增强，金融服务能力显著提高。随着新型农村金融机构的建立和发展，湖北省农村金融体系不断完善，也为湖北省农村经济的发展做出了巨大的贡献。

（一）正规金融机构

1. 农业政策性金融机构

中国农业政策性金融机构的历史只有二十多年，中国政策性金融机构的成立以中国农业发展银行的成立为标志。目前，中国农业发展银行的主要职能是通过有重点、有顺序地安排使用资金，发挥信贷杠杆作用，承办国家规定的农业政策性信贷业务和经批准设立的农业商业信贷业务，同时发展以粮棉油为主体的农业产业化信贷和农业农村长期信贷，提高资金使用效益，支持农村经济稳步发展。其客户群基本覆盖所有从事农业生产、经营和加工的企事业单位。中国农业发展银行支持农业的专业性较强，它不同于商业银行发放的农业贷款，与其他政策性银行的政策性贷款也不同。由于中国农业发展不平衡的现状，中国农业发展银行的支农业务差异很大，它不仅涵盖了农业和农村发展领域中的不同行业和不同类别，而且相同业务的开展在不同地区也有很大的差异性。

作为国家农业政策调控的政策性银行，中国农业发展银行湖北省分行 1996 年才正式挂牌发展，虽然成立较晚，但其在不断改革和发展的工作开展中取得了良好的成绩。特别是近年来，湖北省为了适应其农村经济发展的需要，不断扩大其金融机构业务范围，发展不同的支农业务，逐步完善支农功能，实现了由低端的存贷业务到高层次的系统化管理的转变，在促进湖北省农村经济快速发展的过程中发挥着重要作用。虽然农业发展银行在国家政策上有所倾斜，但其对促进湖北省农村金融发展和农村经济增长具有明显的效果（见图 8—1）。

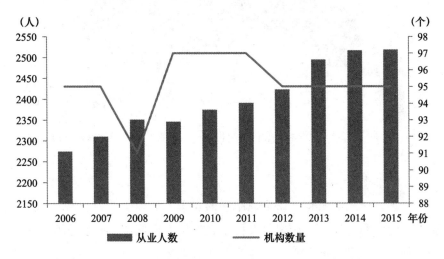

图 8—1 2006—2015 年湖北省农业政策性金融机构的发展趋势

中国农业发展银行湖北省分行作为中国农业发展银行的下辖机构，于 1995 年 1 月 20 日成立，并于 1996 年底 1997 年初完成湖北省各分支机构的组建工作。如图 8—2 所示，中国农业发展银行湖北省分行目前下辖分支机构达 86 个，其中包括 1 个省分行营业部、13 个市州分行和 72 个县（区）支行，已经基本实现全省覆盖。截至 2015 年末，全行各项贷款余额为 1548.73 亿元，在全省金融系统中居第 7 位。其中，累计投放 457.89 亿元中长期贷款支持农业开发和农村基础设施，同比增加 246.09 亿元，大幅增长了 116.19%。积极拓展水利贷款业务，支持湖北重大水利工程建设；主动对接全省精准扶贫战略，支持全面小康建设；通过强化信贷支农，全力服务湖北农村经济社会发展。

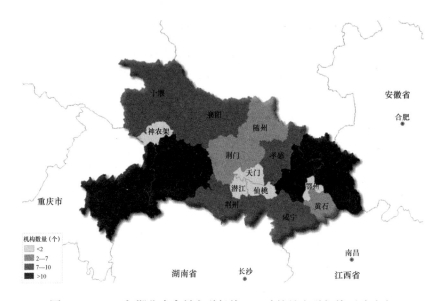

图 8—2　2015 年湖北省农村金融机构——政策性金融机构区域分布

2. 商业性金融机构

目前，湖北金融业市场呈现激烈的竞争。商业性金融机构凭借自身连续多年的稳定经营，在湖北农村金融市场有着明显的优势和良好的声誉。而且其雄厚的资金实力、专业的业务队伍、广泛的业务覆盖面和良好的企业信誉能够为商业性金融机构适应金融市场需要加快改革提供支撑，不断加快其业务整合进程，使得商业性金融机构的金融创新能力不断增强，也为湖北农村金融业健康持续发展创造良好环境。

随着金融体制改革步伐的加快，国有商业银行追求盈利的动力也越来越强。农村金融服务业的服务对象主要是农业、农业产业化和中小型乡镇企业。由于农业的脆弱性、风险性较高，导致农业生产效率低下。

且中小企业普遍存在规模小、管理水平低、技术含量低的问题，也使得农村经济在区域经济中处于弱势地位。农村经济的弱势地位与国有独资商业银行的集约经营之间的矛盾直接导致了国有商业银行从农村信贷市场完全退出，将经营重点逐渐转移到城市地区，支农效应减弱。如图8—3所示，自2006年至2009年湖北省商业性金融机构数量明显减少。湖北省分行机构数量的变化反映了中国农业银行整体商业改革中农业经营机构快速缩减的现象，说明这一时期农村金融体制改革使得农村贷款难度加大。且中国农业银行的农业贷款大多用于农村基础设施建设和农村乡镇企业，较少用于农户直接贷款。国有商业银行的商业化改革也迫使商业银行将业务重心转移到大城市、大项目和大客户，而对农村金融发展与农村金融市场的供给和需求考虑较少。

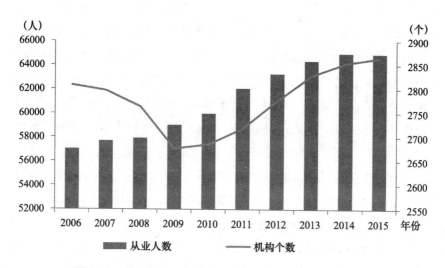

图8—3 2006—2016年湖北省商业性金融机构的发展趋势

以中国农业银行为例，中国农业银行湖北省分行在支持"三农"的政策影响下，加大对湖北省"三农"支持力度。2015年全年农业贷款净额为92.7亿元，同比增长12.2%。说明近年来，中国农业银行湖北分行出台了多项政策，在促进农业和农村的发展方面有一定的成效，并为新型农业经营主体创业投融资融入正能量。但中国农业银行加大了商业化进程，逐渐走向城市化和非农化，不断脱离农村，导致农村金融贷款很难，涉农贷款呈现显著下降趋势。

3. 合作性金融机构

改革开放以来，中国农村合作金融历经数次改革探索。主要可以概括为三个阶段：第一阶段（1979—1995 年），农村信用合作社隶属于中国农业银行，农村合作基金会逐步发展壮大；第二阶段（1996—2002 年），农村信用合作社恢复独立法人地位，农村合作基金会被整顿关停；第三阶段（2003 年至今），农村信用合作社全面深化改革，逐步走上商业化发展道路。

2003 年 6 月出台的《国务院关于印发深化农村信用合作社改革试点方案的通知》（国发〔2003〕15 号）中要求"按照明晰产权关系、强化约束机制、增强服务功能、国家适当支持、地方政府负责的总体要求，加快农村信用合作社管理体制和产权制度改革，把农村信用合作社逐步办成由农民、农村工商户和各类经济组织入股，为农民、农业和农村经济发展服务的社区性地方金融机构，充分发挥农村信用合作社农村金融主力军和联系农民的金融纽带作用，更好地支持农村经济结构调整，促进城乡经济协调发展"[①]。2004 年《国务院办公厅关于进一步深化农村信用合作社改革试点的意见》（国办发〔2004〕66 号）中"经国务院批准，吉林、山东、江西、浙江、江苏、陕西、贵州、重庆 8 省（市）开展了改革试点工作。自试点以来改革进展顺利，成效显著。为加快推进农村信用合作社改革，深化 8 省（市）改革试点，进一步扩大试点范围"[②]。2005 年 1 月《中共中央国务院关于进一步加强农村工作提高农业综合生产能力若干政策的意见》（中发〔2005〕1 号）要求"要针对农村金融需求的特点，加快构建功能完善、分工合理、产权明晰、监管有力的农村金融体系。继续深化农村信用合作社改革，要在完善治理结构、强化约束机制、增强支农服务能力等方面取得成效，进一步发挥其农村金融的

---

① 《国务院关于印发深化农村信用合作社改革试点方案的通知》，2003 年 6 月，中国政府网（http：//www. gov. cn/zwgk/2005 - 08/13/ content_ 22249. htm）。

② 《国务院办公厅关于进一步深化农村信用合作社改革试点的意见》，2004 年，中国政府网（http：//www. gov. cn/zwgk/2005 - 08 /15/content_ 23158. htm）。

主力军作用"①。如图 8—4 所示，随着农村信用合作社改革的逐渐推进，
湖北省农村合作金融机构的数量自 2006 年至 2015 年逐渐减少。但是，目
前合作性金融机构仍然是湖北省农村金融的主体，尤其是农村信用合作
社在湖北农村金融发展中发挥着主导作用。

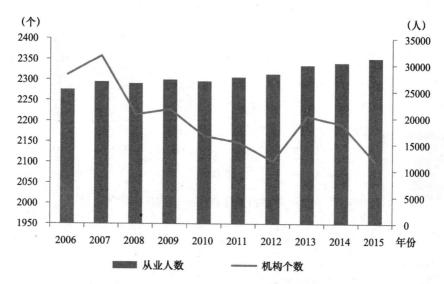

图 8—4　2006—2015 年湖北省农村合作金融机构的发展趋势

（1）农村商业银行

农村商业银行是可以由任何当地的农民、个体工商户、企业法人及其
他经济组织发起，或者在原来农村信用合作社已有社员的基础上，吸收新
的个人和经济组织，由当地政府负责的股份制地方性金融机构。由于农村
产业结构转变，导致农业总产值占生产总值的比重下降，许多从事传统农
业生产活动的农民放弃农业生产，转向其他农业投资生产活动，其对传统
农业生产的资金和金融服务的需求变少，而对新型农业创业投资方面的金
融需求增加，导致农村商业银行服务的对象一般集中在城镇化程度较高、
经济比较发达的地区。由此可以看出，农村信用合作社早就已经开始了商
业化发展。虽然商业银行仍然是以追求自身利润最大化为主，但农村商业

---

① 《中共中央国务院关于进一步加强农村工作提高农业综合生产能力若干政策的意见》，
2005 年 1 月，360 百科（https://baike.so.com/doc/4352851 - 4558172.html）。

银行作为农村合作性金融机构,在追求利润的同时还需要承担支持地方"三农"发展的责任,以促进农村经济发展(见图8—5、图8—6)。

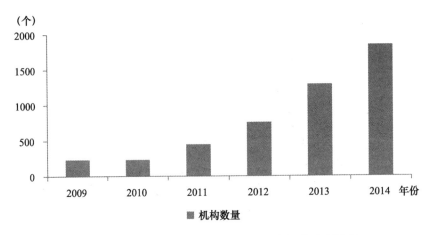

图8—5 2009—2014 年湖北省农村商业银行的发展趋势

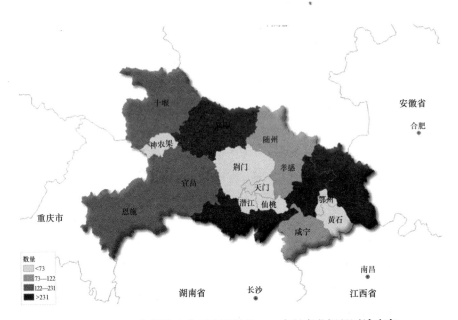

图8—6 2014 年湖北省农村金融机构——农村商业银行区域分布

由图8—5可以看出,湖北省农村商业银行自2010年以来发展迅速,机构数量迅猛增长,覆盖地区也由最初只有武汉市和咸宁市逐渐发展至黄石市、襄阳市等 13 个市，基本实现省域范围内全覆盖。截至 2015 年底，湖北省全省农村信用合作社存款、人民币贷款总量均跃居全省银行业机构第一，2100 多个营业网点有 73% 在县域及以下，3 万名员工中有 80% 在基层营业网点；发放给农户的贷款占全省银行业机构的 70% 以上，小微企业贷款占 30% 以上，市场份额占全省农村银行贷款的 90% 以上，在地方银行机构中排名第一。①

湖北省成立的第一家农村商业银行是 2009 年 9 月在原有的武汉市农村信用合作社的基础上成立的武汉农村商业银行。原有的武汉农村信用合作社是一个以"社员入会，一人一票，服务社员"为原则，适合分散、弱小的劳动者合作互助组织。武汉农村商业银行重组后进行的资本联合的股份制改造，虽然与农村信用合作社相比，改革后的武汉农商银行改变了股权所有制和服务重点，比较适应市场经济发达、商业化程度高的地区，然而，武汉农村商业银行的目标仍然是以服务"三农"为基础。不仅将一半的营业网点设在农村地区，而且将继续增加对农民和农业企业的贷款。在服务重点方面，武汉农村商业银行将继续为城市圈的"两型社会"和"新农村建设"提供信贷服务和金融支持。从 2015 年武汉商业银行贷款主要行业分布情况来看，银行贷款 920.8 亿元，同比增长 9.5%，其中"三农"贷款余额 471.6 亿元，对农业的贷款占到 51.2%，占对所有行业贷款中最大份额，可以看出武汉农村商业银行在服务"三农"事业发展方面的贡献，这也是由武汉农村商业银行的定位和发展战略决定的。

（2）农村合作银行

农村合作银行是以社区为基础，在现有农村信用合作社成员的基础上吸纳新的农民、农村工商户、企业法人等经济组织的地方金融机构，是由地方政府负责股份合作制银行。农村合作银行与农村信用合作社的业务基本相同，农村合作银行产权制度是传统合作制与现代股份制的有机结合，而不仅仅限于一个制度，是中国农村信用合作社改革的一种新的制度安排。与股份制相比，合作制最重要的特点是一人一票制、为社

---

① 《我省率先实现农村银行县域全覆盖》，2016 年 1 月，新华网（http://www.xinhuanet.com/local/2016－01/26/c_ 128668698.htm）。

区成员服务,适用于个体经营者分散资本较多的地区。农村合作银行是以股份制和合作制为原则,其主要责任是为农民、农业和农村经济发展提供金融服务,以调动广大农民生产积极性,提高劳动生产率,促进农村经济的发展。

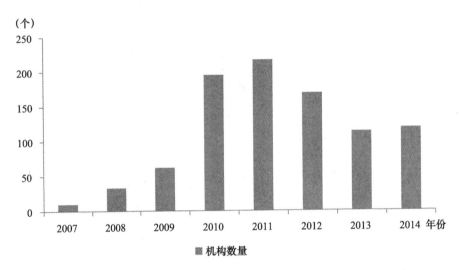

图 8—7 2007—2014 年湖北省农村合作银行的发展趋势

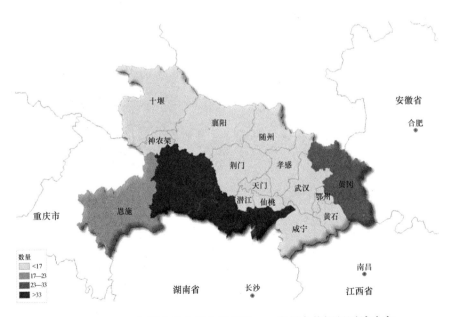

图 8—8 2014 年湖北省农村金融机构——农村合作银行区域分布

从图8—7可知,湖北省农村合作银行自2007年以来发展迅速,虽然机构数量在逐年增加,但近几年有点止步不前。到目前为止,湖北只有黄石、宜昌、荆州、恩施等地有为数不多的几家合作银行,覆盖面严重不足(见图8—8)。

(3)农村信用合作社

农村信用合作社是"由会员持股、实行民主管理的,并向成员提供金融服务,经由中国人民银行批准的农村合作金融机构"。农村信用合作社是独立法人,将全部资产用于农村信用合作社债务,其财产、合法权利和合法经营活动受国家法律的保护。农村信用合作社的主要任务是筹集农村闲散资金,组织和规范农村资金,为农业、农民和农村经济发展提供金融服务,支持农业生产和农村综合发展,限制和打击高利贷。[①]

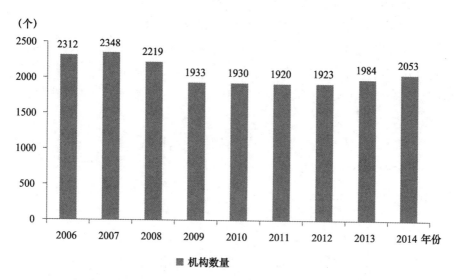

图8—9 2006—2014年湖北省农村信用合作社的发展趋势

由图8—9可以看出,自改制以后湖北省农村信用合作社的机构数量虽然有所减少,但基本稳定在2000个左右。因此,农村信用合作社仍然是湖北目前农村合作金融最主要的机构,并且,农村信用合作社改革完

① 龚晓菊、赵迪:《差异化视角下美国农村区域金融支持经验借鉴》,《经济研究参考》2013年第47期。

善了管理体制和经营模式，促进了其业务扩展，同时各大商业银行为了追求经济利益逐渐退出农村领域，形成了农村信用合作社垄断地位。农村信用合作社在湖北省内提供最多的营业服务网点和最大范围的金融服务，其人民币存款余额及其资产总额在湖北省地方金融机构中排名第一，成为支农的主力军之一，为湖北农村经济发展提供充足的金融资源，对湖北省的改革与发展非常重要。

虽然农村信用合作社也存在着农业贷款不健全等问题，但长久以来，农村信用合作社与农民、农村和政府的自然联系，使得农村信用合作社有着天时地利人和。而新型农村金融机构虽然也具有农村信用合作社资金的合作性质，但农村村镇银行等新型金融机构发展历史较短，农村村镇银行、小额信贷公司和资金互助社等的发起人或者出资人均以实现利润最大化为经营目的，农村经营主体主要是农户以及乡镇企业等，由于农民、农业和农村经济等存在着高风险和效率低下的问题，农户的资金需求一般较为分散、灵活，份额较少。新型农村金融机构的服务对象首先是以农业企业和个体工商户为主，真正向农村弱势群体——低收入农民提供的金融服务是非常有限的，因此，其在短期内难以取得较大的成效。

可以预见，在今后相当长一段时间内，农村信用合作社仍然是湖北省农村金融的主体，在湖北农村金融发展中发挥着主导作用。因此，农村信用合作社仍将在农村合作金融体系中占有重要地位。农村信用合作社应立足于发展普惠金融战略，把握农业和农村经济发展的阶段性特点，不断推进农村金融服务网络体系多层次、广覆盖和差异化发展，为发展现代农业和建设小康社会提供强有力的金融支持。

4. 中国邮政储蓄银行

国务院在 2006 年 12 月 31 日批准设立中国邮政储蓄银行，2007 年 3 月，中国邮政储蓄银行正式成立。中国邮政储蓄银行的成立标志着邮政储蓄改革和发展进入了一个新阶段。随着金融自由化和金融全球化的发展，全球银行业都争先恐后地抢占金融优势，特别是中国加入世界贸易组织（WTO）以来，各大外资银行为了抢占中国市场，纷纷在中国设立分支机构，外资银行的介入对中国本土银行来说也是一个巨大的竞争。而邮政储蓄作为中国 20 世纪 80 年代国家的政策性产品，其高利率一直为其他商业银行不满，不利于中国金融业的市场化和合理竞争。此外，邮政储蓄在中国农村地区大量吸收存款，然后通过商业银行投资城市建设，被认为是农村资金的"抽水机"，不利于改变中国城乡二元结构。此时，中国邮政储蓄银行应时而生（见图8—10）。

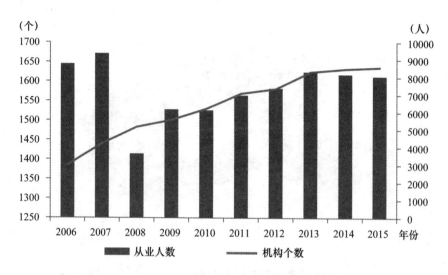

图8—10　2006—2016年湖北省邮政储蓄银行的发展趋势

中国邮政储蓄银行（湖北分公司）成立至今已有十几年历史，但其仍是湖北农村金融体系中的新生力量。中国邮政储蓄银行的资金来源主要是农村存款和农户储蓄，它的主要优势在于建立零售商业银行，建立有特色的农村金融体系。虽然贷款业务相对不足，但对湖北农村金融结构的政策调整和农村资金外流起到了关键性的作用。

由图8—10可知，湖北省邮政储蓄银行的机构数量在2006年为138个，经历12年的迅猛发展，数量明显上升，截至2015年底，湖北省邮政储蓄银行共有1642个机构。从图8—11的区域分布来看，邮政储蓄银行基本遍布湖北省各个地区。与其他商业银行在农村不能发挥自己的优势，很难与农村现有的金融环境相融合不同，中国邮政储蓄银行深入农村已久，凭借自身的优势，其机构网点在农村地区分布较广，其信贷资金也主要来自农村地区的农村存款，因此，它的主要目标是农户，在很大程度上弥补了农村金融的不足。2015年，中国邮政储蓄银行湖北分行全年贷款余额 780 亿元，存款余额 3527 亿元，总资产 3620 亿元，居全省商业银行第 4 位，成为服务湖北农村经济的大型特色银行。

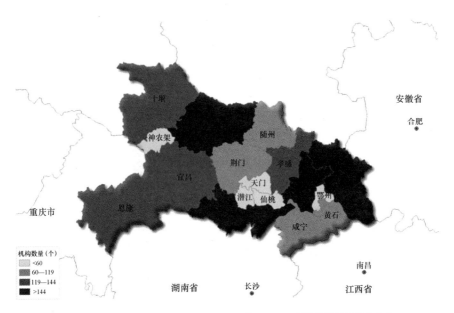

图 8—11　2015 年湖北省农村金融机构——邮政储蓄银行区域分布

5. 新型农村金融机构

湖北作为新型农村金融机构重要的试点地区，为了促进新型农村金融机构的发展，解决农村经济的快速发展和湖北农村金融整体实力较弱之间的矛盾，满足农村有效金融需求，湖北省已放开资本准入条件，支持和引导国内外资本进入农村地区，并在农村地区基于现有的农村银行业金融机构进行重组基础上，建立新型农村金融机构。新的农村金融机构，如村镇银行、小额贷款公司、资金互助社的成立进一步消除金融服务空白区域，增加了农村地区金融服务供给，使农村金融服务可以惠及所有地区和群体，有利于改善湖北农村金融整体环境。

为了保证改革顺利进行，在监督管理方面，湖北省同步出台了相应的方案措施对农村金融机构进行管理，以"低门槛、严监管"为主要监管原则，鼓励其他新成立的农村银行业金融机构在考虑当地包容性和商业可持续性的前提下，尽可能多地将当地吸收的资金用于支持当地农村经济发展。对新型农村金融机构资本充足率、资产损失准备金充足率、不良资产率、单个客户信贷集中度等的持续、动态发展实行审慎监管。并且，通过建立农村金融机构支农服务质量评估与评价体系，促进湖北农村金融机构安全稳定运行。

为了进一步扩大新型农村金融机构试点，促进新型农村金融机构的发展壮大，增加农村金融供给，改善农村地区金融机构网点覆盖低、农村金融市场竞争不充分的局面，按照国务院的要求，2009 年银监会出台了《新型农村金融机构 2009—2011 年总体工作安排》（银监发〔2009〕72 号），强调"为认真做好新型农村金融机构的培育和发展工作，引导各类社会投资者到中西部和农村地区设立新型农村金融机构"①。2009 年 5 月，财政部正式发布《中央财政新型农村金融机构定向费用补贴资金管理暂行办法》（财金〔2009〕31 号），也强调了"为了支持新型农村金融机构持续发展，促进农村金融服务体系建设，对符合规定条件的经中国银行业监督管理委员会（以下简称银监会）批准设立的村镇银行、贷款公司、农村资金互助社三类新型农村金融机构，按上年贷款平均余额给予一定比例的财政补贴"②。在中央财政的推动下，新型农村金融机构发展速度进一步加快。不可否认的是，新农村金融机构的建立和发展，解决了乡镇企业和农民贷款问题，为新农村建设做出了巨大贡献。新一轮农村金融增量目标的改革是在已有的商业银行治理机制的基础上，为了有效调控农村民间金融资源，将外生性与内源性的农村金融相结合，通过建立长期合法的民间金融合作制度，共同组建以村镇银行、贷款公司和农村资金互助合作社三种新型农村金融机构为主的，多层次、多元化发展的农村金融体系。

新型农村金融机构的发展，激发了农村金融深化改革、加快创新的活力。其发展顺应了中国经济、金融市场化、商品化、多元化发展的需要，为农村传统金融市场注入了新的元素，也是农村金融改革的一大创

---

① 《新型农村金融机构 2009—2011 年总体工作安排》，2009 年，中国政府网（http://www.gov.cn/gzdt/2009-07/29/content_ 1378636. htm）。

② 《中央财政新型农村金融机构定向费用补贴资金管理暂行办法》，2009 年 5 月，中国政府网（http://www.gov.cn/gongbao/content/2009/content_ 1471718. htm）。

新。但是，由于缺乏运作良好的金融基础设施和其他辅助服务，金融机构不能自主经营。专业培训和管理可以提高企业管理效率、促进产品开发，更大限度地提高金融服务覆盖面、提高普惠金融发展的有效性。自2006 年以来，随着湖北省新型农村金融体系的逐渐完善、新型农村金融机构网点的不断增多，能够满足农民日益增长的融资及其他金融需求，其为农村地区弱势群体提供的金融服务水平不断提高。新型农村金融机构对农村金融产品和服务的促进作用明显，在一定程度上有利于调剂农村资金的余缺，有利于促进湖北农村农业生产和经济发展。

截至 2015 年底，湖北省已开业的三类新型农村金融机构全省县域银行业服务网点达到 131 个，虽然发展规模仍然有限，但已开业的新型农村金融机构在缓解湖北农村金融压力、满足湖北农村居民金融需求上发挥着较为稳定的作用。值得注意的是，虽然现阶段农村金融机构在一定程度上调剂了农村资金的余缺，有利于促进湖北农村农业生产和经济发展，但是新型农村金融机构的发展规模较小、时间较短，且在农村地区改善农村金融服务的难度较大，目前新型农村金融机构缓解农村金融服务的功能仍然有限。因此，应进一步扩大新型农村金融机构的培育和发展（见图 8—12、图 8—13）。

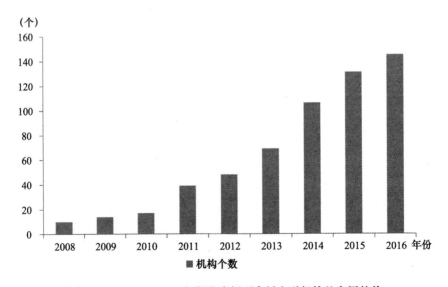

图 8—12　2008—2016 年湖北省新型农村金融机构的发展趋势

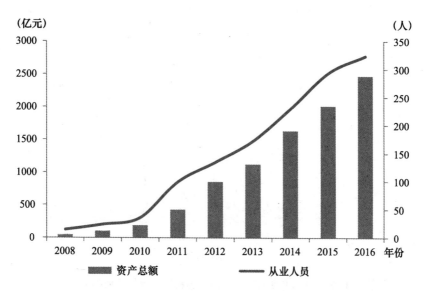

图 8—13　2008—2016 年湖北省新型农村金融机构从业人数和资产总额

（1）村镇银行

村镇银行"是指依照有关法律、法规的规定由中国银行业监督管理委员会批准的基金，并由国内外金融机构、境内非金融机构企业法人和自然人出资，主要在农村地区建立，为当地农民、农业和农村经济的发展提供金融服务的银行金融机构"①。村镇银行的建立，有效地填补了农村地区金融服务的空白，加大了农村地区的金融支持力度。

如图 8—14 所示，自 2007 年湖北省开始实行新型农村金融机构试点以来，村镇银行的机构数量逐年增加，截至 2015 年，湖北已组建 93 家村镇银行。而从图 8—15 可以看出，湖北省已基本实现村镇银行县域范围全覆盖，并成为全国首批实现村镇银行县域全覆盖的省市。湖北村镇银行已建立普惠金融网格化工作站 834 个，发放贷款 29.98 亿元，惠及普惠群体 3.07 万户，新型农村金融机构的发展取得了良好的成效。

作为第一批参与新型农村金融机构试点的省份之一，湖北省村镇银行的发展在数量和经营模式上有着显著优势，在弥补农村金融空白方面也起到了一定的积极作用，但由于湖北省省域范围较大，各地区农村经

---

①　王信：《我国新型农村金融机构的发展特征及政策效果研究》，硕士学位论文，西南财经大学，2014 年，第 22 页。

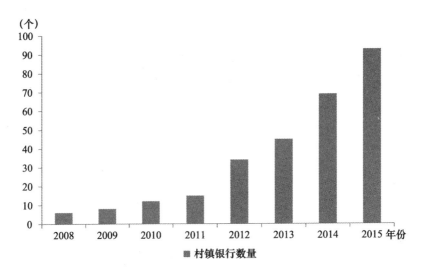

图 8—14 2008—2015 年湖北省村镇银行的发展趋势

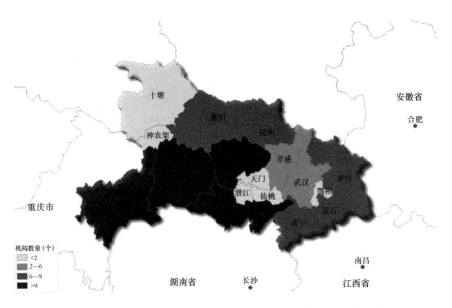

图 8—15 2015 年湖北省农村金融机构——村镇银行区域分布

济发展水平、农村金融市场环境、人力环境和投资及金融服务需求等方面都存在较大的差异，不少地区的村镇银行一时不能适应当地金融服务的需求，长期处于亏损状态，发展停滞不前。因此，为了满足不同地区的农村金融服务需求，要针对不同经济发展程度的地区，因地制宜，建立各种所有制村镇银行，促进村镇银行的发展。

（2）小额贷款公司

1993年在河北省义县扶贫经济合作社的建立标志着中国小额信贷的发展。小额信贷的发展可分为三种模式：第一种是扶贫小额信贷，主要依靠政府补贴或外部捐赠，由政府相关组织或政府建立，向农村贫困人口提供信贷，但不盈利，因此没有可持续发展的能力。第二种小额信贷机构类似于第一种类型，即不寻求任何商业利润，完全是为了社会责任。最初的资本是依靠外部资金或金融捐赠来改善公司治理结构，增加贷款利率以谋求可持续发展。第三种是农村民间资本集聚形式的小额信贷。基于个人资本的实力以小额贷款公司的形式设立有限责任公司或股份有限公司，为农户和农村微型企业提供少量贷款。服务于农村社会使命，追求商业利润，公司可持续发展能力是三种小额信贷模式中最好的。小额信贷公司是由自然人、法人和其他社会团体设立的有限责任公司或股份有限公司，不吸收公共存款，经营小额贷款。小额信贷具有规模小、分散性强的特点，特别是公益性小额信贷在这方面特点尤为明显。据统计，中国的小额贷款，贷款金额一般在几百元、几千元，大多低于5000元。但是，小额贷款有助于农村贫困人口的发展，帮助人们改善生活，重新配置农村金融资源，促进农民积极参与农业生产，在促进农村生产和经济发展中都发挥着重要作用。

湖北省小额贷款公司试点工作开始于2008年，经过几年的发展，湖北省小额贷款公司从2008年只有1家发展到2015年全省共有420家（见图8—16），已初具规模，基本实现湖北省县域范围内全覆盖（见图8—17）。2008年9月印发的《湖北省人民政府办公厅关于开展小额贷款公司试点工作的实施意见》（鄂政办发〔2008〕61号）指出，"为切实做好湖北省小额贷款公司试点工作，根据《中华人民共和国公司法》，按照中国银监会、中国人民银行《关于小额贷款公司试点的指导意见》（银监发〔2008〕23号）的要求，部署全省小额贷款公司试点工作，标志着湖北省小额贷款公司正式启动"[①]。截至2015年底，湖北已批准设立小额贷款

---

① 《湖北省人民政府办公厅关于开展小额贷款公司试点工作的实施意见》，2008年9月，襄州政府网（http://www.hbxy.gov.cn/pub/html/201706/02/r54464_1.shtml）。

公司 420 家,注册资本 3102.92 亿元,贷款余额 3407.28 亿元。根据《中国金融年鉴》2016 年数据统计显示,2015 年底全国共有小额贷款公司 8910 家,贷款余额 9411.51 亿元,湖北省小额贷款公司数量占全国的 4.7%。

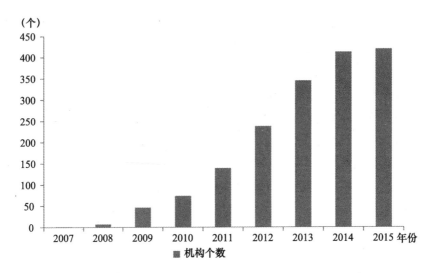

图 8—16 2007—2015 年湖北省小额贷款公司的发展趋势

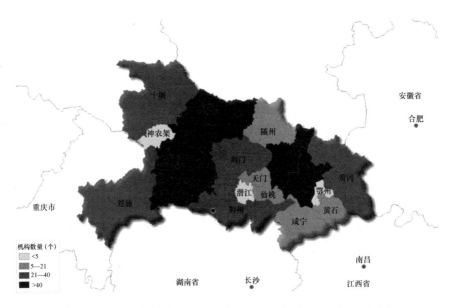

图 8—17 2015 年湖北省农村金融机构——小额贷款公司区域分布

（3）资金互助社

2007年2月4日，中国银监会印发了《农村资金互助社示范章程》
（银监办发〔2007〕51号），规定"资金互助社是经银行业监督管理机构
批准，由乡镇或行政村农民和农村小企业自愿入股组成，为社员提供存
款、贷款、结算等业务的社区互助性银行业金融机构"[①]。新型农村金融
机构中唯一的农村合作金融机构——资金互助社在湖北尚处于起步阶段，
私营金融机构的发展还不够。资金互助社是农村合作金融的有效载体，
在降低信息成本和交易风险的基础上，能够满足农户尤其是偏远地区和
贫困地区的弱势群体的金融需求，再加上越来越多的合作经济组织与农
民的关系越来越密切，合作经济组织在家庭经济中发挥着越来越重要的
作用。这就要求发挥金融在合作经济中的核心作用，积极培育共同基金
合作经济组织，培育这些更贴近农民实际需要的内源性或地方合作金融
组织，更好地引导农民实行资金互助，促进农村经济的发展。

合作金融能够适应湖北经济发展的多层次需求和不同经济水平的需
要，特别是弱势群体的需要，对农民具有较强的凝聚力和灵活性。此时，
农村合作经济组织是农民自愿合作的有效选择，应成为湖北内生合作金
融发展的重点。农村地区资金潜力大，而且社员手中闲散资金较多，资
金有余缺，依托农民共同基金、金融创新组织等农村合作经济组织，在
资金互助社组织内部充分利用闲置资金，解决农民融资需求。可以说，
农村金融的又一重大创新就是将农村资金互助组织与农村合作经济组织
结合起来，资金互助组织的资金主要用于满足内部成员投资需求，没有
从农村抽走资金补贴城市工商业发展，能够有效地解决农民融资问题，
特别是在农业产业化较好的地区。另外，资金互助社由彼此相对熟悉的
内部成员组成，投资风险较小，便于合作经济组织的长远发展。

（二）非正规金融机构

虽然湖北省正规金融体系已日趋完善，但目前湖北使用最多的不是
正式的金融贷款，而是来自非正规金融机构的金融贷款。正规金融机构

---

① 《农村资金互助社示范章程》，2007年2月4日，中国银行业监督管理委员会（http://
www.cbrc.gov.cn/chinese/home/docDOC_ReadView/20070215C5084335DFA16921FFACA830157105
00.html）。

贷款受各种抵押、担保、资质条件以及覆盖范围等的限制，排斥了大多数农村居民，尤其是偏远地区和贫困地区的农民。而与正规金融机构贷款存在金融排斥不同，民间借贷没有严格的贷款条件与程序，较少固定在两个人之间，广泛地分布在农村各个地区，包括正规金融机构难以深入的地区。政府对待民间借贷的态度是维持现有状态，不反对也不大力支持，始终坚持正确引导、合理管理和趋利避害的原则，将农村资金利用到有利于发展商品生产的地方，并将民间借贷作为银行、农村信用合作社的补充。这种组织程度较低、有广泛的贷款范围与借贷圈子的准金融组织，可以分为以下三种形式。

1. 亲戚圈——直接借贷形式

在农村最普遍的民间借贷形式是在亲戚圈进行直接借贷，这种准组织形式一般基于信任度进行借贷，关系越亲近发生争议和冲突的可能性越小，信任度越大，按照首先是父母、岳父母、兄弟姐妹，其次是堂兄弟、堂姐妹、表兄弟、表姐妹，最后是亲戚的贷款顺序，呈现出家庭关系顺序差异的格局，借款活动较为灵活。一般来说，亲戚圈的直接借贷借款人和贷款人的行为选择具有明显的"亲情"特征，不需要书面贷款协议，只需双方同意通过口头协议进行贷款活动，这笔贷款没有利息。

2. 友情圈——直接借贷形式

双方同意按照一定的贷款额度、贷款期限、利息还款方式，凭借个人信用关系，打出借条可以获得贷款，这种借贷是朋友和熟人之间的主要途径，在这个时候的借贷行为存在一定的利息，但是利息并不是因为利益的交换，而具有一定的"友情"特征，利息只是交流活动的次要因素。与第一种基于"亲戚圈"形成的直接借贷形式的差异在于有明确规定权利义务的合同条款具有一定的约束作用，是家庭圈的延伸。

当然，农村的亲友圈并不是孤立的，大多数情况下是借贷人共存，所需筹集的资金较多，考虑到方便和亲密的原则，会考虑到不同的圈子人，通常以并未涉及第三方而直接贷款的形式进行借贷。

3. 扩大的亲友圈——间接借贷形式

这一般是由亲友、有名望的合格人士组成的牵线搭桥，此时的借贷行为逐渐遵循市场规律，偏向正规化金融借贷。借贷双方在介绍人作为第三方的见证下，就贷款额度、贷款利息以及还款期限等问题达成一致，此时利息是不可避免的，签订经济担保合同和贷款收据，形成三方信用关系。由于第三方存在，在民间借贷双方之间信用意识都较强，一般都不会发生逾期不还的情况。虽然这种借贷行为仍基于"人情"而存在，但是此时的借贷活动借助标准转型的关系逐渐催生了合同的监督，使得借贷活动逐渐去人格化。

第二节　湖北省农村金融生态

金融生态是指各种金融组织为了生存和发展，在长期的分工合作过程中，形成了具有一定结构特征和功能的动态均衡体系。根据金融生态环境的概念，农村金融生态环境可以定义为"金融机构在追求自身的生存与发展的过程中，为农村经济发展提供金融服务，以及与农村经济金融发展相关的各种因素在密切联系和互动过程中形成了一个动态平衡的体系"①。

一　湖北省农村金融环境

经济环境、政策环境和社会文化环境都是金融环境的重要组成部分，在农村金融环境逐渐完善和成熟的过程中其重要性尤为突出。

（一）经济环境

经济发展水平能够影响金融资源配置，决定着金融发展的规模、效率和结构。因此，经济环境是金融环境的核心部分。农村经济运行总量、结构、效率和公平能够直接反映农村资源配置的效率和农村经济质量，经济环境通过资源流动和资源配置来调整经济结构，提高农村经济效益。因此，经济环境是农村金融环境的核心内容之一。② 目前湖北农村经济基础薄弱，直接或间接转移到农村金融，导致农村金融生态环境恶化。

---

① 吴鞾：《农村金融生态环境的评估及优化——以湖北省为例》，《农业经济问题》2013 年第 9 期。

② 黎力萌：《我国当前农村城镇化进程中农村金融生态现状与问题——以山东省寿光市为例》，《智富时代》2015 年。

1. 农村经济发展状况

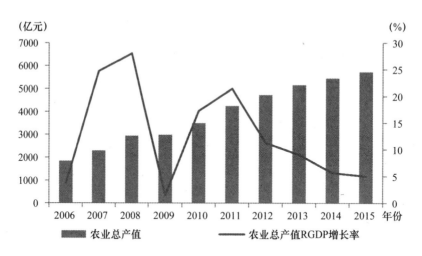

图 8—18　2006—2015 年湖北省农业总产值（RGDP）及其增长率趋势

　　国民经济的重要组成部分——农村经济的发展，直接影响到湖北农村经济的可持续发展。从图 8—18 可以看出，自 2006 年以来，湖北农业总产值（RGDP）在逐年上升，表明湖北农村经济已逐步增长。尽管如此，相对于第二产业和第三产业，湖北的农业经济增长相对缓慢，湖北的农村经济发展水平仍然很低。主要表现在：第一，农村资金相对短缺。一方面，农村固定资产投资增长缓慢，农村固定资产投资在社会固定资产投资中所占比重继续下降。2015 年湖北农村居民固定资产投资仅 477.48 亿元，比上年同期增长 0.81%，这一增长率还没有达到全社会固定资产投资总额增长的 1/10。另一方面，个别地区存在十分严重的农村资金流失，严重阻碍了湖北省农村经济的增长。农村金融不仅在支持农业方面未发挥出应有的作用，而且不断吸收农村的存款，造成湖北农村地区严重的资金流失。第二，农村劳动力素质不高，劳动生产率还比较低。一方面，湖北省农村地区机械化水平较低，农业科技含量相对较低。农业生产中仍然大量使用传统的农业生产技术，导致农业机械化和专业化水平发展相对较慢。另一方面，湖北农村文化教育水平相对落后，农村教育培训体系不健全。农业生产经营性收入不高，外出务工人口增加，农村高素质人才流失相对严重，不利于农村经济的增长。

2. 经济结构

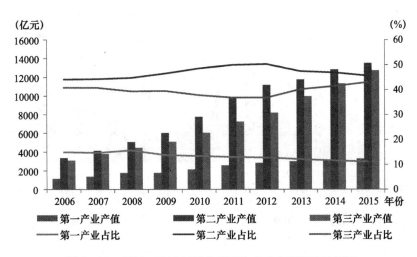

图8—19 2006—2015 年湖北省三次产业产值及比重情况

作为中部最重要的农业省之一，湖北十分重视"三农"问题和农村经济的发展。特别是 2003 年底，为了促进农村经济增长，湖北出台了一系列扶持农业、惠农的政策。在农业经济发展方面，2015 年度湖北第一产业增加值为 3309.8 亿元，同比增长 4.18%。第一产业占全省 GDP 的比重为 11.2%，较上年同期下降 0.4 个百分点。2006 年以来，虽然第一产业产值增长率存在大幅度的波动，但湖北农业总产值逐年上升，在 10 年内农业 GDP 增长率在全国仍处于领先地位。同时，研究发现，虽然近年来湖北经济整体持续增长，但不同行业的增长速度却大不相同，尤其是第一产业的发展相对落后。第三产业迅速崛起，已成为增长最快的产业，其产值占全省 GDP 的比值迅速增长，从 2006 年的 40.85% 上升到 2015 年的 43.1%。相反，第一产业相对落后，对全省 GDP 的贡献率最低（见图 8—19）。

3. 经济收入及活跃程度

湖北省是中国中部地区一个较大的农业省份，有将近 70% 的农村人口。随着政府不断加大对农村的扶持力度以及农业产业的发展，湖北省农村居民收入水平不断提高。同时，农业仍然属于弱质产业，基

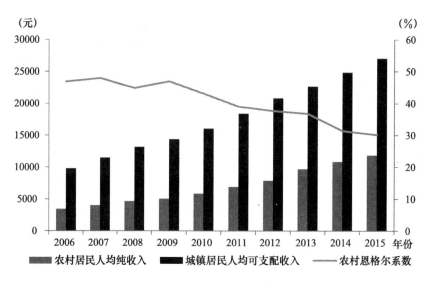

图8—20 2006—2015 年湖北省城乡居民收入变化趋势

础设施薄弱。湖北农村人均纯收入绝对水平偏低，2006 年湖北的农村居民人均纯收入仅为 3419.40 元，低于全国平均水平；2015 年湖北的农村居民人均纯收入为 11843.89 元，已经超过中部六省其他省份，但从数据（见表8—3）中也可以看到湖北农村居民人均纯收入近 10 年来大部分时间低于全国平均水平。从 2006—2015 年湖北省农民收入发展趋势（见图8—20）来看，2013 年湖北省农民人均纯收入已超过全国平均水平。农村居民的收入通过影响其自身的储蓄、消费和投资行为，进而影响到农村市场上信贷资金的充足程度和投融资活动的活跃程度。据国家统计局数据统计，湖北农村居民人均纯收入从 2006 年的 3419.40 元增加到 2015 年的 11843.89 元，增长了 2 倍以上。虽然湖北农村居民人均纯收入处于持续增长中，但城乡居民收入差距仍较大，且城乡之间收入差距仍不断扩大，2015 年城镇居民人均可支配收入达到农村居民人均纯收入的两倍以上。此外，如果将城乡居民各自积累的财产考虑进来的话，湖北省城乡收入差距将更大。因此，湖北省今后应从多方面入手，加大改革力度，强化农村金融支农作用，合理调整城乡居民收入差距，为农村金融机构的发展营造一个良好的经济环境。

表 8—3　2006—2015 年湖北省与中部其他省份的农民人均纯收入比较

（单位：元）

年份 \ 地区	全国	湖北省	山西省	湖南省	安徽省	河南省	江西省
2006	3587.00	3419.40	3181.00	3389.81	2969.00	3261.03	3585.00
2007	4140.40	3997.40	3666.00	3904.26	3556.00	3851.60	4098.00
2008	4760.60	4656.40	4097.00	4512.46	4202.00	4454.24	4697.00
2009	5153.20	5035.30	4244.10	4909.00	4504.30	4807.00	5075.00
2010	5919.00	5832.30	4736.30	5622.00	5285.20	5523.70	5788.60
2011	6977.30	6897.90	5601.40	6567.10	6232.20	6604.00	6891.60
2012	7916.60	7851.70	6356.60	7440.00	7160.50	7524.90	7829.40
2013	8895.90	9691.80	7949.47	9028.55	8850.00	8969.11	9088.78
2014	10488.88	10849.06	8809.44	10060.17	9916.42	9966.07	10116.58
2015	11421.71	11843.89	9453.91	10992.55	9916.42	10852.86	11139.08

（二）政策环境

1. 财政支农政策

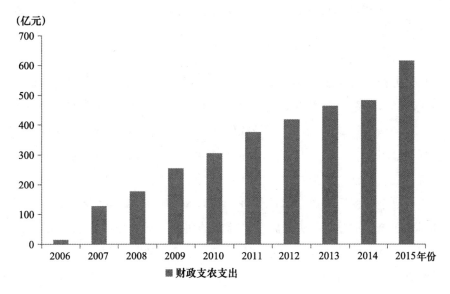

图 8—21　2006—2015 年湖北省地方财政支农支出变化趋势

湖北省政府抓住新农村建设的机遇,不断加大对农业和农村的金融支持力度。2015 年,湖北财政支农支出占农业总产值的比重达到22.17%,从 2014 年的 483.80 亿元增加到 616.57 亿元,增长 27.44%(见图 8—21)。从 2009 年起,湖北积极争取加大中央财政的投入力度,地方各级人民政府要加强与中央政府政策的衔接和协调,共同制定政策支持。鼓励和引导政府对金融机构加大对农业、农村和农民的扶持力度,尤其是在贴息、补贴、奖励等政策扶持领域,为农村金融体制改革创造了良好的政策环境。

2. 税收优惠政策和信贷政策

根据公共财政职能,湖北将按照保障基本建设设立专项资金支持普惠金融企业或机构以促进普惠金融发展。通过有重点、有顺序地安排使用资金,发挥信贷杠杆作用,提高资金使用效益,支持和引导地方各级政府、金融机构和社会资本向农村地区倾斜,为普惠金融的发展提供资金支持,增加农村地区金融服务的供给,保障弱势群体基本金融服务的可得性。并且积极运用差别化信贷优惠政策,鼓励和引导金融机构向小微企业和"三农"发展配置更多的信贷资源,进一步加大政府税收政策对小额贷款和再贴现的补贴力度,加大农村金融机构的信贷投放力度,降低社会融资成本。

3. 金融监管制度

一方面,湖北建立了完整的风险防控体系。通过建立完善有效的财政风险防范体系,完善现有的金融监管执法体系,严厉打击非法金融活动。按照国务院 2014 年《关于界定中央和地方金融监管职责和风险处置责任的意见》(国发〔2014〕30 号)中关于中央和地方金融监督和风险处置责任的要求,加强对小额信贷公司、融资担保公司、区域股权市场、典当行、金融租赁公司、商业保理公司等机构的监管、风险评估、预警和风险排查,加强与中央金融监管部门的协调沟通,按照国家有关规定,做好互联网金融机构发展的规范化工作。另一方面,湖北省建立和完善了地方金融监督机制。推动地方金融机构管理自律与他律监督紧密结合,实行地方金融机构和业务集中管理;完善综合统计分析制度,加强金融监管信息系统建设,排查和化解各类潜在风险,确保区域金融稳定。

（三）社会文化环境

1. 文化环境

在湖北省众多的农业人口中，半文盲比例高。所受教育主要集中在小学和初中，受教育程度较低，许多农民没有接受过相关培训。另外，农村信用体系建设尚处于初级阶段，尚未完全建立起对农民信用评级，中小企业农村信用意识不强，在一定程度上影响了金融机构信贷支农的积极性。因此，湖北省使用各种新媒体和传统宣传手段，针对城市低收入群体、困难群众、农村贫困人口、创业农民、残疾人等进行特殊教育活动，使他们能够掌握满足他们需要的信贷知识。鼓励一些大中学校积极开展金融知识普及教育，加强教育和金融知识普及，培养农村居民的信用意识和契约精神。利用各类新闻信息媒体对金融风险进行宣传教育，提高公众对金融风险的认识，引导农村消费者进行理性投资和消费，培育公众的金融风险意识。

2. 信用环境

湖北省首先通过不断推进信用环境建设，增加守信群体，进一步营造社会诚信氛围。重点开展对小微、县域、涉农等弱质企业的信用培植，推广"审批＋培植"模式，帮助其提升获得信贷资源的能力。2015 年，湖北省共培植 A 级以上信用企业 37301 家，比上年增长 10.3%；创建信用乡镇 1018 个、信用村 18924 个，占比分别达到 97% 和 75%。将农村信用合作社区创建工作延伸到农村，鼓励金融机构在有条件的农村社区开展信用培植与创建活动，及时跟进社区创新、创业、就业等信贷服务需求。延伸农村基础金融服务触角，促进金融知识和信用宣传常态化。其次，通过各地对照创建标准，继续开展金融生态环境建设考评，促进提高当地信用水平，切实改善金融生态环境。经过科学严格地评审，鄂州市、咸宁市、武汉市黄陂区、十堰市郧阳区等 20 个县（市、区）获得"最佳金融信用县（市、区）"称号，武汉市蔡甸区、十堰市郧阳区、襄阳市南漳县等 24 个县（市、区）被评为全省县域保险工作成效突出单位。最后，通过推动各市（州）开展以"进社区、进园区、进学校、进农户"的"四进"活动为主的金融知识和信用知识宣传活动，推广创新型的金融结算工具、金融服务产品，提高群众的金融风险意识，营造良好的金融舆论环境。

二 湖北农村金融发展水平

现阶段,湖北省金融业继续保持平稳状态,综合实力有所提升,组织体系进一步完善,不断提高农村金融发展水平,农村金融在支持全省经济持续健康发展上发挥了积极作用。

（一）湖北省农村金融发展规模

利用 2006—2015 年数据进行分析,图 8—22 展示了湖北省农村金融相关率变化趋势。

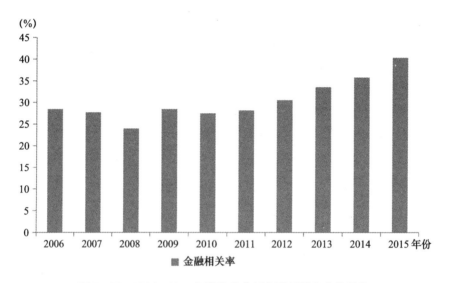

图 8—22 2006—2015 年湖北省农村金融相关率变化趋势

图 8—22 展示了湖北省从 2006 年到 2015 年的十年时间中农村金融相关率的变化情况。农村金融规模稳步上升。2008 年国际金融危机爆发,湖北省的金融发展也受到了影响,在 2007 年和 2008 年有大幅度波动。2008 年开始,农村金融规模开始缩减,但是当金融危机过去,金融发展走向正轨后,农村金融规模水平又有较好的上升趋势。普惠金融的开展以及新型金融机构的出现,湖北省的金融体系日益完善,金融发展规模也不断扩大。

（二）湖北省农村金融发展效率

利用 2006—2015 年数据进行分析,图 8—23 展示了湖北省农村金融发展效率变化趋势。

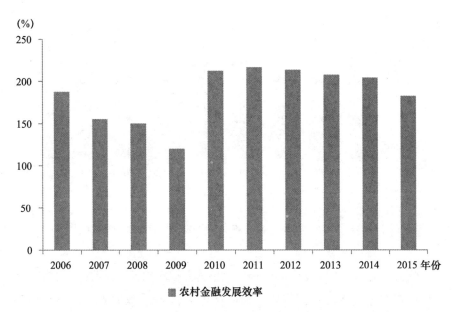

图8—23　2006—2015年湖北省农村金融发展效率变化趋势

如图8—23所示，随着中国城镇化进程的不断加快，银行业重心向城市转移。湖北省农村金融效率从2006年有着持续下降的态势，农村储蓄资金外流是主要原因，一些农村金融机构将资金投资于城市企业以获得更高利益以及减少风险，导致农村金融支农效果受到很大影响，农村资金被带出农村，不利于农村经济发展。2009年之后，农村、农业和农民问题得到了中央政府高度关注，财政支持力度的不断提升也带来了湖北省农村金融效率的大幅提高，但增长趋势没有能够一直持续。这些表明2006年以前，金融市场化的发展使中国商业银行进一步抛弃农村市场，而随着新型农村金融机构的发展，特别是村镇银行和小额贷款公司的发展，农村金融覆盖面更广，农户更容易享受金融产品及服务，农村金融效率得到提升。

（三）湖北省农村金融发展结构

利用2006—2015年的数据进行分析研究，图8—24表示湖北省农村金融发展结构指标变化趋势。

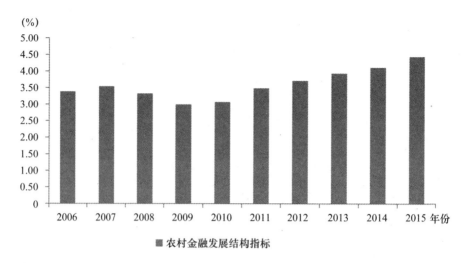

图 8—24　2006—2015 年湖北省农村金融发展结构指标变化趋势

分析图 8—24 可知,2006—2015 年湖北省农村金融发展结构指标即农村存贷款总额与非农存贷款总额的比值总体上缓慢地先降后升,但是处于稳定状态。在改革开放以后,工业化以及城镇化进程发展较快。"三农"问题是关乎国家发展的重大问题,国家开始注重农村金融发展。对农村金融体制进行不断改革创新,加大支持力度,最大限度发挥农村金融支农效用,完成金融体制改革的既定目标。

随着中央政府对农村金融的政策支持,湖北省的农村金融体系越来越完善。但是也存在一些缺陷,主要是农村金融机构的产品与服务无法满足农村经营主体的金融需求。由于城镇化进程发展迅速,大部分农村金融机构的农村营业点适当减少,湖北省主要的农村金融是由邮政储蓄银行以及农村信用合作社提供,但是其金融产品与服务的种类也较城市金融服务品种要少,一般只有定期与活期两种存款储蓄方式,贷款业务要求较高,农户较难通过金融机构贷款进行生产经营活动。伴随着农村金融机构的农村覆盖率降低,湖北省农村金融市场也面临着一些挑战。

第三节　湖北省农村金融发展评价

湖北省正处在大有可为的战略机遇期,"一带一路"、长江经济带建设、长江中游城市群规划等国家重大发展战略更加凸显了湖北省在全国发展格局中的战略地位，提升了湖北省承东启西的区位功能，为湖北省经济、金融发展提供了更为广阔的空间和有利条件。2006—2015 年湖北省农村金融普惠化发展成效显著，但仍面临诸多问题与挑战。

一　湖北省农村金融体系发展评价

1. 农村金融机构增长速度较快，但离预期目标仍有差距。为加大农业金融支持力度，农村金融机构除传统农业银行、农村信用合作社、邮政储蓄银行等加强县域机构网点升级外，湖北银行、农村商业银行、农村合作银行、村镇银行等也加快县域、村镇新机构的创建和新增经营网点的步伐。2006 年，湖北省农村新增银行机构 44 家。2015 年，湖北省新增农村金融机构 79 个，包括新增农村金融网点 25 个、城市商业银行网点 51 个、农村合作银行 3 家。但与预期目标相比，农村金融服务仍存在增长缓慢、分布不均的问题。从新增机构地理分布来看，主要集中在"8 + 1"城市圈，恩施、神农架等偏远落后地区为数甚少。与全国大部分省份一样，农村金融依然是湖北省整个金融体系中扶持力度最弱的部分，人均机构渠道和农村从业者数量与实际需求之间的差距仍然较大。

2. 新型农村金融机构占比较低。湖北省金融服务主体的主要份额由三大金融机构占据，村镇银行、贷款公司、农村资金互助社三类新型农村金融机构所占比例相对较低。从网点数量看，2015 年湖北省五大商业银行、农村信用合作社和邮政储蓄银行的网点数量占农村金融机构总数的 97.8%，新型农村金融机构占比只有 2.2%。另外，在传统的大型金融机构中，农村信用合作社仍然是提供农村金融服务的主体，各级农村信用合作社营业网点占比约 25%，贷款占全部金融机构贷款的 80%。可以看出，湖北省新型农村金融机构发展缓慢，没有充分发挥支农作用。

3. 农村金融机构的制度比较完善，但与金融服务的供求不匹配。湖北省农村金融机构包括中国农业发展银行、中国农业银行、合作性的农村信用合作社（目前处于向农村商业银行转型的过渡期）以及村镇银行，从表面上看比较完整，但是金融供求不匹配的现象还是比较突出的，这种不匹配主要表现在两个方面：首先，受益于国民经济的高速增长及一系列惠农政策，近年来湖北农村经济发展非常迅速，经济实力和经营规模也日益增强,随着农村经济对外部资金需求的快速增长,农村金融需求正逐步从消费需求到生产需求变化,农村资金支持也从短期逐步转向大而长远。但从实际情况看,湖北省农村金融机构的存款业务基本属于基础性业务,大中型商业银行支持的积极性不高,即使那些本应立足于农村的村镇银行和农村信用合作社也逐渐将经营重心转向城市。其次,农村正规金融供给不足,农村金融业的影响力、吸引力和竞争力不足,导致农村对非正规金融和民间资本的过度依赖,为非法融资在农村提供了温床。在湖北偏远的农村地区,正规的金融服务网点所有类型的贷款和审批手续都是复杂的,许多农民不得不转向非正规金融渠道来满足自身资金需求,地下金融机构应运而生,不仅扰乱了地方的金融秩序,而且可能带来社会安全隐患。

因此,普惠金融是现阶段湖北农村金融市场发展的重点。湖北省现在的金融体制主要是中央政府主导的外生性金融模式,内生性的金融发展模式还没有形成。从金融机构和金融供给角度来看,湖北省的部分偏远农村并没有建成金融机构网点。小额信贷公司以及商业银行选择在城市或郊区经济条件较好的地区设点,而很少在农村偏远地区建立机构网点,导致偏远农村的一些农户无法享受金融服务,存在金融排斥现象。金融机构更偏向于为大规模客户提供服务,如乡镇企业、种植养殖大户以及大型经营主体等,对于分散的小农户,贷款管理成本较高,与金融机构追求利益的目标相矛盾。因此,湖北农村金融体制改革要强调内生性和农村经营主体的自主性。首先要转变政府主导的方式,以市场经济自主调节为主导,政府起到监督管理的作用。扩大农村金融体系,加大农村金融机构竞争,开展创新型产品服务,实现普惠金融。

二 湖北省农村金融普惠发展期的监管评价

湖北省作为新型农村金融机构首批试点省份之一,随着多家村镇银行、小额贷款公司等新型农村金融机构的成立,湖北省拥有数量最多、种类最齐全、业务类别最丰富的农村金融机构。作为改革开放之后的农村新事物,农村金融市场还处于起步阶段,对金融市场的监管主要在于使其适应我国农村商品经济的发展。农村金融市场受价值规律的影响,在供求关系的作用下,自发调节生产和商品流通功能,由于市场带有盲目性，因而加强政府的监管和引导是必需的。

　　湖北省的农村金融监管制度还不够完善，到目前为止还没有出台具体的农村金融监管相关的法律法规，现行的农村金融管理制度都是引入一些司法机关和行政部门的分散指导和暂行规定，其规范性和法律约束力有限。在地方法律法规建设方面，湖北省虽然颁布了《湖北省农村信用合作社信贷管理基本办法（暂行）》《湖北省小额贷款公司管理办法》《湖北省农村信用合作社农民专业合作社贷款管理暂行办法》等，但主要针对农村信用合作社和小额信贷的民间信贷等金融机构监管的规定仍处于空白状态。小额信贷的发展需要得到政府的更多支持，中央政府的部分政策对小额信贷的快速发展有一定阻碍作用。首先，政府需要为其提供一个合法的身份，并且保护好农村金融市场环境。在政策方面要进行改革，对农村的小额信贷提供宏观政策支持。小额信贷在经营管理方面最根本的就是需要有足够的资金来源，但是现行的政策是阻止小额信贷公司在农村吸收存款资金的。小额信贷机构持续经营的前提是有一定的自筹资金，因此，政府需要为小额信贷机构提供其他的筹款渠道。市场化经济发展的现在，利率是由央行制定，小额信贷机构无法自主决定信贷利率。再加上农村经营主体的分散性，信贷机构提供金融服务时需要更多的监督管理成本等，相较于城市金融服务来说，农村小额信贷利润较低。因此，利率不根据市场化经济的供求决定，小额信贷公司的资金来源不稳定，持续性经营受到严重影响，农村金融发展水平也无法持续上升。

　　中央政府扶持小额信贷公司的作用显著。给予小额信贷公司资金来源渠道，改革利率政策，让小额贷款合法，这些都促进了小额信贷发展。在进行监管时，法律法规可以强调以下几点：第一，金融市场发展迅猛，新型金融机构产生，现行的法律法规可能无法监管到新型金融机构，需要对法规进行修改，扩大法律监管范围。也要加强监管部门的职能效率，完善监管系统去配合现在的农村金融系统。第二，对农村金融市场要进行规范，市场化进程的发展过程中，新型农村金融机构、金融主体的产生，需要对金融体制以及监管机制进行改革，去适应新的金融市场，不遗漏任何需要监管的对象。第三，对于农村偏远地区，金融产品与服务无法满足当地人民需求，应该在政策制度上制定专门的安排，如在存贷款利率、贷款质押物、金融产品、贷款额度等方面给予优惠政策,支持农村金融发展。

三 湖北省普惠农村金融发展政策评价

普惠金融是中国金融发展的新模式。2005 年"普惠金融"首次出现,受到人们关注。中国非常重视普惠金融的发展,在中共十八届三中全会通过的《中共中央关于全面深化改革若干重大问题的决定》中确定了"全面建设小康社会"的发展纲要,在对待农村金融发展的问题上,普惠金融方式成为关键一步。普惠金融是指一种能够服务于全部群体,全部社会阶层以及以前没有获得过金融服务的群体,为其提供完善金融产品与服务的金融体系。普惠金融主要的性质是公正公平以及普惠性。农村金融体制改革经历了许多年,中央政府为农村提供了大规模金融机构,建立新型金融机构,创新农村金融产品,消灭金融服务"空白区"。普惠金融的理论主要是以下三点:第一,信用是最根本的人权,每个社会群体,都有权利享受基本的信贷服务,不论是偏远地区的农村人民还是一些收入在国家贫困线以下的低收入群体,都应该享受正规金融服务。第二,在 2020 年全国实现脱贫之前,农户中的一部分低收入贫困户难以从正规金融机构获得贷款进行再生产,农村金融市场存在着强烈的金融排斥现象。普惠金融为贫困户带来了信贷服务,拓展了农户的资金来源,包括小额信贷等。普惠金融是农村金融发展的新方向。第三,想要达到普惠金融的目标,就要继续进行金融体制改革,创新金融产品,为更多群体提供金融服务。

现阶段,湖北省立足于支持实体经济、服务人民群众,开展了富有成效的金融创新,在发展普惠金融方面取得了一定的进展。农村金融覆盖率高,金融产品更加多元化。但是总会存在一些缺陷和有待完善的方面。针对如何建立更加完善的普惠金融体系,提出以下几点建议。

第一,重构县域金融。在进行重构前,有必要了解县域金融发展的特点、规模、方式,解决金融机构网点的"空白区"以及金融机构总量少、产品少、机制薄弱等关键问题。首先,要实施"全覆盖工程",把推广机制作为金融发展的总体出发点,推进县域经济与金融深度融合,逐步实现县域农村金融机构网点全覆盖。农村金融体系建立要抓住以下三点，即金融机构、金融机制和金融服务。其次，农村金融机构获取了农户存款，应该将资金投资到农村产业，促进当地经济发展，回馈本地农户。对农村金融机构金融业务开展、存贷款利率、涉农资金、农村金融产品和服务创新等方面的检查和实施差别化监管。

第二，积极创新"三农"金融。以银监会"三大工程"为指导，监督辖内机构、产品和服务模式进行创新化发展。农村金融机构要与当地政府以及机关部门积极配合，共同开展新型农村金融服务模式，实现农村金融服务"最后一公里"。探索农村"三权"贷款，研究开发金融创新手段。要创新"打工金融"，积极引导机构把握"三农"市场转型，抓住外出务工人员回乡创业的新机遇，适时创新推出有针对性的产品，以提高服务质量和效率。

第三，充分运用现代金融手段。互联网金融是传统金融业与互联网精神相结合的新领域。互联网的开放、平等、合作、共享的精神对金融模式有着根本的影响。互联网金融与传统金融的区别不仅在于金融服务中使用的不同媒介，更重要的是要熟悉互联网银行"开放、平等、合作、共享"的本质，通过移动互联网工具的搭建，进入自助银行、电话银行、手机银行和网上银行等电子银行服务体系组成的立体金融服务体系，发挥其更高的透明度、更大的参与度、更低的中间成本和更便捷的操作等一系列功能，提高农村金融支农效果。

第四，普惠金融模式下，农村金融监管尤其重要。建立完整的信用体系，使农村普惠金融在良好的金融市场环境中发展。将民间借贷、小额信贷"正规化"，吸收资本进行农村产业投资，按照新的乡镇评估标准进行信用评估，认真贯彻执行每年一次的信贷农户、信贷村、信用乡镇评价活动，实行差异化贷款额度、贷款利率与信贷评级服务，更好地发挥信贷创造的作用。有选择、有步骤、有针对性地培育"信用村""信用户"等，建立良好的信用环境，推进农村信用体系建设，促进区域经济发展。

第九章

改革开放40年来湖北
农业保险发展

农业的发展一直受到中央政府高度重视，是极其重要的基础产业，国家越来越重视"三农"热点，推进农村金融改革和农业现代化建设。发展农业保险是世界各国政府支持农业生产的普遍做法，已成为农民和政府规避农业自然灾害风险的重要工具；对农业保险实行财政补贴支持，也是WTO"绿箱"政策范围。至21世纪初全球已有40多个国家建立了政策性农业保险体系，无论是在欧美、日本等发达国家，还是在印度、巴基斯坦、孟加拉国等发展中国家，政府为农业保险提供保费补贴是通行做法。我国是农业自然灾害风险极为严重的国家，实施政策性农业保险刻不容缓。

政策性农业保险是"三农"政策中最重要一环，农业保险是政府支农体系的关键和新农村建设的必要保障，是解决我国由于各区域地理环境差异大、自然灾害频发而造成农业生产损失问题的重要手段。中国于2007年才开始实施农业保险，一直以来发展势头强劲，但是其政策效果和经营效率仍有待评估，特别是部分省份起步较晚，如湖北省面临着农业生产的安全威胁，开展的农业保险和农业生产极不对称，湖北农业保险发展的情况是研究农村金融的重点。

第一节　湖北农业自然灾害风险特征

湖北省自然灾害种类较多、发生频率高、灾害损失大，主要有洪涝灾害、干旱灾害、风雹灾害、低温冷害、连阴雨、病虫害和泥石流等。通过对湖北省历史自然灾害进行数据资料整理，可以看出湖北省自然灾害主要表现出以下特征。

一　年际农作物灾害变化率大

尽管湖北省农业经济持续发展，但也面临着干旱、洪涝、低温等自然灾害带来的重大挑战，自然灾害多发给农民生活造成了巨大的损失。为此，通过学习西方农业发达国家关于自然灾害的处理方法，许多专家、学者一直积极敦促政府尽快建立健全农业保险体系，来帮助稳定农业发展并保障农民收入。自然灾害一直是农业生产所面临的最大的风险。湖北省面临自然灾害种类繁多，其中主要为洪灾、旱灾、低温灾害与风雹灾害。自然灾害频发给农业生产造成了巨大损失。1978—2015 年的 30 多年时间里，有 22 个年份的受灾面积超过平均受灾面积；20 个年份的成灾面积超过平均成灾面积（见表 9—1）。这些资料和数据反映了湖北省自然灾害频发，导致农业生产的不稳定，也能够说明湖北省抵御自然灾害能力的不足。

表 9—1　　　1978—2015 年农作物受灾成灾面积统计数据

年份	湖北省			全国			受灾面积比（湖北/全国）（%）	成灾面积比（湖北/全国）（%）
	总播种面积（千公顷）	受灾面积（千公顷）	成灾面积（千公顷）	总播种面积（千公顷）	受灾面积（千公顷）	成灾面积（千公顷）		
1978	7931.30	2831.30	1590.70	150104.07	50807.00	24457.00	5.57	6.50
1979	7777.30	1579.30	484.00	148477.00	39367.00	15790.00	4.01	3.07
1980	7477.06	2855.30	1900.70	146379.53	50025.00	29777.00	5.71	6.38
1981	7253.14	1950.70	769.30	145157.00	39786.00	18743.00	4.90	4.10
1982	7460.67	1013.30	284.70	144755.00	33133.00	16117.00	3.06	1.77
1983	7398.90	2215.30	1176.00	143993.00	34713.00	16209.00	6.38	7.26
1984	7388.18	492.00	266.00	144221.00	31887.00	15607.00	1.54	1.70

续表

年份	湖北省			全国			受灾面积比（湖北/全国）（%）	成灾面积比（湖北/全国）（%）
	总播种面积（千公顷）	受灾面积（千公顷）	成灾面积（千公顷）	总播种面积（千公顷）	受灾面积（千公顷）	成灾面积（千公顷）		
1985	7331.71	1502.70	416.00	143625.87	44365.00	22705.00	3.39	1.83
1986	7374.66	2122.70	1255.30	144204.00	47135.00	23656.00	4.50	5.31
1987	7337.30	1405.30	581.30	144957.00	42086.00	20393.00	3.34	2.85
1988	7228.66	3902.70	2154.00	144869.00	50874.00	24503.00	7.67	8.79
1989	7260.95	1322.70	621.30	146554.00	46991.00	24449.00	2.81	2.54
1990	7361.14	2648.00	1110.00	148362.27	38474.00	17819.00	6.88	6.23
1991	7423.92	3681.30	1714.70	149585.80	55472.00	27814.00	6.64	6.16
1992	7183.83	2697.00	1286.00	149007.10	51333.00	25895.00	5.25	4.97
1993	7125.47	2791.00	1218.00	147740.70	48829.00	23133.00	5.72	5.27
1994	7181.43	1887.00	665.00	148240.60	55043.00	31383.00	3.43	2.12
1995	7431.71	2626.00	1348.00	149879.30	45821.00	22267.00	5.73	6.05
1996	7579.01	3150.00	1872.00	152380.60	46989.00	21234.00	6.70	8.82
1997	7739.21	2638.00	1386.00	153969.20	53427.00	30307.00	4.94	4.57
1998	7695.98	3243.00	2018.00	155705.70	50145.00	25181.00	6.47	8.01
1999	7788.66	2830.00	1330.00	156372.81	49981.00	26731.00	5.66	4.98
2000	7584.07	3190.00	1996.00	156299.85	54688.00	34374.00	5.83	5.81
2001	7488.99	2885.00	2030.00	155707.86	52215.00	31793.00	5.53	6.39
2002	7281.61	2674.00	1702.00	154635.51	46946.00	27160.00	5.70	6.27
2003	7153.24	3099.00	1883.00	152414.96	54506.00	32516.00	5.69	5.79
2004	7155.88	1550.30	894.20	153552.55	37106.00	16297.00	4.18	5.49
2005	7279.40	2580.30	1414.20	155487.73	38818.00	19966.00	6.65	7.08
2006	7350.31	2164.70	1422.66	157020.59	41091.00	24632.00	5.27	5.78
2007	7030.00	2789.56	1203.55	153464.00	48992.00	25064.00	5.69	4.80
2008	7298.30	4032.80	2658.71	156265.70	39990.00	22284.00	10.08	11.93
2009	7527.50	1827.10	531.90	158639.27	47214.00	21234.00	3.87	2.50
2010	7997.57	2465.50	896.70	160674.81	37426.00	18538.00	6.59	4.84

续表

年份	湖北省			全国			受灾面积比（湖北/全国）（%）	成灾面积比（湖北/全国）（%）
	总播种面积（千公顷）	受灾面积（千公顷）	成灾面积（千公顷）	总播种面积（千公顷）	受灾面积（千公顷）	成灾面积（千公顷）		
2011	8009.57	2580.00	790.30	162283.22	32471.00	12441.00	7.95	6.35
2012	8078.89	1718.70	766.10	163415.67	24962.00	11475.00	6.89	6.68
2013	8106.20	2488.00	954.00	164626.93	31350.00	14303.00	7.94	6.67
2014	8112.30	1059.00	344.00	165446.25	24891.00	12678.00	4.25	2.71
2015	7952.40	1116.00	515.00	166373.81	21770.00	12380.00	5.13	4.16
平均值	7503.59	2358.01	1196.03	152496.03	43187.34	22139.61	5.46	5.33

注：在农业自然灾害统计中，通常将作物生长期由于自然灾害而使作物亩产减产 30% 以上的作物面积称为成灾面积，减产 10% 以上的作物面积称为受灾面积，下同。

资料来源：Wind 数据库。

二　农作物自然灾害受灾成灾率较高

湖北省农业自然灾害不仅表现为年际变化率高、发生程度不稳定，还表现为自然灾害范围广、受灾成灾率较高。从表 9—2 可以看出，1978—2015 年，短短 30 几年之中，湖北省有 20 多年受灾率超过 30%、成灾率超过 15%，其中 1991 年受灾率达到 49.59%，为史上之最。湖北省是一个自然灾害发生频率较高的省份。

虽然湖北省受灾成灾率平均值要比全国受灾成灾率平均值低 2 个百分点，但仍有 16 个年份的受灾成灾率超过全国受灾成灾率，最高时超过约 14 个百分点。由此可见，自 1978 年以来湖北省农作物受自然灾害影响较为严重，受灾成灾率相对较高。

表 9—2　　　　　　1978—2015 年农作物受灾成灾率统计数据　　　　（单位：%）

年份	湖北省			全国		
	受灾率	成灾率	受灾成灾	受灾率	成灾率	受灾成灾
1978	35.70	20.06	56.18	33.85	16.29	48.14
1979	20.31	6.22	30.65	26.51	10.63	40.11

续表

年份	湖北省			全国		
	受灾率	成灾率	受灾成灾率	受灾率	成灾率	受灾成灾率
1980	38.19	25.42	66.57	34.17	20.34	59.52
1981	26.89	10.61	39.44	27.41	12.91	47.11
1982	13.58	3.82	28.10	22.89	11.13	48.64
1983	29.94	15.89	53.09	24.11	11.26	46.69
1984	6.66	3.60	54.07	22.11	10.82	48.94
1985	20.50	5.67	27.68	30.89	15.81	51.18
1986	28.78	17.02	59.14	32.69	16.40	50.19
1987	19.15	7.92	41.36	29.03	14.07	48.46
1988	53.99	29.80	55.19	35.12	16.91	48.16
1989	18.22	8.56	46.97	32.06	16.68	52.03
1990	35.97	15.08	41.92	25.93	12.01	46.31
1991	49.59	23.10	46.58	37.08	18.59	50.14
1992	37.54	17.90	47.68	34.45	17.38	50.45
1993	39.17	17.09	43.64	33.05	15.66	47.38
1994	26.28	9.26	35.24	37.13	21.17	57.02
1995	35.34	18.14	51.33	30.57	14.86	48.60
1996	41.56	24.70	59.43	30.84	13.93	45.19
1997	34.09	17.91	52.54	34.70	19.68	56.73
1998	42.14	26.22	62.23	32.20	16.17	50.22
1999	36.33	17.08	47.00	31.96	17.09	53.48
2000	42.06	26.32	62.57	34.99	21.99	62.85
2001	38.52	27.11	70.36	33.53	20.42	60.89
2002	36.72	23.37	63.65	30.36	17.56	57.85
2003	43.32	26.32	60.76	35.76	21.33	59.66
2004	21.66	12.50	57.68	24.17	10.61	43.92
2005	35.45	19.43	54.81	24.97	12.84	51.43
2006	29.45	19.36	65.72	26.17	15.69	59.95
2007	39.68	17.12	43.14	31.92	16.33	51.16
2008	55.26	36.43	65.93	25.59	14.26	55.72
2009	24.27	7.07	29.11	29.76	13.39	44.97

年份	湖北省			全国		
	受灾率	成灾率	受灾成灾率	受灾率	成灾率	受灾成灾率
2010	30.83	11.21	36.37	23.29	11.54	49.53
2011	32.21	9.87	30.63	20.01	7.67	38.31
2012	21.27	9.48	44.57	15.28	7.02	45.97
2013	30.69	11.77	38.34	19.04	8.69	45.62
2014	13.05	4.24	32.48	15.04	7.66	50.93
2015	14.03	6.48	46.15	13.08	7.44	56.87
平均值	31.54	16.03	48.64	28.47	14.59	50.80

资料来源：Wind 数据库。

三　干旱和洪涝灾害是农业生产的主要致灾因子

湖北省自然灾害的致灾因子很多，湖北省所面临的自然灾害主要以洪涝灾害、旱灾与冷冻灾害为主，风雹灾害相对较少。据了解，1998 年由于罕见的大水与炎热的自然气候，湖北省同时遭受洪灾与旱灾，全省的农作物毁灭殆尽，减产的农田竟然高达 256.67 万公顷之巨，为湖北省历年以来受灾最为严重的一次。1978—1990 年，旱灾为湖北省主要自然灾害，所面临的自然灾害之中 57% 是旱灾，平均受灾面积为 973.89 千公顷（见表 9—3）。

表 9—3　　　　　　　1978—2015 年湖北省农业干旱灾害变化特征

年份	干旱受灾面积 （千公顷）	干旱成灾面积 （千公顷）	干旱受灾率 （%）	干旱成灾率 （%）
1978	2410.00	1412.00	85.12	49.87
1979	800.00	146.70	50.66	9.29
1980	493.30	332.70	17.28	11.65
1981	1692.00	666.70	86.74	34.18
1982	252.70	76.00	24.94	7.50
1983	408.00	183.30	18.42	8.27
1984	65.30	36.00	13.27	7.32
1985	1095.30	203.30	72.89	13.53
1986	1514.70	877.30	71.36	41.33

年份	干旱受灾面积（千公顷）	干旱成灾面积（千公顷）	干旱受灾率（%）	干旱成灾率（%）
1987	96. 70	50. 00	6. 88	3. 56
1988	2866. 70	1665. 30	73. 45	42. 67
1989	326. 70	194. 00	24. 70	14. 67
1990	1666. 70	756. 70	62. 94	28. 58
1991	841. 30	76. 70	22. 85	2. 08
1992	1820. 00	933. 00	67. 48	34. 59
1993	699. 00	233. 00	25. 04	8. 35
1994	1333. 00	440. 00	70. 64	23. 32
1995	1267. 00	681. 00	48. 25	25. 93
1996	237. 00	81. 00	7. 52	2. 57
1997	1240. 00	681. 00	47. 01	25. 82
1998	154. 00	53. 00	4. 75	1. 63
1999	1102. 00	511. 00	38. 94	18. 06
2000	2210. 00	1470. 00	69. 28	46. 08
2001	2363. 00	1703. 00	81. 91	59. 03
2002	297. 00	151. 00	11. 11	5. 65
2003	995. 00	690. 00	32. 11	22. 27
2004	496. 00	257. 00	31. 99	16. 58
2005	771. 00	380. 10	29. 88	14. 73
2006	1089. 10	865. 10	50. 31	39. 96
2007	830. 60	332. 00	29. 78	11. 90
2008	20. 00	14. 20	0. 50	0. 35
2009	591. 90	149. 40	32. 40	8. 18
2010	204. 40	98. 40	8. 29	3. 99
2011	1205. 40	408. 10	46. 72	15. 82
2012	939. 20	382. 90	54. 65	22. 28
2013	1862. 00	739. 00	74. 84	29. 70
2014	634. 00	179. 00	59. 87	16. 90
2015	118. 00	59. 00	10. 57	5. 29
平均值	973. 89	478. 10	41. 19	20. 28

资料来源：Wind 数据库。

　　自 1991 年洪水之后，一方面，旱灾的比例有所下降，但也维持在 30% 以上；另一方面，洪涝灾害成为湖北省最主要的自然灾害。继 1992 年大洪水之后，1998 年罕见的大雨再次造成了湖北省农业生产的巨大损失，将近 1690 千公顷农田直接淹没，减产高于一成以上的农田更是达 2535 千公顷之巨，是湖北省历年以来受到洪涝灾害最为严重的一年。除了农业损失巨大以外，城市损失也极为严重。根据表 9—4 可以清楚观测出，除 1991 年与 1998 年以外，2003 年、2007 年和 2010 年也分别为重大洪涝灾害年份，旱灾与洪灾交替成为湖北省面临的最主要自然灾害，在近年来受到的自然灾害中，将近八成来自洪灾与旱灾，洪灾与旱灾已经成为湖北省主要自然灾害，建设完善的洪灾与旱灾抵御系统，对于湖北省农业收入的稳步提高有着重大的促进作用。

表 9—4　　　　　　　1978—2015 年湖北省农业洪涝灾害变化特征

年份	洪涝受灾面积 （千公顷）	洪涝成灾面积 （千公顷）	洪涝受灾率 （%）	洪涝成灾率 （%）
1978	23. 30	13. 30	0. 82	0. 47
1979	466. 00	177. 30	29. 51	11. 23
1980	1577. 30	1090. 70	55. 24	38. 20
1981	153. 30	44. 00	7. 86	2. 26
1982	440. 00	91. 30	43. 42	9. 01
1983	1451. 30	796. 00	65. 51	35. 93
1984	307. 30	163. 30	62. 46	33. 19
1985	162. 00	68. 00	10. 78	4. 53
1986	554. 00	361. 30	26. 10	17. 02
1987	899. 30	370. 70	63. 99	26. 38
1988	502. 70	186. 70	12. 88	4. 78
1989	862. 70	360. 70	65. 22	27. 27
1990	709. 30	269. 30	26. 79	10. 17
1991	2646. 70	1551. 30	71. 90	42. 14
1992	333. 00	125. 00	12. 35	4. 63
1993	800. 00	346. 00	28. 66	12. 40

续表

年份	洪涝受灾面积 （千公顷）	洪涝成灾面积 （千公顷）	洪涝受灾率 （％）	洪涝成灾率 （％）
1994	400.00	152.00	21.20	8.06
1995	1153.00	601.00	43.91	22.89
1996	2120.00	1534.00	67.30	48.70
1997	1088.00	559.00	41.24	21.19
1998	2540.00	1690.00	78.32	52.11
1999	1366.00	731.00	48.27	25.83
2000	582.00	365.00	18.24	11.44
2001	374.00	237.00	12.96	8.21
2002	1532.00	941.00	57.29	35.19
2003	1575.00	956.00	50.82	30.85
2004	818.00	495.00	52.76	31.93
2005	900.40	559.10	34.90	21.67
2006	277.70	162.80	12.83	7.52
2007	1348.00	652.70	48.32	23.40
2008	1179.90	930.90	29.26	23.08
2009	832.40	321.20	45.56	17.58
2010	1998.90	739.10	81.07	29.98
2011	891.10	253.30	34.54	9.82
2012	631.20	332.50	36.73	19.35
2013	456.00	158.00	18.33	6.35
2014	294.00	131.00	27.76	12.37
2015	874.00	410.00	78.32	36.74
平均值	924.21	498.07	40.09	21.12

资料来源：Wind 数据库。

湖北省农业风雹、冷冻灾害变化趋势如表9—5 所示。从表9—5 中可以看出，冷冻灾害的平均受灾面积为296.05 千公顷，成灾面积为146.37 千公顷，仅次于干旱灾害和洪涝灾害。风雹灾害的平均受灾面积为171.29 千公顷，成灾面积为84.40 千公顷。在遇到极端天气时，风雹灾害和冷冻灾害依然表现出较强的致灾能力。2008 年全国发生大范围的低温冷害，湖北也受到较大影响，当年受灾面积高达2490.00千公顷，成灾面积达1504.50千公顷，成灾率和受灾率分别达到61.74%和37.31%。此外，2002年湖北省发生较严重的风雹灾害，全省受灾面积达到622.00千公顷，成灾面积461.00千公顷，受灾率和成灾率分别为23.26%和17.24%。由于风雹灾害受地理特征影响较为明显，多发生在鄂西地区，因此除特殊年份外，风雹灾害对湖北省农作物的影响程度较小。

表9—5　　　1978—2015年湖北省农业风雹、冷冻灾害变化趋势

年份	风雹 受灾面积 （千公顷）	风雹 成灾面积 （千公顷）	风雹 受灾率 （%）	风雹 成灾率 （%）	冷冻 受灾面积 （千公顷）	冷冻 成灾面积 （千公顷）	冷冻 受灾率 （%）	冷冻 成灾率 （%）
1978	74.70	48.70	2.64	1.72	3.30	0.00	0.12	0.00
1979	313.30	160.00	19.84	10.13	0.00	0.00	0.00	0.00
1980	110.00	80.00	3.85	2.80	156.00	120.00	5.46	4.20
1981	105.30	58.70	5.40	3.01	0.00	0.00	0.00	0.00
1982	79.30	40.70	7.83	4.02	241.30	76.70	23.81	7.57
1983	342.70	188.00	15.47	8.49	13.30	8.70	0.60	0.39
1984	90.70	48.00	18.43	9.76	28.70	4.70	5.83	0.96
1985	245.30	144.70	16.32	9.63	0.00	0.00	0.00	0.00
1986	53.30	16.70	2.51	0.79	0.70	0.00	0.03	0.00
1987	145.30	48.00	10.34	3.42	264.00	112.70	18.79	8.02
1988	200.00	66.70	5.12	1.71	333.30	200.00	8.54	5.12
1989	0.00	0.00	0.00	0.00	133.30	66.70	10.08	5.04
1990	118.00	37.30	4.46	1.41	154.00	46.70	5.82	1.76
1991	193.30	86.70	5.25	2.36	0.00	0.00	0.00	0.00
1992	347.00	97.00	12.87	3.60	197.00	130.00	7.30	4.82
1993	302.00	106.00	10.82	3.80	990.00	533.00	35.47	19.10
1994	120.00	67.00	6.36	3.55	33.00	7.00	1.75	0.37
1995	140.00	60.00	5.33	2.28	67.00	7.00	2.55	0.27
1996	378.00	176.00	12.00	5.59	415.00	81.00	13.17	2.57
1997	173.00	89.00	6.56	3.37	137.00	57.00	5.19	2.16
1998	175.00	116.00	5.40	3.58	374.00	159.00	11.53	4.90

续表

年份	风雹 受灾面积 (千公顷)	风雹 成灾面积 (千公顷)	风雹 受灾率 (%)	风雹 成灾率 (%)	冷冻 受灾面积 (千公顷)	冷冻 成灾面积 (千公顷)	冷冻 受灾率 (%)	冷冻 成灾率 (%)
1999	104.00	54.00	3.67	1.91	258.00	30.00	9.12	1.06
2000	148.00	86.00	4.64	2.70	250.00	75.00	7.84	2.35
2001	88.00	60.00	3.05	2.08	60.00	30.00	2.08	1.04
2002	622.00	461.00	23.26	17.24	223.00	149.00	8.34	5.57
2003	168.00	101.00	5.42	3.26	361.00	136.00	11.65	4.39
2004	113.00	98.00	7.29	6.32	81.00	40.00	5.22	2.58
2005	137.20	67.20	5.32	2.60	628.90	310.90	24.37	12.05
2006	246.00	82.70	11.36	3.82	546.70	310.00	25.26	14.32
2007	100.80	13.90	3.61	0.50	505.20	204.90	18.11	7.35
2008	337.90	207.90	8.38	5.16	2490.00	1504.50	61.74	37.31
2009	164.80	22.80	9.02	1.25	238.00	38.50	13.03	2.11
2010	33.30	22.00	1.35	0.89	228.90	37.20	9.28	1.51
2011	160.50	38.90	6.22	1.51	323.00	90.00	12.52	3.49
2012	38.20	25.20	2.22	1.47	74.10	24.60	4.31	1.43
2013	70.00	18.00	2.81	0.72	100.00	41.00	4.02	1.65
2014	49.00	3.00	4.63	0.28	83.00	31.00	7.84	2.93
2015	51.00	26.00	4.57	2.33	74.00	21.00	6.63	1.88
平均值	171.29	84.40	7.46	3.58	296.05	146.37	10.20	6.21

资料来源：Wind 数据库。

图 9—1 和图 9—2 显示了农作物受各类自然灾害影响的趋势。由图可知，无论是从受灾程度还是成灾程度来看，干旱和洪涝灾害均是湖北省的主要自然灾害。干旱和洪涝受灾面积之和占总受灾面积的比重为 80.50%，干旱和洪涝成灾面积占总受灾面积的比重为 41.40%。从洪涝灾害和干旱灾害占湖北省受灾比重的锯齿状图形可以看出，有的年份洪涝灾害比较严重，有的年份干旱灾害比较严重，两者交替唱"主角"。其次为冷冻灾害，风雹灾害的影响最小。

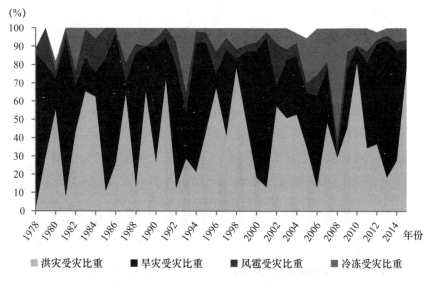

图9—1 1978—2015 年湖北省农作物受灾比重趋势

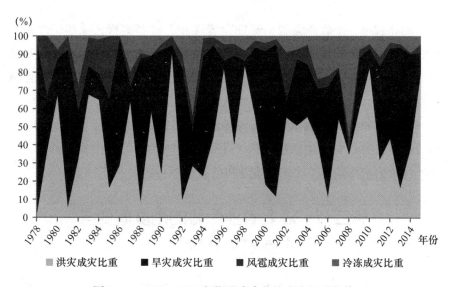

图9—2 1978—2015 年湖北省农作物成灾比重趋势

湖北省森林火灾从 1999 年纳入统计，因此图 9—3 显示了 1999—2015 年湖北省森林火灾发生情况。1999—2015 年共发生森林火灾 9297起，受灾面积达 18265.3 千公顷，随着森林火险检测和预防措施的逐步完善，森林火灾发生的频率和受灾面积呈现下降趋势。

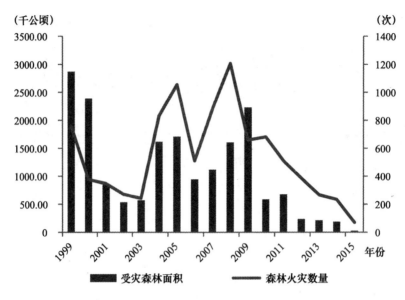

图 9—3　1999—2015 年湖北省森林火灾情况

湖北省是一个农业大省,地理位置优越,地形多样,亚热带季风气候,雨热同期,气候适宜,水源充足。湖北省劳动力资源丰富,土地资源充足,农产品种类丰富,土壤较肥沃。但是湖北灾害的频发,也给其农业造成了巨大的隐患。

湖北省农业经济持续发展,但是自然灾害发生频繁,旱灾、洪涝、病虫害等灾害给农民生产生活带来了巨大损失。为此,很多学者和专家都呼吁政府应尽快建立完善的农业风险管理体系。

第二节　湖北农业保险的制度演变与主要政策分析

制度构成了制度经济学和演化经济学的共同研究对象和基本研究单位,制度演化是演化经济学和制度经济学交叉、融合的核心研究领域。制度经济学一直视制度演化为核心,其研究集中于制度变迁的动力机制、方式和路径、群体博弈下的制度演化以及制度变迁的历史实证研究;而演化经济学主要研究企业、组织的演化机制、企业家在制度演化中的作用、认知模式与制度之间的关系。演化经济学的研究从主体认知角度为制度经济学补充了制度演化的主体特征和微观机制。制度是人类行为的沉淀物，人们过去的决策形成了现在的制度，现在的制度又影响着未来新制度安排的形成，制度演化是一个前后关联、互为因果的历史过程。中国农业保险制度演化的过程也是一个前后关联、互为因果的历史过程。因此，分析中国农业保险制度的发展现状和预知未来的演化趋势，需要认知和了解中国农业保险制度过去的演化历程和演化轨迹，由于路径依赖，过去的演化轨迹影响农业保险现在的演化过程和未来的演化走向。同时，通过中外农业保险制度演化历程的比较分析，可以深化对农业保险演化轨迹、演化规律的认识。

一　农村经营体制改革以前（1978 年前）的农业保险发展

中华人民共和国刚成立的时候，需要恢复和发展农业。1950 年中国人民保险公司成立了。1951 年开始了种植保险，到 1952 年底，已承保 30.67 万公顷的棉田。1952 年全国除西藏外都开展了畜牧保险，不少地区还开展了棉花保险和生猪保险。但人保在全面开展牲畜保险的过程中，采取行政手段强制推行，加之农民的收入有限，使广大农民群众产生抵触情绪。因此，全面开展牲畜保险没有取得预期的效果。1953 年为纠正当时农村中的"五多"，遵照中央指示人保决定停办当时并非迫切需要的农业保险业务。1956 年，又将其复原。1956 年为配合国家农业合作化运动的高潮，不少省份开始陆续注重农业保险，在各地开展农业保险，但并没有得到很明显的效果，并且有不少问题出现。到 1958 年又取消了国内保险业务，到此为止中国第一轮农业保险试验完成了，虽辉煌，却短暂，并以失败告终。

二　农村经营体制改革时期（1979—2005 年）的农业保险发展

1978 年的农村家庭联产承包责任制开启了中国改革开放的历史进程。直到 1980 年，保险业务得到了恢复。两年后，正式将农业保险的合法地位确立了，第二轮农业保险试验的序幕掀开了，发展迂回曲折。1983 年重新试办，推出了很多保险险种。这个时候只有中国人民保险公司一家进行试验，规模最大并且到现在一直持续着。1984 年设立了农业保险处，成立了农险科。湖北省农险业务逐年在增加，1992 年的保费收入达到 5004.5 万元。农业保险受政策影响是很大的，1993 年由于政策影响，保费收入下滑明显。1996 年，中国人保公司实现财产保险跟寿险分类，但是少了有力的政策支持，其经营效果不佳。在这样的情况下，农业保险逐渐走低。到 1998 年，公司进行商业化改革，农险的规模逐渐萎缩。从此，第二轮试验期间湖北省农业保险经历了短暂高峰后逐渐萎缩。

三 财政支农时期（2003 年至今）的农业保险发展

2003 年，第三阶段试验的定位是政策性保险。2004 年农保保费达到了 1993 年以来历史的最低点。保费收入下滑明显，出现了明显萎缩。从 2004 年开始，"中央一号"文件连续 12 年支持农业保险，国家很重视这一点并有政策推动。湖北省的各个区域相继成立了各种农业保险组织机构，开展了各式各样试点活动。到 2005 年"拐点"出现了，增长趋势也出现了，在试点政策的大力推动下，收入慢慢增长，达到了 738.26 万元。

对于农业保险，首先，湖北省在 2007 年经历了一次很重要的转折点，中央在这一年下达了《中共中央国务院关于积极发展现代农业扎实推进社会主义新农村建设的若干意见》（以下简称《意见》）的文件中就明确提出，在建设我国新农村的过程中，十分重要的一点就是抓好农业保险，文件进一步说明了其应该怎么发展的问题，并对这个问题给予高度重视，而且在其不断的发展过程中还需要注重政府的正确引导，并给予一定的政策作为支持，同时也应该使其按照市场的方式运作，让农民自愿参加农业保险的投保，逐步完善我国的农业保险体系。其次，在该《意见》中提出，现在的试点范围存在局限性，应该进一步扩大其覆盖的范围，让广大农民都可以享受这个补贴，而且在农民参与的过程中，各级财政部门都应该给予他们一定的保费补贴，在这一系列的措施下，就可以完善我国现阶段的农业巨灾转移分摊机制，经过一系列的相关摸索从而建立起我国农业再保险体系，在这个体系中需要中央以及地方财政一起给予支持。最后，在该《意见》中着重说明了要重视各地的一些处于龙头地位的企业和相关中介组织的作用，指出它们应该就农业保险的相关工作给予一定的帮助。

四 行业主管部门出台政策性农业保险的落地政策

湖北省在 2007 年之前，政策性农业保险发展速度相对于其他一些省份来说是较慢的。直到 2007 年，在一系列相关的文件发布之后，中央财政介入其发展，这才使得其步入了快速发展的阶段。之后，很多相关文件相继出台，都大大推进了湖北省政策性农业保险的进程，使其发展步入了一个崭新的高度。2007 年，在这个十分重要且具有转折性的时间点上，湖北省发布了《湖北省人民政府关于促进生猪产业发展的意见》，成为最先开始奖励繁殖母猪保险试点的省份。接下来，湖北省在 2008 年结合实际情况发布了《关于做好全省政策性"三农"保险试点工作的通知》，这份文件的意义在于它标志着政策性农业保险工作正式实施，该工作要求各地区的政府成立相关小组，小组的组长应该指派分管这些工作的领导来担任，由这些小组长负责所在地的政策性农业保险的相关工作，在这一过程中，他们需要领导、实施以及协调好各个部门的工作。在实施过程中，湖北省依照自下而上的顺序，登记各村、各镇以及各县对各种险种的投保，并且让参加了农保的人以他所在的县为集体，一起订投保险单，保险凭证一个账户一证，一种险一证。在险种方面，其所包含的主要种类有对能繁母猪进行保险、水稻的相关保险以及专门针对奶牛的相关保险等。2009 年，湖北省针对市场对于险种的进一步需求，根据实际情况发布了《湖北省"三农"保险财政保费补贴资金管理实施办法》。该办法中新增了三个险种，分别为针对自然灾害的保险、针对水产养殖农户的保险，以及发生森林火灾时的保险。在下一年，提出对棉花保险和油菜保险在省内进行试点。2012 年，财政部针对补贴工作发布《加大加快做好农业保险的通知》，指出我国需要再进一步提高农业保险的支持力度，使现有的试点得到保费补贴的同时，其他非试点区域也能逐步享受到保费补贴的优惠，实现全国覆盖，当前我国的保费补贴中有财政给予相关的补贴所占的比例相对比较低，应给对此进行上调。在不同地区，该通知针对糖料作物和养殖业中各保险品种补贴力度也进行了相关规定。可以看出，随着政策性农业保险的不断深化改革，中央的补贴力度也增加，这也成为其补贴份额中占比最大的一种方式。

自此，独特的新型政策性农业保险运营方式在湖北省正式形成了。随着农业保险发展进程的加快，其优势逐渐凸显出来。在农业生产方面，农业保险能有效地对其中的风险进行分散，这对湖北省经济的快速发展有着不小的推动作用，同时也有利于推进新农村发展进程。

第三节 湖北农业保险发展水平分析

湖北省农业保险的开展从 1983 年开始已有 30 余年，自中国人保分公司预开办农业保险之后，其发展历程挫折起伏。湖北省中国人民保险分公司于 1983 年开始在湖北省开展农业保险业务，保险类型集中在蔬菜培育保险、养鱼保险、烟草培育保险、耕牛保险和生猪保险等，保险公司的赔付范围为自然类灾害与病虫害。1989—1992 年，基于我国先进县的保险发展的环境，湖北省的农业保险发展速度达到巅峰，1992 年保险总收入超 5000 万元。之后，因为中国人民保险公司的产业升级，而且农业保险并没有相关政策支持、经营绩效不好，农业保险中不获利的业务被刨除，保险业在农业方面持续走低。最明显的是 2004—2006 年，湖北省的农业保险保费收入只占当年湖北省农业总产值的 0.0032%、0.0042% 和 0.0006% 左右，保费收入只有 107 万—547 万元。从整体来看，湖北省的农险规模在 1983—2004 年进展较小，2002 年湖北省农险总收入 2046.7 万元，在湖北省的农林牧渔业总产值中只占 0.017%。湖北省 2002 年的农险保费总收入只占湖北省农林牧渔业总产值的 0.012%，为 939 万元。2002 年湖北省农村居民人均保费支出为 0.84 元，占农村人均纯收入的 0.02%；2003 年农村居民的人均保费支出为 0.39 元，占农村人均纯收入的 0.015%。1983—2004 年，湖北省农险实现加总保费收入 45046.5 万元，加总赔付 36946.1 万元，年均赔偿率是 82.02%，如果包括业务的支出率（大概 20%），20 多年来的平均综合成本率为 102.02%。在此时期，因为没有国家以及政府的相应政策支持，保险公司一直处于亏损状态，这打击了以营利作为经营目的的商业性保险公司开展农险的积极性，农险业务逐渐下滑。农险的尴尬境地一方面是由于保险公司不想卖，另一方面由于农户不想买，农险的作用并不是很明显。故本书主要讨论，在湖北省 2007 年开展支持农业保险补偿措施之后的农险发展情况。

湖北省从 2007 年开始实施农业保险的试点工作，基于中央财政部和省委、省政府的统筹安排，农险工作有序展开，试点的范围和保险品种逐渐扩大，工作机制渐渐改善，农产品风险保障体系基本形成。

一　湖北省农业保险市场运行格局

（一）湖北省农业保险发展的态势分析

1. 保费收入

2007 年湖北省实施农业保险保费补贴政策，当年农业保险保费收入为 1.05 亿元，比 2006 年增加了将近 1 亿元。2008 年农业保险保费收入增加到 5.01 亿元，同比增加 377.08%。从图 9—4 可以看出，湖北省农业保险保费收入在 2006—2007 年经历了一次大的跳跃，2007—2008 年也出现较大增幅，2008—2011 年趋于平稳状态，2012—2015 年在经历小幅度的上升以后趋于平稳。

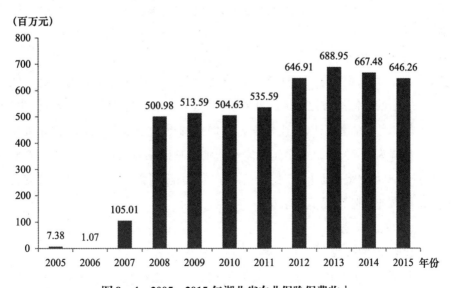

图 9—4　2005—2015 年湖北省农业保险保费收入

2. 赔付支出

图 9—5 展示了 2004—2014 年湖北省农业保险赔付情况，可以看出 2004—2006 年赔付数额很少。2007 年实施农险收入补偿后，保险公司对农业的风险赔付也越来越多。2007 年赔付额达到 2.68 亿元，是 2006 年一年的将近 50 倍。

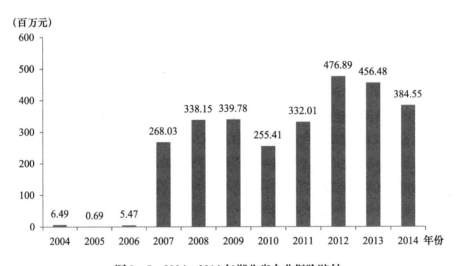

（百万元）

图 9—5　2004—2014 年湖北省农业保险赔付

湖北省自 2007 年开展各级财政补贴的"农业支持性保险试行"以来，农业保险保费收入飞速上涨，农业保险在一定层次上有所突破。然而与中国的其他地方比较，湖北省农业保险保费收入不但比发达省份少，与中部相邻的省份相比也比较少。从保费的增长率来看，湖北省保费年均增长率为 1.7%，从保险范围来看，油菜和棉花为主要经济作物，湖北省还有 90% 的栽培面积未达到完全的农业保险覆盖。由此可见，湖北省支持的农业保险情况不容乐观。

（二）竞争态势

1. 经营主体数量

我国的农业保险工作在实施开展前，大体上都是由中国人民财产保险股份有限公司开展。自 2004 年开始，阳光公司、上海的安信、吉林的安华等一大批专门从事农业保险的公司争相出现。2007 年之前，在湖北省的农险市场中一直缺少专门的农业保险经营公司，中国人民财产保险湖北省分公司是仅存的重要提供单位。2007 年中华联合保险公司进入了湖北市场，湖北省经营农业保险机构数量由只有 1 家，增加到 2015 年的 7 个（见表 9—6）。

表 9—6   2007—2015 年湖北省历年开展农业保险业务机构名录

年份	机构名称
2007	人保财险、中华联合
2008	人保财险、中华联合
2009	人保财险、中华联合、阳光产险
2010	人保财险、中华联合、阳光产险、永诚财险
2011	人保财险、中华联合、阳光产险
2012	人保财险、中华联合、阳光产险、太平
2013	人保财险、中华联合、阳光产险、太平、平安、永安
2014	人保财险、中华联合、阳光产险、太平、平安、太保、国寿
2015	人保财险、中华联合、阳光产险、太平、平安、太保、国寿

2. 市场集中度

市场集中度是衡量整个行业的市场结构集中程度的测量指标，用来衡量企业的数量和相对规模的差异，是反映市场垄断程度的重要量化指标。湖北省农业保险市场集中度在 2007 年出现了较大的降幅。纵观近年湖北省农业保险市场集中度的变化，在 2006 年之前湖北省由于只有一家保险公司经营农业保险，故集中度为 1。随着政策的扶持，越来越多的保险机构加入农业保险行业，湖北省农业保险市场集中度下降，市场结构得到了改善。2007 年湖北省农业保险市场集中度为 0.6274（见图 9—6）。

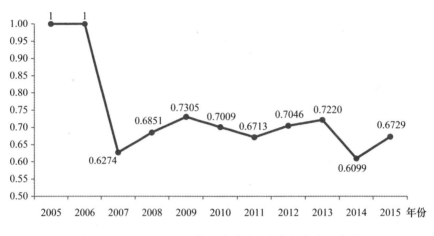

图9—6 2005—2015年湖北省农业保险市场集中度变化

（三）农业保险发展的密度和深度

1. 农业保险密度

农业保险密度即为当年保费收入与农业人口之比，如图9—7所示，湖北省农业保险密度在近年来都呈现逐年上升趋势。2007年农业保险密度为3.31元/人，随着农业保险补贴政策的实施，2008年快速增长至16.01元/人，实现了大幅度的增长。2008—2014年处于上升趋势，2014年农业保险密度为25.89元/人，其后略有下降，2015年农业保险密度为25.60元/人，这反映了农业保险在湖北省农村的普及程度越来越高。

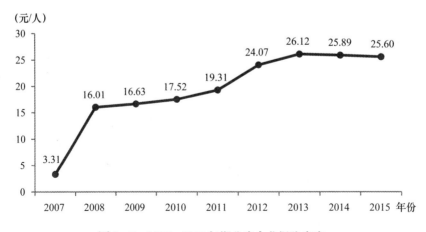

图9—7 2007—2015年湖北省农业保险密度

2. 农业保险深度

保险深度是指某地保费收入占该地国内生产总值（GDP）之比，反映了该地保险业在整个地区经济中的地位。2007 年湖北省农业保险保费收入的增长带动了农业保险深度的回升，扭转了省内农业保险深度下降的趋势。从图 9—8 可以看出，2007 年湖北省农业保险深度为 0.05，2008年大幅上升为 0.17，随后农业保险深度呈缓慢下降趋势，但始终保持在0.10 的保险深度水平之上。

图 9—8 2007—2015 年湖北省农业保险深度

二 湖北省农业保险业务扩展

在湖北省开展"三农"保险工作以来，人保财险、中华联合保险两家保险公司在湖北保监局指导下投入了较多的资源，加强农业保险体系建设，2012 年以来新增超过 2000 人参与农村基层营销员工作。

（一）险种开办情况

自 2007 年湖北省政策性农险支持措施实施，开办农业保险业务机构增加，带动了保险标的范围增加。截至 2016 年，中央加省级财政提供补贴的险种有棉花、奶牛、油菜、能繁母猪、水稻、森林、"两属两户"农房保险。从表 9—7 中可以看出，水稻、能繁母猪、奶牛和"两属两户"农房保险 4 个险种总体实现全省覆盖。同时湖北省最早开办的是能繁母猪保险，最晚开办的森林保险也是试点地区最多和实施范围最广的险种。

表 9—7　　　　　　　湖北省农业保险试点品种开办时间和范围

险种	开办时间（年）	试点范围
水稻	2008	全省各县市
能繁母猪	2007	全省各县市
奶牛	2008	全省各县市
"两属两户"农房	2008	全省各县市
油菜	2010	在潜江市、钟祥市、当阳市、武穴市、公安县 5 市县开展了油菜保险试点
棉花	2010	天门市开展了棉花保险试点
森林	2012	神农架、房县、竹溪、丹江口、宜都、咸丰、恩施市、崇阳、通山、罗田、麻城、谷城、南漳、京山 14 个县市

（二）财政保费补贴

湖北省对农业风险防范实施三级（中央、省级、县级）收入支持制度，实现大范围农业风险防范的稳步开展。"两属两户"（军属、烈属和低保户、五保户）农房保险和公益森林保险全部为政府补贴（见表 9—8），充分体现了农业保险的政策性扶持特点。

表 9—8　　　　　　　湖北省农业保险试点各品种财政补贴标准

开展年度及补贴比例调整年度	险种	单位保额（元）	费率（%）	单位保费（元）	财政补贴比例（%）			农民缴费比例（%）
					中央	省级	县级	
2007	能繁母猪	1000	6.0	60.0	50	30	0	20
2008	水稻	200	7.0	14.0	35	25	15	25
	奶牛	6000	6.0	360.0	30	30	20	20
	农房	3000	0.3	9.0	—	70	30	—
2009	水稻	200	7.0	14.0	40	25	10	25
2010	油菜	200	5.0	10.0	40	25	10	25
	棉花	400	7.0	28.0	40	25	10	25

续表

开展年度及补贴比例调整年度	险种	单位保额（元）	费率（%）	单位保费（元）	财政补贴比例（%）			农民缴费比例（%）
					中央	省级	县级	
2011	奶牛	6000	6.0	360.0	50	30	10	10
2013	公益林	500	0.3	1.5	50	40	10	—
	商品林（火灾）	500	0.2	1.0	30	25	5	40
	商品林（综合）	500	0.3	1.5	30	25	5	40

资料来源：《中国保险年鉴》及作者对相关资料整理所得。

　　2007—2015 年，湖北省农业保险中央、省级和县级的财政保费补贴资金总量达 34.8 亿元，其中：中央 18.5 亿元，省级 12.4 亿元，县级 3.9 亿元。到 2015 年为止，湖北省开办中央、省财政补贴的农业保险，共有 4 类、8 个险种，覆盖全省 86 个县市区、804 个乡镇、1.84 万个村，惠及农户 688.42 万户（次）。具体情况见表 9—9。

表 9—9　　　　　2007—2015 年湖北省农业保险财政补贴情况　　　（单位：万元）

年度	中央财政	省级财政	县级财政	合计
2007	5000.1	3000.06	—	8000.16
2008	19581.77	13895.61	5745.58	39222.96
2009	21208.28	13970.4	4450.86	39629.54
2010	20970.69	13890.43	4786.83	39647.95
2011	22006.80	14588.71	4763.90	41359.41
2012	25876.95	17083.58	5139.13	48099.66
2013	23122.87	15424.86	4836.27	43384.00
2014	25733.03	17388.81	5164.57	48286.41
2015	21624.85	14727.6	4462.43	40814.88
总计	185125.34	123970.06	39349.57	348444.97

　　（三）投保及风险保障

　　2007—2015 年，湖北省参与农业保险的有能繁母猪 1738 万头、水稻

21968 万亩、棉花 365 万亩、油菜 1109 万亩、奶牛 18.54 万头、商品林 1072
万亩、公益林 5250 万亩、农房 1217.2 万户，累计风险保障约为 1285.62 亿
元。具体情况见表 9—10。

表 9—10　　　　　　　2007—2015 年湖北省农业保险投保情况

年度险种＼年份	2007	2008	2009	2010	2011	2012	2013	2014	2015	合计
水稻（万亩）	—	2517	2850	2837	2772	2972	2834	2778	2408	21968
油菜（万亩）	—	—	—	146	209	223	205	204	122	1109
棉花（万亩）	—	—	—	64	64	63	64	61	49	365
公益林（万亩）	—	—	—	—	—	—	1528	1795	1927	5250
商品林（万亩）	—	—	—	—	—	—	421	340	311	1072
能繁母猪（万头）	167	232	168	119	150	237	266	225	174	1738
奶牛（万头）	—	2.68	1.83	2.13	2.33	2.92	2.56	2.37	1.72	18.54
农房（万户）	—	98.6	121.82	124.79	152.01	174.8	182.38	193.3	169.5	1217.2
投保农户（万户次）	155	2354	2751	2832	3206	3140	3245	896	776	21097
累计风险保障（亿元）	16.67	104.72	111.48	112.78	124.22	144.31	186.98	250.73	233.73	1285.62

（四）投保理赔水平

2007—2015 年，湖北省农业保险费投入达 46.02 亿元（包括：各财
政支持增加收支 35.6 亿元，农民投保花费 10 亿元），赔付金额达到 26.2
亿元，赔付率 56.97%。具体情况见表 9—11。

表 9—11　　　　2007—2015 年湖北省农业保险保费投入和赔款情况

险种	保费金额（万元）	赔付金额（万元）	赔付率（%）
水稻	307556.37	166981.12	54.29
油菜	11094.47	4453.895	40.15

续表

险种	保费金额（万元）	赔付金额（万元）	赔付率（%）
棉花	10212.83	5673.93	55.56
公益林	7875.87	792.4325	10.06
商品林	1608.53	729.92	45.38
能繁母猪	104244.83	69658.87	66.82
奶牛	6669.68	9821.624	147.26
"两属两户"农房	10954.81	4051.41	36.98
合计	460217.39	262163.2015	56.97

三　地区特色农业保险发展模式

在政策性农险推进中，湖北省的农业风险防范部门探索了适应湖北地域农业特色和发展水平的农业保险实施机制。湖北农业保险最有成效的发展模式主要有以下几方面。

（一）枝江市农村合作金融制度建设

自从迈向 21 世纪，湖北农业蓬勃向上，开始转型与调整。然而资金需求成为限制新的农业主体发展的最大障碍。2015 年 7 月 31 日，湖北省开展的首个农村共同金融开发，即枝江市农民合作联合会（社）开始形成，进一步完善了枝江市农业保险保障体系，创立了独特的"枝江模式"。

枝江市着力创新农业保险与信贷产品相统一，设计以"联保贷、担保贷、抵（质）押贷、保险贷、信用贷"为主的保险业务，实施农村金融结合，全方位满足农村贫困户借贷需要。在银保合作的主体方面，一方是农商行作为涉农信贷的资金提供机构，另一方是人保公司作为农业保险的提供机构。双方进行业务协作，农合联会员向农商行进行贷款或是获得金融产品的前提条件就是购买农业保险。人保公司入驻农合联，并对相关保险需求者的信息进行搜集，判断保险需求者的基本资信状况和农业风险承保压力，并以此决定是否向农合联会员提供农业保险，同时农商行会根据人保公司搜集的有关资金需求者的基本情况，结合自己业务的要求，对是否向农合联会员提供贷款做出判断，具体的运作机制如图 9—9 所示。

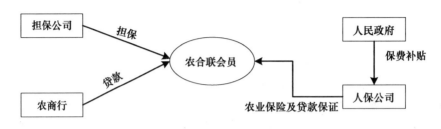

图9—9 枝江农合联模式

枝江农合联模式是一个关于金融合作机制推动农业发展的典型,该模式促进了涉农信贷和农业保险协调合作的进一步发展。首先,人保公司和农商行作为保险和银行两个不同机构,两者业务存在差别,但是在惠农支农目的上协调共同发挥对农业的促进作用,这体现了协同和金融共生的理论根据,两个不同系统可以进行有效的结合、协作。其次,人保公司在自身盈利不受影响的情况下与农商行积极展开合作,经营配套完善了农业保险,农商行的业务也同样没有受到影响,而且双方共同创造了新的盈利来源,对人保公司和农商行各自的效益有所提升,这在一定程度上实现了保险公司和银行的最佳平衡状态。最后,农商行和人保公司共同展开业务合作,两者合作降低了交易成本和企业的平均成本,这比双方独自开展保险或信贷业务更能节省成本,这显然实现了保险、信贷公司的规模经济。

截至 2016 年 4 月,枝江市在农业方面的借贷发行总额 3.76 亿元,覆盖 268 户。开展低额保险保证 2 单,保险借贷总额 150 万元。实现生猪、水产、家禽等农业保险 17 单,保费总额 40.63 万元,承担金额 1036.91 万元。枝江农合联模式算是解决了农业方面资金筹集"两难一贵"诸多棘手的难题,有力促进新的农业主体进步,打破了阻碍进步的壁垒。

(二)潜江市首创小龙虾农业保险

湖北省潜江市是本地区的小龙虾主要产区,地处江汉地区的平原地带,辖区中河流和池塘等水域交错,小河流、湖泊星罗棋布,河流覆盖面达到了 40 万亩,渔湖田有 20 多万平方米。

到了 2017 年,潜江的小龙虾已经成为这个地区的特色支柱产业,不仅销往国内外,创造了大量收益,而且给潜江地区创造了 8 万多个就业岗位，已成为地区经济的发展重点。

正是由于小龙虾产业的重要性，所以政府为更加完善小龙虾产业的发展，在 2014 年对其设立小龙虾养殖保险，采用的方式是人保公司和渔业保险协会成为共同保险体，保费由政府补贴一部分，保险体承担一部分，农民自己只需要承担很小部分的方式，保护产业发展，增强对自然风险的抵抗能力。潜江市政府的做法得到了推广，许多地方也纷纷仿照其方式运行。

（三）其他地区特色农业保险发展模式

湖北省宜昌市因为当地泥石流地质灾害发生较为频繁，故泥石流地质灾害保险应运而生。保险公司与山区县市政府一起利用保险风险转移功能，推动商业保险和巨灾保险体系结合，风险保障程度得到了提高。据统计，湖北省宜昌市泥石流地质灾害保险自实施以来至 2015 年底，为 189.9 万户村民、近 470.1 万人次及公路桥梁提供了 1443.5 亿元保险保障金，赔款总额超过 382.4 万元，此举得到了人民广泛的好评。

第四节　湖北省农业保险经济效率实证分析

一　农业保险对农业生产的影响

我国政策性农业保险的推广和普及主要是为了通过降低农民务农风险，提高农民的耕种积极性，进而达到提高农民收入和保障我国粮食生产安全的目的。为此，通过使用计量经济学的测度手段，评估湖北省农业保险在提高农民耕种积极性和农民收入这两个指标上发挥的作用。结果显示农业保险的推广和开展能够显著提高湖北省各地农民耕种的积极性和农民收入。

（一）湖北省各个地区农业保险发展总分析

以下分析数据来自 2003 年以来的《中国保险年鉴》以及《中国农村统计年鉴》中湖北省 17 个市的资料，因为是使用市级数据，有些城市数据缺失比较严重。图 9—10 显示的是湖北省 16 个城市的农业保险保费收入和保险赔付情况。

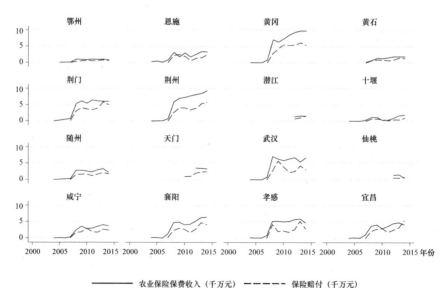

图9—10　湖北省16市农业保险保费收入和保险赔付（千万元）

图 9—10 显示了大部分城市在 2007 年开始迎来了农业保险的飞速发展时期，然而，鄂州、黄石、十堰等地区并未经历明显的增长。另外，整体来看农业保险保费收入都要大于保险赔付，这说明湖北省农业保险有可持续发展下去的基础，并且保险公司存在一定的盈利空间。

2007 年之后，几乎所有湖北省城市的保险密度和保险深度都得到了长足增长。但仙桃和宜昌等地的保险密度和保险深度在大幅上升以后，又在 2010 年出现了小幅回落。可见，2007 年以来，湖北省各市依据各自的农村发展水平，对政策性农业保险都给予了相应的支持，从而使得农业保险的发展水平得到显著的提升。

（二）计量分析

为了科学合理地测量出农业保险发展对农民耕种积极性和农民收入的影响，运用随机效应、固定效应、动态面板差分 GMM 模型对此进行评估。各城市的总耕地面积（十万公顷）被用来作为衡量农民耕种积极性的指标，而农村人均纯收入（千元）被用来作为衡量农民收入的指标。控制变量包括各地区的生产总值（百亿元）和城镇化率（城镇常住人口/总人口），生产总值以及城镇化率的不同反映城市发展水平和结构对农业发展的支撑条件的不同，所以两个变量被选为控制变量。主要的自变量为农业保险保费收入（千万元）、保险赔付（千万元）、保险密度、保险深度。如果这些主要自变量的系数显著为正，便可推出湖北省农业保险的发展促进了农业的进步（见表9—12）。

表9—12　　　　　　　　　　　自变量和因变量的描述统计

	样本量	平均值	方差	最小值	最大值
因变量					
耕地面积	208	2.0531	1.4568	0.3640	4.7017
农村人均纯收入	176	5.0760	5.6694	1.4980	12.7130
控制变量					
生产总值	208	9.8037	229.6215	0.9442	109.0560
城镇化率	220	0.3903	0.0253	0.1167	0.7461
自变量					
农业保险保费收入	147	2.8235	7.1490	−0.0500	9.8150
保险赔付	118	2.0951	2.8405	0.0010	6.1930
保险密度	129	0.2130	0.2221	−0.0024	3.6571
保险深度	147	0.4083	2.6924	−0.0052	15.6667

因为每个城市都有自己独特而又不可观测到的特征会影响农业的发展，因此首先使用随机效应和固定效应模型，用以控制住各个城市中不可观测到，并且不随时间改变的特征对耕地面积和农民收入的影响。表9—13 显示城市的生产总值对农民收入有显著正向影响。因为产值高带来居民收入高，对农产品的需求也会增加，不仅如此，较高的生产总值也意味着农民有更多的工作机会以及便利的条件购买到优质的生产资料。在固定效应模型中，城镇化率对耕种面积有显著正向影响。这是因为随着城镇中常住人口的增加，需要周边更多的耕地用于提供食品保障。农业保险保费收入也正向地影响耕地面积，这说明农业保险较好地降低了务农的风险，也让农民感受到政府对农业的支持力度，使得农民的耕种积极性得到提高。估测结果也显示农业保险赔付显著地正向影响耕地面

积和农民收入，这个结果表明农业保险的赔付可以提高农民的务农积极性，也可以实实在在地增加农民的收入。因此，通过农业保险给予农民补贴将是行之有效的保障农业生产的手段。

保险密度也与农村人均纯收入呈正相关，结果指出平均分摊在每个农民身上的保费能增加农民的收入，而不是表面上看到的缴纳保费加重农民的负担。其中起到关键作用的便是农业保险降低风险、鼓励农民对务农的投入，进而增加产出和收入。保险深度的系数是显著为负，这可能跟农业产值所占比重有关。农业产值越大，需要的耕地面积越大，计算出来的保险深度便越小，所以耕地面积和保险深度呈现出负相关。Hausman 检验均不显著，不能拒绝两个模型测量参数显著不同的原假设，所以固定效应和随机效应模型没有明显区别。

表 9—13　　随机效应、固定效应、动态面板差分 GMM 模型的估测结果

	固定效应		随机效应		差分 GMM	
	农村人均纯收入	耕地面积	农村人均纯收入	耕地面积	农村人均纯收入	耕地面积
生产总值	-0.0021	0.0496**	-0.0021	0.0488**	-0.0155	0.0605
	(-1.66)	(-6.08)	(-1.52)	(-6.35)	(-0.76)	(-1.13)
城镇化率	0.5399*	2.1754	0.42	1.8607		
	(-1.95)	(-1.40)	(-1.39)	(-1.54)		
农业保险保费收入	0.0269**	-0.0624	0.0311**	-0.0714	-0.1067*	0.0081
	(-2.12)	(-0.84)	(-2.20)	(-1.01)	(-1.73)	(-0.07)
保险赔付	0.0214*	0.1536**	0.0214*	0.1533**	0.0418*	0.0666
	(-1.87)	(-2.25)	(-1.68)	(-2.28)	(-1.70)	(-1.35)
保险密度	0.023	4.0439**	-0.0025	4.0346**	3.1627**	
	(-0.12)	(-3.44)	(-0.01)	(-3.58)	(-2.25)	
保险深度	-0.4767*	-0.9866	-0.5182*	-0.7966	-0.1387	2.4809
	(-1.91)	(-0.71)	(-1.87)	(-0.60)	(-0.32)	(-0.76)
2008 年	0.0228	0.1726	0.0243	0.1561	0.0192	-0.2247
	(-0.56)	(-0.66)	(-0.53)	(-0.62)	(-0.26)	(-0.20)
2009 年	0.0112	0.4211	0.014	0.4131	-0.0409	0.4302
	(-0.29)	(-1.58)	(-0.33)	(-1.62)	(-0.46)	(-0.38)

续表

	固定效应		随机效应		差分 GMM	
	农村人均纯收入	耕地面积	农村人均纯收入	耕地面积	农村人均纯收入	耕地面积
2010 年	−0.0044 (−0.14)	1.0957 ** (−4.64)	−0.0027 (−0.08)	1.1000 ** (−4.86)	−0.0171 (−0.34)	1.5449 (−1.32)
2011 年	0.0187 (−0.67)	1.9709 ** (−8.33)	0.0207 (−0.66)	1.9878 ** (−8.90)	0.1006 (−1.55)	2.8075 * (−1.70)
2012 年	0.025 (−0.99)	2.7006 ** (−10.44)	0.0252 (−0.90)	2.7386 ** (−11.27)	0.1209 * (−1.86)	4.0512 * (−1.68)
2013 年	0.0095 (−0.39)	3.3687 ** (−11.83)	0.009 (−0.33)	3.4120 ** (−12.74)	0.0074 (−0.87)	5.3530 * (−1.65)
L. 耕地面积					0.5247 (−1.27)	
L2. 耕地面积					0.4156 (−1.12)	
L. GDP					−0.0171 (−0.51)	−0.0167 (−0.32)
L2. GDP					0.0316 (−1.02)	0.0236 (−0.32)
L. 农村人均纯收入						−0.1829 (−0.23)
L2. 农村人均纯收入						−0.2153 (−0.19)
_cons	2.0244 ** (−18.24)	2.7358 ** (−4.41)	1.9884 ** (−8.00)	3.0377 ** (−5.49)		4.6692 * (−1.68)
N	101	87	101	87	84	70
Hausmantest: Prob > chi2 =	0.9994		0.9999			

注: ***、** 和 * 分别表示在 1%、5% 和 10% 的统计水平上显著。

固定效应模型和随机效应模型能消除不随时间变化的不可观测变量对耕种面积和农村人均纯收入的影响,但还存在随时间变化的不可观测变量。这就可能会使得测量结果受到内生性问题的干扰。为此,第三个模型选用动态面板差分 GMM 模型。这个模型通过差分处理面板不可观测变量对滞后因变量的相关性带来的内生性问题,因而能加入滞后两期的因变量(上年和上上年的耕地面积和农村人均纯收入)作为自变量。并且上年影响耕地面积和农村人均纯收入的不可观测变量,比如经济政策的出台,会影响当期的生产总值,因此将生产总值设置为前置变量。最重要的是四项保险指标的内生性问题,农业保险保费收入、保险赔付、保险密度和保险深度采用滞后一期项作为工具变量。参数估测结果列在表 9—13 的最右边两列,城镇化率以及农村人均纯收入测量中的保险密度由于共线性原因被自动剔除。

结果与之前使用的模型类似,显示出保险密度和保险赔付均对耕地面积有显著的促进作用。然而,农业保险保费收入却是负向影响耕地面积,这可能是说明当考虑到保险保费内生性问题和控制了保险密度以后,在保险密度相同的情形下,保险保费对耕地面积促进的边际效应下降的表现。该模型中,在估测农业保险对农村人均纯收入的影响上,测量参数均不显著。

综合以上三类模型测量的结果,可以做出如下总结:湖北省各市农业保险的推广和发展显著增加了农民耕种的积极性,耕地面积得到了增加,有证据显示其对农村人均纯收入也有促进作用。因此,可以预测今后湖北省在促进农业发展的进程中,农业保险具有继续发挥积极有效作用的潜力。

二 湖北省农业保险发展绩效与中部六省的比较

(一)中部六省农业保险发展总体评价体系建立

1.·保费收入

将湖北省农业保险保费收入水平与相邻省份进行比较,得出表 9—14。

表9—14 不同省份农业保险保费收入比较 （单位：百万元）

省份 年份	湖南	四川	安徽	江西	湖北	河南
2007	753.78	726.03	53.42	57.9	105.01	68.2
2008	1273.59	999.1	307.76	100.78	500.98	375.48
2009	1191.05	1173.73	997.52	200.87	513.59	538.24
2010	1069.58	1222.39	1247.33	360.73	504.63	178.81
2011	1358.7	1762.59	1383.15	490.92	535.59	428.12
2012	1593.58	2317.79	1755.87	622.78	646.91	1178.74
2013	2414.41	2733.91	1866.21	661.93	688.95	1546.61
2014	2016.11	2768.18	1875	738.47	667.48	1139.15
2015	2369.49	2948.67	1951.94	772.74	646.26	1740.67

资料来源：2008—2016年《中国保险年鉴》。

2007年湖北省农业保险保费收入为1.05亿元，仅次于湖南和四川两省，安徽、江西以及河南三省的农业保险保费收入均在0.70亿元以下。2008年湖北省农业保险保费收入达到5.01亿元，依然仅次于湖南和四川两省。但是从2009年开始，湖北省农业保险发展缓慢，至2015年保费收入在6个省份中排名垫底，仅为6.46亿元。保费收入最高的四川省比湖北省多23.02亿元，保费收入倒数第二的江西省也比湖北省多1.26亿元。由此可见，2009年开始湖北省农业保险发展势头缓慢。

2. 经营主体数量

2007年中部六省经营农业保险的机构数量都为1—2家，随着国家对农业保险支持力度的加大，如图9—11所示，各个省份的机构数量均呈现上升趋势。

3. 农业保险密度

如表9—15所示，湖北省农业保险密度已从2007年的3.31元/人增长至2015年的25.60元/人，这反映了农业保险在湖北省农村的普及程度越来越高。但是与相邻五省相比，湖北省的农业保险密度仍处于落后状态。湖南与四川的保险深度及保险密度比较接近，都处于较高水平。江西及安徽、河南在这两项指标上均表现不佳。

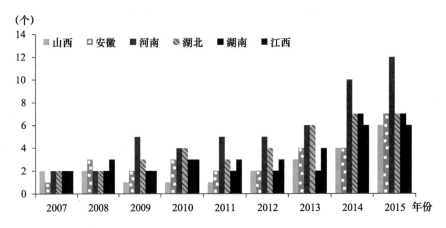

图9—11　2007—2015年中部六省农业保险机构

表9—15　　　　　　2007—2015年不同省份农业保险密度比较　　　（单位：元／人）

年份	湖南	四川	安徽	江西	湖北	河南
2007	18.60	10.88	1.01	2.20	3.31	1.10
2008	32.17	14.90	5.81	3.91	16.01	6.22
2009	30.39	17.52	18.70	7.98	16.63	8.97
2010	26.61	18.39	23.25	14.45	17.52	3.09
2011	34.69	26.73	25.67	20.14	19.31	7.68
2012	41.61	35.20	32.66	26.34	24.07	21.77
2013	64.92	42.06	34.84	28.63	26.12	29.23
2014	55.19	42.82	35.04	32.66	25.89	22.02
2015	45.53	46.69	36.14	35.00	25.60	34.54

4. 农业保险深度

2007 年湖北省农业保险保费收入的增长带动了农业保险深度的回

升，扭转了湖北省农业保险深度下降的趋势。然而与相邻五省相比较，如表 9—16 所示，湖南农业保险深度从 2007 年的 0.29 上升到 2015 年的 0.42。四川农业保险深度从 2007 年的 0.21 上升到 2015 年的 0.46。安徽则是中部六省中农业保险深度变化最大的省份，从 2007 年的 0.03 上升到 2015 年的 0.44。与其他省份相比，2015 年湖北农业保险深度依然偏低，农业保险在农业经济中的地位还有很大的提升空间和发展潜力。

表 9—16　　　　2007—2015 年不同省份农业保险深度比较　　　（单位:%）

年份	湖南	四川	安徽	江西	湖北	河南
2007	0.29	0.21	0.03	0.03	0.05	0.17
2008	0.38	0.26	0.13	0.06	0.17	0.08
2009	0.37	0.32	0.39	0.12	0.17	0.11
2010	0.28	0.30	0.42	0.19	0.14	0.03
2011	0.30	0.36	0.40	0.22	0.13	0.07
2012	0.32	0.43	0.47	0.26	0.14	0.18
2013	0.48	0.49	0.47	0.26	0.13	0.21
2014	0.38	0.47	0.44	0.27	0.12	0.15
2015	0.42	0.46	0.44	0.27	0.11	0.23

（二）农业保险发展总体评价体系建立

1. 指标体系的选取

政策性农业保险绩效是对农业保险运行绩效的评价。一方面要评估农业保险对自然灾害的防范和保障水平，另一方面要对农业保险自身持续运行能力进行评判。因此，政策性农业保险的运行绩效评价应该兼顾全面与客观。本章指标参照祝仲坤所构建的指标，运用层次分析法对政策性农业保险运行绩效的系统结构进行分解，从农业保险运行的可持续性、有效性、市场竞争性 3 个维度构建评价体系，共 12 个基础指标。[1]

竞争性维度的指标主要从市场集中度和区域集中度两个方面进行考量,以此反映农业保险市场竞争的合理化程度及区域发展的均衡程度。具体采用表征市场相对集中度的赫芬达尔—赫希曼指数(HHI 指数)来计算这两个指标。公式如下:

$$HHI = \sum_{i=1}^{n} x_i^2$$

当计算市场集中度时,x_i 表示第 i 个保险公司所占本省的市场份额;计算区域集中度时,x_i 表示第 i 个地级市所占本省的市场份额。具体包含保费 HHI 指数、赔付 HHI 指数、区域保费 HHI 指数和区域赔付 HHI 指数 4 个指标。

持续性维度用来衡量农业保险在为农民提供风险保障时是否能够实现自身的健康可持续发展。因此,从增长速度和展业能力两个次级指标衡量农业保险的持续性维度。具体包括保费增长速度、赔付增长速度、展业机构数量及赔付水平 4 个指标。

有效性维度是指农业保险对农业发展的保障程度,常用的指标为农业保险密度和农业保险深度。具体包括保费密度、赔付密度、保费深度和赔付深度 4 个指标。

2. 构建层次结构模型

层次分析法构建的 3 个层次的指标包括:决策目标层、中间要素层、备选方案。其中中间要素层根据指标体系分为两层:一级指标和二级指标。备选方案就是湖北省及与其对比的另外 5 个省,包括安徽、山西、河南、湖南、江西。层次结构模型如图 9—12 所示。

3. 指标权重的判断及检验

通过专家打分法来判断指标权重。具体做法是选择 9 名农业保险领域的专家各自独立地进行指标赋值;指标赋值原则是每个层级指标两两对比,按照 1—9 标度法进行赋值;最后专家再通过集体讨论最终确定指标的赋值。最终指标赋值如表 9—17 所示。

---

① 祝仲坤等:《市场结构如何影响了农业保险规模——基于 2007—2013 年的省际面板数据》,《保险研究》2016 年第 2 期。

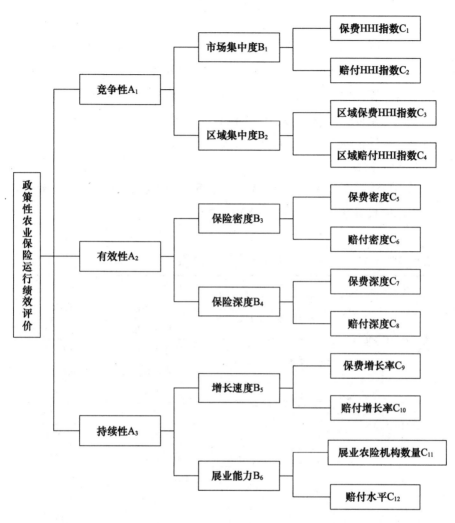

图 9—12 层级结构模型

表 9—17　　　　　　　　　　　层级及其赋值

	指标赋值	指标赋值	指标赋值	指标赋值	指标赋值	指标赋值
第一层次	A_1/A_2	A_1/A_3	A_2/A_3			
赋值	3	1/2	1.5			
第二层次	B_1/B_2	B_3/B_4	B_5/B_6			
赋值	2	1	1			
第三层次	C_1/C_2	C_3/C_4	C_5/C_6	C_7/C_8	C_9/C_{10}	C_{11}/C_{12}
赋值	2	2	2	2	2	3

将专家给出的指标权重对比值输入层次结构模型对应的层次中,可以得到相应的判断矩阵。当判断矩阵的一致性比率(CR)值大于0.1时,则表示判断矩阵中各指标的一致性较差,不能通过一致性检验,需要重新调整某个指标权重的对比值。经检验,专家最终给出的指标对比值均通过了一致性检验,可以进行下一步指标权重的计算。

4. 指标权重的计算

运用层次分析法 YAAHP10.3 进行权重的计算和一致性检验,最终得到各指标的权重系数(见表9—18)。

表9—18　　　　　　　　　各个指标的权重系数

分层指标	分类指标	基础指标	权重
竞争性 (0.1667)	市场集中度 (0.1111)	保费 HHI 指数	0.0741
		赔付 HHI 指数	0.0370
	区域集中度 (0.0556)	区域保费 HHI 指数	0.0370
		区域赔付 HHI 指数	0.0185
有效性 (0.5000)	保险密度 (0.2500)	保费密度	0.1667
		赔付密度	0.0833
	保险深度 (0.2500)	保费深度	0.1667
		赔付深度	0.0833
持续性 (0.3333)	增长速度 (0.1667)	保费增长率	0.1111
		赔付增长率	0.0566
	展业能力 (0.1667)	展业机构数	0.1250
		赔付率	0.0417

注:括号内表示分层指标的权重。

(三)计量分析

1. 湖北省各项指标的比较

通过搜集相关数据计算各指标值。其中农村劳动力数量、农业总产值数据来自2008—2016年《中国农村统计年鉴》,其余有关保费和赔付的数据均来自2008—2016年《中国保险年鉴》。最终得到2007—2015年各个省份12项指标值的数值。由于各指标属性有所不同,其中,竞争性维度属逆向指标,数值越大表明市场的垄断水平越高,不利于市场竞争,若直接进行层次分析会产生负向作用,影响结果的准确性。因此,需要先取倒数值进行正向化处理。赔付水平属于适度指标,也要进行正向化处理。一般认为最优赔付水平为 0.7,与最优赔付水平偏差越大,正向化处理后数值越小。最后,为保证各指标量纲一致,采取均值化方法对变量进行无量纲化处理。

以 2007 年为例,在 6 个省份中选取每个指标值的最大值组合成一组新的评价组,该组代表在 6 个省份中所能取得的最大政策性农业保险运行绩效。将湖北省的各组指标值与新组进行对比,可以较好地反映湖北省各指标与最大指标值之间的差距。将历年之间依次进行比较,最终得到如图 9—13 所示的雷达图。

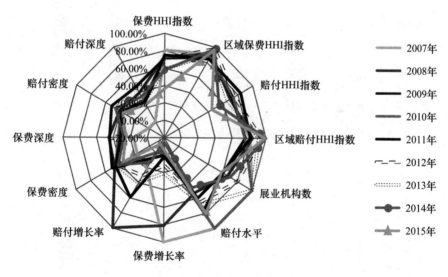

图 9—13 十二指标雷达图

从图 9—13 中可以看出,2007—2015 年,无论是从市场集中度还是区域集中度来看,湖北省农业保险在竞争性方面都具有相对优势,整体占比达到 80% 左右。表明湖北省的农业保险市场竞争比较合理,区域发展也比较均衡。而在农业保险的持续性方面,从展业机构数来看,湖北省农业保险展业机构数和赔付水平表现较好,而保费增长率和赔付增长率除 2007 年和 2008 年外,其余年份表现相对较差。湖北省农业保险的短板集中在有效性方面,保险密度和保险深度均处于发展劣势。

由于 2007 年政策性农业保险才全面铺开,2008 年各省市的保险情况波动依然较大。因此,以 2009 年为基期,比较 6 个省份在农业保费收入、赔付支出、乡村人口数量以及农林牧渔业总产值 4 个方面的复合增长率(见图 9—14 至图 9—17)。

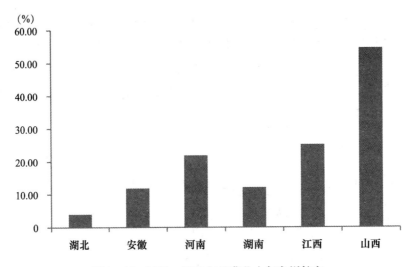

图 9—14   2009—2015 年保费收入复合增长率

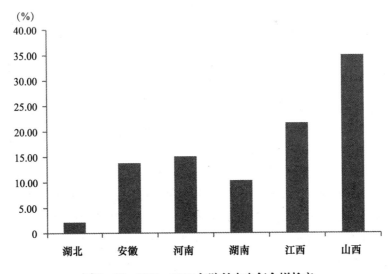

图 9—15   2009—2015 年赔付支出复合增长率

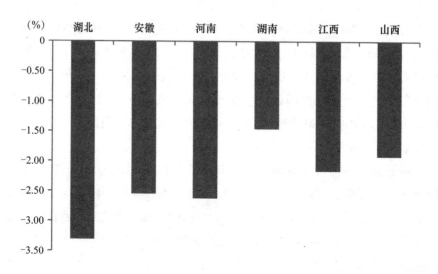

图9—16 2009—2015年乡村人口复合增长率

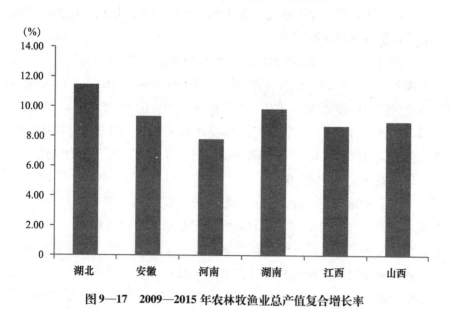

图9—17 2009—2015年农林牧渔业总产值复合增长率

湖北省农业保险保费收入从2009年的5.14亿元增加至2015年的6.46亿元,年均增长率仅为3.91%;赔付支出从2009年的3.38亿元增加至2015年的3.84亿元,年均增长率仅为2.14%。湖北省农业保险保费收入和赔付支出的年均增长率在6个省份中均处于最低水平。河南、江西、山西3个省份的农业保险保费收入年均增长率均达到20%以上,其中山西的年均增长率更是达到 54.61%。河南、江西、山西的赔付支出年均增长率达到 15% 以上，其中山西的赔付支出年均增长率为 35.02%。乡村人口年均增长率均为负数，湖北省的年均增长率为 -3.30%，表明湖北省乡村人口数减少得最快。湖北省农林牧渔业总产值从 2009 年的 2296.84 亿元增加至 2015 年的 5728.60 亿元，农业总产值翻了一番，年均增长率达到 11.48%，居六省之首。

根据前文分析可以看出，湖北省农业保险发展缓慢，从 2009 年到 2015 年农业保险保费收入仅增加 1.32 亿元，而相邻的湖南省农业保险保费收入几乎翻了一番，达到 23.69 亿元。由此可见，湖北省农业保险发展水平与其农业大省的地位不匹配，农业保险发展速度远跟不上农业发展的速度。

2. 政策性农业保险运行绩效评价

运用层次分析法计算政策性农业保险运行绩效，从总体层面评判湖北省农业保险的综合效果。

中部六省农业保险运行绩效地区差异明显。以 2010 年为例，江西省运行绩效达到 1.6730，而河南省的运行绩效仅为 -0.1803；2014 年山西省农业保险运行绩效为 1.7026，而河南省仅为 -0.0975。从 2007—2015 年各省的绩效均值来看，湖南省以 1.4705 排名第一，湖北省则以 0.8008 排名第五，河南省以 0.7385 排名中部六省的最末位。湖北省的农业保险运行绩效整体呈现平缓下降的趋势，从 2007 年的 0.9766 上升至 2008 年的 1.2476，随后逐步下降，在一段时间内均稳定在 0.7000 的绩效水平。然而在 2014—2015 年，湖北省农业保险运行绩效下降为 0.5000 的水平。结合前文分析，可以看出湖北省农业保险运行绩效较低的主要原因在于湖北省农业保险保费收入和赔付支出两方面发展水平比较缓慢，增长速度远低于其他各省的增长速度，尤其在 2014—2015 年，湖北省农业保险保费收入呈现下降趋势，导致 2014—2015 年湖北省农业保险运行绩效下滑（见表 9—19）。

因此，需加强农业保险品种的创新，推进农业保险的覆盖面，推动农业保险的保障范围和保障水平的发展，提高湖北省农业保险的深度和密度。

表 9—19　　　　　　中部六省农业保险运行绩效比较

年份 地区	2007	2008	2009	2010	2011	2012	2013	2014	2015	均值	排名
湖南	2.7847	1.7661	1.3241	1.0956	1.1702	1.0951	1.0873	1.6474	1.2641	1.4705	1
安徽	0.5514	0.9541	1.8243	1.8140	1.2975	1.2177	1.2238	1.1805	1.0464	1.2344	2
山西	0.5476	0.6347	0.3439	0.8076	1.0532	0.8537	1.0003	1.7026	1.1286	0.8969	3
江西	0.5892	0.5959	0.7867	1.6730	0.8184	0.8324	0.7469	1.0266	0.6772	0.8607	4
湖北	0.9766	1.2476	0.8500	0.7920	0.7742	0.7685	0.7790	0.5422	0.4769	0.8008	5
河南	0.5524	0.8033	0.8730	-0.1803	0.8883	1.2343	1.1646	-0.0975	1.4086	0.7385	6

第五节　湖北省农业保险未来展望

农业保险已经成为政府支持"三农"的重要途径。通过前文分析，我们可以看到湖北省大力发展农业保险以来，对农业生产和农民收入起到了一定程度的促进作用，发挥了其分散农业风险的职能。但是我们也应该清楚认识到湖北省政策性农业保险的发展并不完善，仍有较大的改进空间。运行效率与其他周边的省份相比更是处于倒数位置，湖北省发展完善农业保险还有很长的路要走。

一　提高政府重视力度

农业保险与商业保险相比，其政策性属性不容忽视，农业保险的实施离不开政府的支持，提高政府对农业保险的重视程度，对于其发展具有重大意义。在经济发展全球化的背景下，农业保险已经成为既符合世贸组织协议中"绿箱"政策的有效支农政策，又是能有效地帮助农民防范农业风险的重要支持手段。国家对其补贴力度也呈现出加大的趋势，湖北省农业保险还处于快速发展阶段，加大政府的支持力度，建立起湖北省特色农业保险体系对湖北省农业发展有着实际促进作用。

二　完善农业保险制度

农业保险政策属于国家支持农村金融发展政策中一个重要的组成部分，金融支持为基础意味着一切必须得到最高的注意力和精心处理，努力优化资源配置模式的金融补贴；法律、管理等次要因素的限制，需要循序渐进地寻求改进的方法，改善农业保险的政策法律体系，优化和提高资源配置，扩大农业保险覆盖面，继续保持监督、积极落实农业保险政策，促进农业巨灾保险、再保险安排。湖北省内东西部地理环境具有很大的差别，生产的农业产品种类繁多，所以各个地区农业生产面对的风险也非常不一样。可是现在国家大多为了统一管理，运营的都是全国范围统一而又规范的补贴制度，这样导致有些产品种类补贴不多，不利于农业保险职能的发挥。所以应该根据发展的模式有规范地安排补贴制度，发展不同种产品业务。在目前的背景下，保险监管部门的重要职责是保证《农业保险条例》的落实，与此同时，保险监管机构应敦促参与政策性农业保险的商业公司随时做好大额赔付的准备，以防止大型灾害的发生而出现准备不足的情况。对具体情况实行不同的应对方式，以避免道德风险和逆向选择的发生。

三　培养高素质的农业保险从业人员

由于农业生产的复杂性以及农业灾害的特殊性等特点，要求保险从业人员在熟悉保险业务的同时熟知农业生产的相关知识，只有这样具备专业素质的从业人员才能更好地处理并完成展业、理赔各阶段的业务。然而，目前国内农业保险的成长缓慢并且利润偏低，导致在人才市场上竞争力低下。为了解决上述问题，保险公司应该加强对农业保险从业人员的培养力度，具体措施可以从两个方面展开：一是增加相关工作人员的收入，并且从当前的保险队伍中，通过培训保险人员进行重新分配，将一部分人员调整到农业保险的板块中，并为这部分调整人员提供奖励。二是吸收熟知农业生产且有意愿从事保险事业的农民到农业保险岗位上，壮大农业保险的队伍，这对后期的宣传以及展开工作也会有一定的帮助。

第 十 章

湖北农村财税和金融发展与
经验总结

第一节　改革开放 40 年湖北财税
发展与经验总结

1. 党的十一届三中全会以后，湖北农村实施家庭联产承包责任制，赋予农民长期而有保障的土地使用权和经营自主权，农村劳动力得到极大解放，推动了湖北农业经济的快速发展。改革开放初期，湖北省实行的以"划分收支，分级包干"为主要内容的财政体制改革，适应新时期改革开放发展的需要，在保证中央财政必不可少的收入的前提下，增强了地方财力和自主权，由原来中央和地方"一灶吃饭"改为"分灶吃饭"，由过去的条条管理改为块块管理，这些都有利于加强地方责、权、利的紧密结合，调动地方的积极性，可以统筹安排农村事业发展，使农业持续快速发展，基础地位进一步加强。尽管中国的家庭联产承包责任制还不够完善，农业其他领域的改革也只是刚起步，但打破传统人民公社体制的制度改革，仍极大地刺激了农民生产投资的积极性；且湖北省始终重视农业发展不放松，湖北省农业生产条件、农林牧渔业总产值、农业结构、农产品产量、农村居民生活水平较之 1978 年都取得了显著成就。这一时期释放出极大的制度红利。

2. 在经历了改革初期阶段的农业快速发展后，由于市场的不完善和管理体制改革的滞后，湖北农业增长开始放缓，甚至出现负增长。该时期农业税收额总体上升，各相关税种或恢复或新增，加上逐步成型的

"三提五统"收费政策，农民负担较改革初期加重，出现部分农民弃耕转
而外出务工的现象。1994 年我国开始实行分税制财政体制，这既是政府
间财政关系的重大改革，也是市场经济体制改革的重要内容，对于处理
中央和地方政府关系、政府和企业关系、政府和个人关系有着积极作用。
与此同时，分税制改革提高了中央财政的收入比例，改变了地方政府的
创收行为，弱化基层财力；在农资价格不断上涨、农产品市场价格波动
下降中，小规模经营的家庭农户增长更加缓慢，农业增收步履维艰；分
税制中转移支付制度的不完善，县、乡、村级公共事务（特别是农村义
务教育、基本医疗服务和农田水利及乡村道路等公共基础设施）的负担
都转移到农户身上，极大地加重了农民负担，也在一定程度上激化了农
村社会矛盾。

　　3. 农业税费改革使得农业发展进入新时期，对农村农业从汲取逐步
过渡到财政支持。新时期湖北省农村财税政策主要有以下几个方面的特
点：一是 2005 年起全面取消农业税。从现实意义看，取消农业税有利于
减轻农民负担，促进农民增收；从长远来看，取消农业税必将对缩小城
乡差别、全面建设小康社会产生深远影响。取消农业税有利于减轻农民
负担，促进农民增收。取消农业税，把农民的税负纳入统一的税制体系，
是统一城乡税负、保证农民享有平等的国民待遇的重要举措。二是湖北
省粮食补贴政策不断改进与完善。随着粮食流通体制改革的深入，湖北
省补贴政策的一个明显趋势就是从价格支持逐步转向收入支持，即由原
来在流通环节通过保护价方式对农民提供的补贴（可称为粮食间接补贴）
改为以一定方式和标准直接向农民提供补贴（称为粮食直接补贴）；粮食
补贴政策已经成为湖北省最为重要的财政支农方式之一，为维护农村稳
定、确保农业的增长与发展、国家粮食安全做出巨大贡献。三是坚决落
实农业农村发展专项资金。作为湖北财政专项资金的一部分，农业农村
发展资金在投向上主要围绕提升现代农业水平，更加突出生产、生活、
生态统筹，更加突出精准发力，更加突出主体带动；重点支持农业基础
设施和精准扶贫两大工程与品牌农业发展和美丽乡村提升两大计划实施；
夯实农业生产发展基础，包括农村基础设施建设，农村水利、生态发展
等。四是持续发展农业科技创新。农业科技是突破资源约束的有效途径
和加快现代农业建设的有效抓手。湖北省将农业科技进步与创新摆到更

加突出的位置，以提升农业科技创新能力为抓手，以农业科技成果转化和推广应用为重点，加快推进农业大省向农业强省的跨越。五是加强农业综合开发。农业综合开发走出了一条由单一的土地治理到土地治理、产业化经营、科技推广、部门项目共同推进的可持续发展的新路子，农业综合开发的范围也由原来的两江流域覆盖到全省，农业产业化规模由小到大、由弱到强，实现了农林牧渔业协调发展，农民收入大幅增加，幸福指数明显上升。六是大力开展精准扶贫。作为扶贫工作大省，湖北有 37 个贫困县、4821 个贫困村共计 590 万建档立卡贫困人口，贫困人口总量居全国第 7 位、中部第 3 位，扶贫工作任务重大。为了实现到 2019 年建档立卡扶贫对象稳定脱贫、贫困村全部出列、贫困县全部"摘帽"，贫困地区发展差距明显缩小，在中部地区率先全面建成小康社会的目标，湖北省采取了一系列扶贫举措，取得显著成效。

第二节　改革开放 40 年湖北农村金融和农业保险发展与经验总结

1. 改革开放初期（1978—1993 年）的湖北农村金融发展：这一时期湖北农村金融体制改革体现出农业银行逐步商业化，农村信用合作化趋势显著，农村民间信用向规范化方向转变，确立了农业银行的主导地位，农村信用合作社的基础地位，此外允许其他金融机构和民间金融组织作为农村金融体系的补充。随着湖北农村改革取得阶段性的成就，农户、企业以及各类经济合作组织开始成为农村经济增长的主体，加之商品经济在农村地区的发展，农村地区内部对资金的需求日益增强，这也客观上增加了对农村金融体制变革的迫切需要。

从改革经验上说，这一时期农村金融的改革发展应该有以下启示：首先，应当积极推行诱导性与强制性相结合的制度变迁方式，实现农村金融制度供给与需求相平衡的状态，应当结合湖北农村地区特点，积极培育农村金融制度创新主体，加大农村金融创新供给，政府应当对合法合理的金融创新制度给予激励。其次，应当充分考虑到湖北农村金融制度渐进性和继承性。制度变迁往往具有路径依赖性，在推动农村金融体制变革的过程中要充分照顾各方面利益，积极稳妥处理好农村信用合作社产权问题、政府和农村金融机构关系以及农村金融制度环境构建问题这几大矛盾。最后,应当注重农村金融组织产权制度创新。明晰的产权主体能够使得经济组织发挥积极作用并使得效率提高、竞争优化,逐步建立起适应农村经济发展的具有多元化产权结构的农村金融组织。

2. 湖北农村金融的"市场化"发展(1994—2005 年):随着社会主义市场经济体制的建立与运行,为建立由中央银行管理的、以商业银行为主体、各金融机构并存的金融体系,我国进行了一系列的财税金融体制改革,引领农村金融迈向市场化发展阶段。湖北省农村金融改革在金融机构主体的完善和金融生态环境的优化方面均取得了较好成效。

这一时期的改革分为两个阶段:一是 1994—1996 年分工合作的农村金融体系框架构筑阶段,湖北省建立起了符合社会主义市场经济体制、满足农村经济发展多层次要求的,以服务工商企业的商业性金融机构、以服务农户为主的合作金融机构,以及支持整个农业发展、确保国家农副产品收购的政策性金融机构为一体的农村金融组织体系,使得湖北省农村金融机构逐渐从单一和无序转向多元化改革发展,形成为农业和农村经济提供及时有效服务的金融体系。1996 年《国务院关于农村金融体制改革的决定》使得农村信用合作社与农业银行脱离行政隶属关系,加强了农村信用合作社的合作金融性质。二是 1997—2005 年农村信用合作社主体地位的形成和农村金融改革的深化阶段。深化农村信用合作社改革试点方案以"明晰产权关系,加强约束机制,强化服务功能,国家适度支持和地方政府责任"的总体标准,加快了农村信用合作社的信贷管理体制和产权制度改革,使得农村信用合作社真正成为自主经营、自我约束、自主发展、风险自负的市场主体。

湖北省农村金融的"市场化"发展也存在一些诟病:改革加快促进了正规金融机构的商业化、市场化进程,金融机构为追求效益纷纷撤离农村市场,信贷资金大量流向盈利高的非农村区域,导致农村资金的非农化倾向严重。尤其是邮政储蓄,依靠存款转存利息差盈利的经营体制,被称为农村"血泵",加剧了农村金融资源"抽水机"的负效应。此外,非金融机构的改革中全面关闭取缔农村合作社基金会,而不是结合农村合作社基金会发展的现实规范和整顿农村合作制度,加剧了农村金融短缺。

3. 湖北省农村金融"普惠化"发展（2006 年以来）：2006 年以后湖北省农村金融进入"普惠化"发展阶段。随着新型农村金融机构的设立与发展，金融服务能够到达农村空白区域，中国金融发展更加普惠，金融排斥减少，农村金融规模和效率得到提升，湖北省农村金融体系进一步完善，农村金融发展水平也得到了很大的提升。

村镇银行的建立有效地填补了农村地区金融服务的空白，增加了农村地区的金融支持力度。2006 年以来村镇银行稳健发展，但布点偏少，机构布局集中在县城或较大集镇，偏离农户"仍有一公里"；资金互助社自设立以来负面评价较多，虽然起到了补充农村资金的作用，可以有力地解决农民的融资问题，但也提高了农村金融贷款成本，成为农村高利贷的来源；而小额信贷在农村地区的扶贫事业中发挥了巨大的作用，帮助农村贫困人口改善生活、积极发展生产，但由于较高的贷款利率和资本回收成本，导致小额信贷成效不太显著。

因此，要进一步推动县域经济与金融融合，逐步实现县域农村金融机构和金融服务全覆盖，从金融机构、金融机制和金融服务三个方面来重建县域金融体系，打通金融服务"最后一公里"，并促进农村地区信贷资金的回笼，确保县域所有的存款必须用于本地业务，加强对支农资金组织、贷存比、涉农贷款比例、农村金融产品和服务创新等方面的检查和实施差别化监管；积极运用现代金融手段，通过移动互联网工具的搭建，利用自助银行、电话银行、手机银行和网上银行等电子银行服务体系组成的立体金融服务体系，使农村金融更加深入农村，增加农村金融供给；适当放宽农村金融机构小额信贷放贷要求，在金融机构准入条件、银行授信额度规模、金融机构存款准备金率、贷款利率、信贷产品、贴现水平、资本市场融资条件等方面考虑建立更加倾斜的专项机制安排，进一步加大差异化政策扶持力度，使农村金融服务惠及更多低收入农户；要坚持市场调节为主，以政府引导作为补充。主要通过市场机制转变为新型农村金融机构，鼓励适度竞争，充分发挥政府的指导和监管作用，推动各类农村金融机构实行普惠金融，确保农村金融机构不仅要盈利，还要考虑社会责任。

4. 湖北政策性农业保险发展：湖北地处亚热带季风气候环境和三面环山、中间低平平原的地形地貌条件，农业洪涝灾害、干旱灾害、风雹、低温冷害等多种自然灾害频发，农业生产风险较高。农业自然灾害年际变化较大，有些年份甚至出现极端的自然灾害，受灾成灾率较高。干旱和洪涝灾害是主要的致灾因子，水旱灾害占农业总受灾面积的比重为 80.50%。

中国人民保险公司（中国人民财产保险公司的前身）于 1983 年在湖北省重新开办了农业保险业务；在 1992 年保费收入达到 5004.5 万元的小高峰后，一段时间农业保险业务逐渐萎缩。自 2006 年有财政补贴支持的政策性农业保险实施以来，湖北省农业保险取得了飞速发展：农业保险展业公司逐渐增多，农业保险密度逐年增加；逐渐开办了水稻、能繁母猪、奶牛、油菜、棉花、森林等政策性补贴险种以及地区性特殊险种。湖北省逐渐形成了"政府推动、市场运作、保险公司自办"的特色经营模式，并形成了"枝江模式"等特色发展模式及"潜江小龙虾"特色险种。

政策性农业保险为湖北省农业发展提供了有力保障，但与发达省份比较，湖北省农业保险业务规模和发展深度有明显差距，财政支持力度偏弱、区域市场竞争不够充分、运行效率仍有较大的改善空间。湖北农业保险发展应从加大政府财政支持力度、推动农业保险业务"扩面提标增品"、完善农业保险制度和市场运行机制、适度增强农险市场竞争性等方面推进。

参考文献

孔祥智：《崛起与超越：中国农村改革的过程及机理分析》，中国人民大学出版社 2008 年版。

Lin，Justin Yifu：《制度、技术与中国农业发展》，上海三联书店 1992 年版。

刘锡良：《市场化进程中农村金融改革与发展》，西南财经大学出版社 2008 年版。

柏振忠：《湖北省乡镇综合配套改革的新进展》，《安徽农学通报》2007 年第 10 期。

柏振忠、王红玲：《湖南、湖北两省乡镇综合配套改革差异比较分析》，《乡镇经济》2007 年第 2 期。

鲍友明：《为什么有些地方农民负担减而不轻》，《中国农村经济》1988 年第 6 期。

卜振兴：《我国涉农保险机构经营状况的评价研究——基于超效率 DEAP-CA 的双重评价模型》，《中央财经大学学报》2014 年第 11 期。

蔡洪滨：《农业保险和经济发展——来自随机自然实验的证据》，《上海经济》2010 年第 7 期。

蔡农：《实行折征代金是农业税征收工作的重要改革》，《农村财政与财务》1985 年第 6 期。

蔡洋萍：《湘鄂豫中部三省农村普惠金融发展评价分析》，《农业技术经济》2015 年第 2 期。

曹卫芳：《农业保险与农业现代化的互动机制分析》，《宏观经济研究》2013 年第 3 期。

曹协和：《农业经济增长与农村金融发展关系分析》，《农业经济问题》2008 年第 11 期。

曹永华：《对深化农村金融体制改革的思考》，《湖北农村金融研究》2000
　　年第 3 期。

陈朝霞：《贫困地区金融支持扶贫开发模式研究——基于湖南麻阳模式的
　　思考》，《经营者》2016 年第 15 期。

陈池波、潘泽江、杜辉：《湖北现代农业投资的优先序与政策调整——基
　　于农户意愿的视角》，《中南财经政法大学学报》2009 年第 6 期。

陈莉莉、李灯强、蔡红英：《湖北财政运行状况比较分析及政策建议》，《决
　　策与信息》2017 年第 10 期。

陈萍：《农村税费改革与乡镇财政体制改革研究——以辽宁为例》，《社会
　　科学辑刊》2004 年第 5 期。

陈锡文：《农村资源配置与农村经济的作用不协调》，《经济研究参考》
　　2004 年第 23 期。

陈锡文：《资源配置与中国农村发展》，《中国农村经济》2004 年第 1 期。

陈晓斌、杨雪冰：《积极消化乡村债务确保税费改革成功》，《农村财政与
　　财务》2002 年第 7 期。

陈亚丽：《浅析湖北省农村金融发展存在的问题及对策》，《山西农经》
　　2017 年第 11 期。

程乐成、杨代发：《财政部门扶持粮食生产的经验》，《武汉财会》1990
　　年第 7 期。

邓坤：《金融扶贫惠农效率评估——以秦巴山区巴中市为例》，《农村经
　　济》2015 年第 5 期。

邓学衷、陈天阁：《农村金融改革：以需求为引导的供给调整》，《金融理
　　论与实践》2005 年第 12 期。

邓亚平、高文丽、陶珍生：《构建需求导向型农村金融体系——基于湖北
　　农村金融调查》，《中国金融》2014 年第 10 期。

丁杰：《互联网金融与普惠金融的理论及现实悖论》，《财经科学》2015
　　年第 6 期。

丁志国、谭伶俐、赵晶：《农村金融对减少贫困的作用研究》，《农业经济
　　问题》2011 年第 11 期。

丁志国、张洋、覃朝晖：《中国农村金融发展的路径选择与政策效果》，
　　《农业经济问题》2016 年第 37 卷第 1 期。

董雪梅：《村级负债情况的调查研究》，《农村财政与财务》2000 年第
　8 期。

方普林：《农村金融改革的特殊困难与对策》，《湖北农村金融研究》1994
　年第 8 期。

冯爱林、肖维：《基层普惠金融发展现状、制约因素与对策——以湖北省
　黄石市为例》，《武汉金融》2016 年第 2 期。

冯文丽、杨雪美、薄悦：《基于 Tobit 模型的我国农业保险覆盖率实证分
　析》，《金融与经济》2014 年第 4 期。

付先军、张延寒、张天宾：《金融扶贫模式的调查与思考》，《华北金融》
　2012 年第 2 期。

傅光明：《农村税费改革减人才能减负》，《农村财政与财务》2002 年第
　8 期。

傅家荣、汪利虹、张林：《中部地区农民增收：以湖北为例》，《经济社会
　体制比较》2007 年第 2 期。

"改革和完善县乡财政体制研究" 课题组：《改革和完善县乡财政体制的
　思考》，《经济研究参考》2005 年第 96 期。

高国志：《试析中国粮食经济体制改革的历程、现存问题及继续深化改革
　的思路》，《经济研究参考》1992 年第 Z7 期。

龚霖丹、刘相龙、骆劲颖：《银行精准扶贫效率评价及影响因素研究——
　以福建南平为例》，《金融监管研究》2017 年第 1 期。

郭德焐：《改革开放 30 年来农村金融改革的思考》，《湖北经济学院学报》
　2009 年第 7 卷第 4 期。

郭田勇、丁潇：《普惠金融的国际比较研究——基于银行服务的视角》，
　《国际金融研究》2015 年第 2 期。

何广文：《农村金融改革成效及深化改革路径》，《中国农村金融》2008
　年第 10 期。

侯剑勃：《金融精准扶贫的路径探究》，《经济视野》2017 年第 8 期。

胡三红：《支持解决 "三农" 问题必须推进农村金融体制改革》，《湖北
　农村金融研究》2004 年第 12 期。

胡幼骏、史金发：《坚持三个 "不变" 减轻农民负担》，《农村经营管理》
　1991 年第 7 期。

湖北省蕲春县财政局：《坚持改革精神　搞活支农工作》，《财政》1985
　　年第 10 期。

黄琦、陶建平：《扶贫效率、形态分布与精准优化：秦巴山片区例证》，
　　《改革》2016 年第 5 期。

纪志宏：《农村金融的市场化改革》，《中国金融》2013 年第 15 期。

贾珍华：《建议建立农村田间变动档案台账》，《农村财政与财务》2002
　　年第 2 期。

姜松、曹峥林、王钊：《中国财政金融支农协同效率及其演化规律》，《软
　　科学》2013 年第 2 期。

姜息元：《对减轻农民负担的几点思考》，《财会通讯》1990 年第 10 期。

姜玉中：《农村税费改革要配套进行教育改革》，《农村财政与财务》2001
　　年第 1 期。

姜玉中：《组织起来搞活流通——对安陆市农产品流通协会组织的调查》，
　　《农村财政与财务》2002 年第 5 期。

蒋难：《金融服务网格化打通"最后一公里"》，《金融时报》2015 年 7 月
　　28 日第 6 版。

金鹏辉：《中国农村金融三十年改革发展的内在逻辑——以农村信用合作
　　社改革为例》，《金融研究》2008 年第 10 期。

雷明钊：《丹江口市二十万农民受益于农村教育综合改革》，《湖北教育》
　　（时政新闻）2005 年第 3 期。

李波：《湖北农村信用合作社改革与发展研究》，湖北发展论坛，2006 年。

李军：《农业保险的性质、立法原则及发展思路》，《中国农村经济》1996
　　年第 1 期。

李茂生：《我国农村地区金融扶贫的困境与对策研究》，《财讯》2017 年
　　第 5 期。

李敏：《在农业税征收中应抓紧解决税费不分的问题》，《财政》1990 年
　　第 1 期。

李朋：《基于区域金融创新的农村贫困地区扶贫策略探析》，《农业经济》
　　2014 年第 4 期。

李亚云：《我国农村金融改革的反思》，《经济研究参考》2017 年第 12 期。

李正刚：《农业土地经营权流转的调查和思考》，《农村财政与财务》2002

年第 4 期。

李志平：《自我推进型农村技术进步的模块化设计与政策建议》，《科技进步与对策》2010 年第 11 期。

连耀山：《互联网环境下普惠金融发展研究——以中国邮政储蓄银行金融实践为例》，《中国农业资源与区划》2015 年第 3 期。

梁炜：《监利县全面启动基础教育综合改革》，《湖北教育》（政务宣传）2004 年第 2 期。

凌涛：《探索农村金融改革新思路——也谈我国农村信用合作社体制改革的争论》，《金融研究》2001 年第 7 期。

刘德林、陈道伟、李自俊：《财政部门支持农村服务组织建设的回顾与思考》，《农村财政与财务》2000 年第 4 期。

刘军：《聚焦五点做好收入监管 服务现代财政制度建立》，《财政监督》2014 年第 6 期。

刘庆坤：《增加农业投入确保农业经济持续发展》，《财会月刊》1992 年第 6 期。

刘庆坤、张毓民、胡广龙：《调优结构 舞活龙头》，《湖北财税》1999 年第 11 期。

龙祖坤、杜倩文、周婷：《武陵山区旅游扶贫效率的时间演进与空间分异》，《经济地理》2015 年第 10 期。

吕江文、卢同郦：《乡镇机构改革探索——湖北省改革实践与思考》，《经济研究参考》2008 年第 32 期。

罗向明、张伟、丁继锋：《地区补贴差异、农民决策分化与农业保险福利再分配》，《保险研究》2011 年第 5 期。

马能泽：《农村金融体制改革新思路》，《湖北农村金融研究》1994 年第 1 期。

南漳县财政局课题组：《农村税费改革与财政平衡问题研究》，《湖北财税》2003 年第 20 期。

彭代彦、周郑攀、匡远凤：《农地分配制度不是农地冲突的根本原因——基于湖北和湖南农村问卷调查的实证分析》，《中国人口·资源与环境》2013 年第 8 期。

齐慧：《金融扶贫机制研究——基于内蒙古自治区的视角》，《青海金融》

2017 年第 1 期。

秦俊武：《中部崛起战略下湖北新型农村金融机构发展探讨》，《武汉冶金管理干部学院学报》2009 年第 3 期。

石晓军、郭金龙：《城镇化视野下我国农业保险发展的若干思考》，《保险研究》2013 年第 8 期。

宋坤：《中国农村非正规金融和正规金融的合作模式》，《中南财经政法大学学报》2016 年第 4 期。

苏畅、苏细福：《金融精准扶贫难点及对策研究》，《西南金融》2016 年第 4 期。

孙西克、戴伯勋、敖毅、江国志：《浙江长兴学券制与湖北农村教育改革》，《湖北教育》（政务宣传）2004 年第 3 期。

孙香玉、钟甫宁：《对农业保险补贴的福利经济学分析》，《农业经济问题》2008 年第 2 期。

唐瑾：《基于农业产业化发展视角的农业保险体系构建研究》，《求索》2013 年第 7 期。

唐培林、赵锋：《群众欢迎"省财灶"》，《农村财政与财务》2002 年第 5 期。

田志刚、王延俊、闵绍骞：《坚持改革方向　贯彻党的政策　努力开创财政支农工作新局面》，《武汉财会》1983 年第 3 期。

田志刚、王延俊、闵绍骞：《进一步执行农业税起征点办法　促进穷队尽快改变面貌》，《武汉财会》1983 年第 1 期。

庹国柱、李军：《我国农业保险试验的成就、矛盾及出路》，《金融研究》2003 年第 9 期。

庹国柱：《美国农业保险的变迁与创新》，《金融信息参考》2002 年第 9 期。

汪庆华：《推进农业产业化建设的作法与成效》，《农村财政与财务》1997 年第 8 期。

王春超、李兆能、周家庆：《躁动中的农民流动就业——基于湖北农民工回流调查的实证研究》，《华中师范大学学报》（人文社会科学版）2009 年第 3 期。

王国军：《中国保险业的深层问题与发展战略初论》，《当代财经》2002 年第 6 期。

王华新：《巩固税改成果　探索职能转换》，《财政与发展》2004 年第 12 期。

王辉：《湖北省农村金融市场存在的问题》，《现代营销》（学苑版）2017 年第 4 期。

王甲云、陈诗波：《"以钱养事"农技推广体系改革成效分析——基于湖北江夏、襄阳和曾都三地的实地调研》，《农业经济问题》2013 年第 10 期。

王婧、胡国晖：《中国普惠金融的发展评价及影响因素分析》，《金融论坛》2013 年第 6 期。

王凯伦、李忠夏、苏云龙、韩国霖：《乡统筹实行费改税的建议》，《经济纵横》1992 年第 11 期。

王鸾凤、朱小梅、吴秋实：《农村金融扶贫的困境与对策——以湖北省为例》，《国家行政学院学报》2012 年第 6 期。

王曙光：《农村金融改革 30 年历程与基本经验》，《中国金融》2008 年第 17 期。

王文童：《全面推进财税改革　助力建成战略支点》，《中国财政》2014 年第 7 期。

王晓东：《以提升生财聚财理财水平促推跨越式发展》，《政策》2012 年第 4 期。

王妍：《秦巴山片区金融精准扶贫模式与攻坚路径——基于对陇南市的调查》，《甘肃金融》2015 年第 9 期。

王勇州：《农商银行股权改革方向探析》，《中国农村金融》2016 年第 22 期。

王誉佳：《湖北农村金融市场现状与改革思考》，《现代经济信息》2014 年第 8 期。

王贞琼：《地方财税政策对武汉中小企业的合理力度分析》，《理论月刊》2008 年第 5 期。

吴建勋：《三峡电厂财税政策研究》，《湖北社会科学》2009 年第 9 期。

吴佩邦：《中国农业发展银行改革与发展研究》，《当代经济》2012 年第 11 期。

吴蓉：《欠发达地区社会建设现状及对策——以湖北恩施为例》，《法制博览》2017 年第 30 期。

吴水平：《财政支持农业科技推广应用效果显著巩固》，《武汉财会》1987
　　年第 12 期。

吴鞿：《农村金融生态环境的评估及优化——以湖北省为例》，《农业经济
　　问题》2013 年第 9 期。

吴晓文：《湖北黄冈：推动财税体制改革落地攻坚》，《中国财政》2017
　　年第 16 期。

吴新举、胡顺清：《加强粮食企业财务管理的思考——对宜昌县 23 家粮
　　食企业的调查》，《湖北财税》1997 年第 8 期。

吴钰、蒋新慧：《保险业服务农业现代化有效路径分析》，《保险研究》
　　2013 年第 12 期。

夏康裕：《沿着十二大指引的方向努力开创财政工作的新局面》，《财会月
　　刊》1983 年第 1 期。

向红霞：《实施名牌战略 建设茶叶强县》，《农村财政与财务》2001 年第
　　6 期。

晓风：《利川市发展绿色能源产业》，《可再生能源》2013 年第 31 卷第
　　8 期。

肖祎平、刘新卫、张恒：《基于金融深化与贫困水平动态关系的湖北省扶
　　贫路径探讨》，《武汉金融》2013 年第 6 期。

谢平、徐忠、沈明高：《农村信用合作社改革绩效评价》，《金融研究》
　　2006 年第 1 期。

谢瑞武：《充分发挥政策性农业保险作用　推动都市现代农业加快发
　　展——以成都市政策性农业保险试点为例》，《西南金融》2014 年第
　　11 期。

谢婷婷、郭艳芳：《民族地区金融反贫困效率的时空差异及影响因素研
　　究》，《新疆大学学报》（哲学·人文社会科学汉文版）2016 年第 2 期。

星焱：《普惠金融：一个基本理论框架》，《国际金融研究》2016 年第
　　9 期。

徐忠、程恩江：《利率政策、农村金融机构行为与农村信贷短缺》，《金融
　　研究》2004 年第 12 期。

杨德强：《省以下财政体制改革研究》，财政部财政科学研究所，2011 年。

杨帆、葛炜：《农村税费改革对农业综合开发的影响》，《农村财政与财务》2001 年第 6 期。

杨永州：《适应农村税费改革完善乡镇财政管理》，《农村财政与财务》2001 年第 4 期。

杨羽飞、梁山：《深化农村信用合作社改革若干问题的探讨》，《金融研究》2005 年第 3 期。

姚耀军：《中国农村金融改革绩效评价》，《江苏社会科学》2006 年第 1 期。

叶青：《城市发展与政府理财——以湖北省武汉市为例》，《财政监督》2017 年第 21 期。

叶翔凤：《财政支持家庭农场发展的对策建议——基于湖北、重庆、贵州的调查》，《理论月刊》2015 年第 9 期。

一土：《农村税费改革问答（五）——农村税费改革试点的配套措施》，《新农业》2001 年第 5 期。

佚名：《端正业务指导思想 加快财政改革步伐》，《财务与会计》1984 年第 9 期。

佚名：《各地实施意见中的政策亮点和创新做法》，《中国农垦》2017 年第 11 期。

佚名：《湖北省新能源产业发展建议》，《世纪行》2014 年第 4 期。

佚名：《在改革中前进的岳口财管所》，《中国财政》1984 年第 12 期。

尹晨、金川、沈政达：《中国农村金融改革和金融深化再解析》，《思想战线》2012 年第 3 期。

尹洁、徐静：《农村金融改革浅析》，《湖北农村金融研究》2007 年第 10 期。

尤明立：《南漳县东巩镇拓展市场兴产业点滴谈》，《农村财政与财务》2000 年第 3 期。

余凌：《财政支农对湖北农业发展贡献的实证分析》，《农业技术经济》2012 年第 9 期。

俞雅乖：《政策性农业保险的补贴政策及绩效——浙江省"共保体"的实践》，《湖南农业大学学报》（社会科学版）2008 年第 5 期。

袁逸峰：《降低农业成本增强农业竞争力——在 WTO 的框架内政府对农业的保护和支持》，《农村财政与财务》2001 年第 8 期。

曾凡新、马学雷:《农业税征管工作中的问题和对策》,《财政》1993 年第 3 期。

战勇、吴慕林:《农产品价格波动探源》,《党校论坛》1989 年第 7 期。

张灿民、马国林:《合理组织资金流动,促进农村产业结构的调整》,《福建论坛》(经济社会版) 1985 年第 1 期。

张根国、郭跃、姜小俊:《综合开发注重改善农业基本条件》,《农村财政与财务》2001 年第 4 期。

张鸣鹤、欧洋:《论家庭联产承包经营》,《中南财经政法大学学报》1983 年第 3 期。

张万兴、郭晓梅:《基于 VAR 模型的农村金融深化对农村居民消费的影响——以湖北省为例》,《金融理论与实践》2016 年第 8 期。

张伟、罗向明、郭颂平:《民族地区农业保险补贴政策评价与补贴模式优化——基于反贫困视角》,《中央财经大学学报》2014 年第 8 期。

张小鹳、付英、马燕玲:《农村扶贫开发动态评价指标体系构建研究——以兰州市为例》,《浙江农业学报》2014 年第 1 期。

张晓冰:《从"教育券"的推行到"委托管理"学校——湖北省监利县教育改革的回顾与启示》,《学校党建与思想教育》2009 年第 21 期。

张晓丹、胡家包:《落实政策减轻农民负担》,《农村经营管理》1991 年第 6 期。

张晓山、何安耐:《关于农村金融体制改革的几点思考》,《农业经济问题》2002 年第 9 期。

张旭光、赵元凤:《农业保险财政补贴效率的评价研究——以内蒙古自治区为例》,《农村经济》2014 年第 5 期。

张元红、李静:《从合作基金会事件看中国农村金融改革与发展》,《中国农村经济》2002 年第 8 期。

张元红:《以市场化取向推进农村金融改革》,《银行家》2003 年第 7 期。

张跃华、史清华、顾海英:《农业保险对农民、国家的福利影响及实证研究——来自上海农业保险的证据》,《制度经济学研究》2006 年第 2 期。

张跃华、史清华、顾海英:《农业保险需求问题的一个理论研究及实证分析》,《数量经济技术经济研究》2007 年第 4 期。

赵武松：《推进湖北"两圈一带"战略规划的财税政策建议》，《财政监督》2011 年第 31 期。

赵重九、汪宏斌、陈绪旺：《宜昌县探索国库集中收付制度》，《农村财政与财务》2000 年第 8 期。

郑家驹、叶少群：《当前农业税的若干问题及改革意见的探讨》，《中央财经大学学报》1985 年第 2 期。

郑军、朱甜甜：《经济效率和社会效率：农业保险财政补贴综合评价》，《金融经济学研究》2014 年第 29 卷第 3 期。

中国人民银行达州市中心支行课题组、肖启义：《新型农村资金互助合作社与农村合作基金会的比较研究》，《西南金融》2017 年第 4 期。

周邦国、龚永勇：《调活体制这根弦　弹响改革协奏曲——保康县完善县乡财政体制推动农村税费改革》，《湖北财税》2002 年第 23 期。

周孟亮、彭雅婷：《我国连片特困地区金融扶贫体系构建研究》，《当代经济管理》2015 年第 37 卷第 4 期。

周民雷：《农民增收缓慢的原因与对策》，《广西农学报》2003 年第 1 期。

周稳海、赵桂玲：《农业保险促进农业生产的区域间比较实证研究——以河北省为例》，《江苏农业科学》2016 年第 1 期。

周稳海、赵桂玲、尹成远：《农业保险发展对农民收入影响的动态研究——基于面板系统 GMM 模型的实证检验》，《保险研究》2014 年第 5 期。

周小川：《关于农村金融改革的几点思路》，《经济学动态》2004 年第 8 期。

朱国祥：《大冶市义务教育面临的困难和问题》，《湖北教育》（政务宣传）2004 年第 1 期。

朱文生：《论粮食价格"双轨制"的局限性和时代性》，《当代财经》1989 年第 3 期。

祝连生：《改革支农资金管理　促进商品经济发展》，《武汉财会》1985 年第 11 期。

祝连生：《支持乡镇企业发展　发挥城郊优势》，《武汉财会》1987 年第 1 期。

《着力打通农村金融"最后一公里"——湖北省农村合作金融创新试点工

作回顾》，《中国农民合作社》2016 年第 6 期。

左月华、王丹：《县域视角下的农村金融创新综合评价与分析——以湖北省为例》，《征信》2017 年第 1 期。

Ahsan S. M. , Ali A. A. G. , Kurian N. J. , "Toward a Theory of Agricultural Insurance", *American Journal of Agricultural Economics*, 1982, 64 （3）：510 – 529.

Angelucci M. , Karlan D. S. , Zinman J. , "Microcredit Impacts：Evidence from a Randomized Microcredit Program Placement Experiment by Compartamos Banco", *Social Science Electronic Publishing*, 2014, volume 7 （5）：xxxvii – xlv.

Chambers R. G. , Quiggin J. , "Optimal Producer Behavior in the Presence of Area-yield Crop Insurance", *American Journal of Agricultural Economics*, 2002, 84 （2）：320 – 334.

Dupas P. , Robinson J. , "Savings Constraints and Microenterprise Development：Evidence from a Field Experiment in Kenya", *American Economic Journal Applied Economics*, 2013, 5 （1）：163 – 192.

Glauber. J. W. & Keith J. Colins, "Crop Insurance, Disaster Assistance, and the Role of the Federal Government in Providing Catastrophic Risk Protection", *Agricultural Finance Review*, Fall 2002：82.

Jack W. , Suri T. , "Risk Sharing and Transactions Costs：Evidence from Kenya's Mobile Money Revolution", *American Economic Review*, 2014, 104 （1）：183 – 223.

Jalilian H. , Kirkpatrick C. , "Financial Development and Poverty Reduction in Developing Countries", *International Journal of Finance & Economics*, 2002, 7 （2）：97 – 108.

Karlan D. , Zinman J. , "Expanding Credit Access：Using Randomized Supply Decisions to Estimate the Impacts", *Review of Financial Studies*, 2010, 23 （1）：433 – 464.

Plümper T. , Troeger V. E. , "Efficient Estimation of Time-Invariant and Rarely Changing Variables in Finite Sample Panel Analyses with Unit Fixed Effects", *Political Analysis*, 2007, 15 （2）：124 – 139.

Zinman J. , "DP9506 Win Some Lose Some? Evidence from a Randomized Microcredit Program Placement Experiment by Compartamos Banco", *Washington D*, 2013, 7 (1) .

后　记

从 1978 年以来，我国改革开放至今已有 40 年。这 40 年来，伴随着中国的市场经济体制改革发展，农村财税体制经历了从统收统支到"分灶吃饭"再到分税制，从统购统派到农产品双轨制流通，从"三提五统"到农业税费改革再到农业支持保护，公共财政等一系列重大改革措施；农村金融体制从正规金融到民间金融再到市场化、普惠化改革发展，农业保险从恢复到探索发展，政策性农业保险发展迅猛，有效缓解了农业生产风险。

在以上背景下，湖北农村财税与金融领域经历重大变革，农业农村发展成就显著，农民持续增收。改革开放 40 年来，湖北农村财税和金融体制改革是如何进行的？对农村经济、农业发展和农民生活产生了哪些影响？积累了哪些经验？这 40 年来湖北农村财税和金融体制改革体现了怎样的演变规律？

本书力求对以上问题做出解答。全书分为三大部分内容：第一部分是湖北农村财税体制改革及其经验；第二部分是湖北农村金融体制改革及其经验；第三部分是改革开放 40 年来湖北农村财税与金融体制改革演变规律与前景展望。

本书第一章到第五章是财税体制改革的内容，根据湖北农村财税体制改革进程，划分为改革初始阶段（1978—1984 年）、改革推进阶段（1985—1993 年）、改革深化阶段（1994—2001 年）、转型时期（2002—2005 年）以及强农时期（2006 年至今）五个阶段，共五章内容。

在改革初始阶段，湖北省实行的以"划分收支，分级包干"为主要内容的财政体制改革，在保证中央财政收入的前提下，增强了地方财力和自主权，由原来中央和地方"一灶吃饭"改为"分灶吃饭"，由过去的条条管理改为块块管理，有利于加强地方责、权、利的紧密结合，调动了地方的积极性，使之能统筹安排农村事业发展，使农业持续快速发展，基础地位进一步加强。尽管中国的家庭联产承包责任制还不够完善，农业其他领域的改革也只是刚起步，但打破传统人民公社体制的制度改革，仍极大地刺激了农民生产投资的积极性；且湖北省始终重视农业发展不放松，湖北省农业生产条件、农林牧渔业总产值、农业结构、农产品产量、农村居民生活水平较之 1978 年都取得了显著成就，释放出极大的制度红利。

在改革推进时期，"双轨制"下粮食定购任务加重了农民负担，一定程度造成粮食生产持续徘徊。这一时期湖北农业税收额总体上升，各相关税种恢复或新增，加上逐步成型的"三提五统"收费政策，农民负担较改革初期有所加重，出现部分农民弃耕转而外出务工的现象。另外，从财政对农业的支持来看，支农支出总额增加，推动了乡镇企业发展，农业产业结构更加均衡，农业生产条件得到一定程度改善。

在改革深化时期，分税制改革提高了中央财政的收入比例，改变了地方政府的创收行为，弱化基层财力。在农资价格不断上涨、农产品市场价格波动下降中，小规模经营的家庭农户增长更加缓慢，农业增收步履维艰；分税制中转移支付制度的不完善，县乡村级公共事务的负担都转移到农户身上，极大地加重了农民负担，激化了农村社会矛盾。

在转型时期，对农业的汲取逐步过渡到减免和补贴，重点取消了乡统筹费、农村教育集资等面向农民征收的费用和集资，以及屠宰税和统一规定的劳动工，调整农业税和农业特产税政策，改革村提留形式，即"三个取消，两个调整，一项改革"，乡镇机构改革、农村财政管理体制改革、农村义务教育管理体制改革等同步实施。一系列改革举措使得这一时期乡镇机构及人员大幅度精简，农村分配关系得到规范，政府财政负担也大大减轻，尤其是农村义务教育投入从以乡为主转变为以县为主，缓解了农村义务教育经费紧张的状况，优化了教育资源在全社会的配置。

在强农时期，湖北全面取消农业税费，农业补贴从价格支持逐步转向收入支持为主，即由原来在流通环节通过保护价方式对农民提供的补贴改为以一定方式和标准直接向农民提供补贴，设置农业农村发展专项资金发展现代农业，夯实农业生产发展基础，农业科技创新、农业综合开发、精准扶贫等项目稳步推进。

本书第六章到第九章是金融体制改革的内容，根据湖北农村金融体制改革进程，划分为改革开放初期（1978—1993 年）、金融的"市场化"发展（1994—2005 年）、"普惠化"发展（2006 年以来）三大改革发展阶段，并同时对改革开放 40 年湖北农业保险发展进行了全面的回顾和经验总结。

在改革开放初期，随着农村经济发展，农村地区内部对资金的需求日益增强，湖北农业银行逐步商业化、农村信用合作化趋势显著、农村民间信用向规范化方向转变，确立了农业银行的主导地位和农村信用合作社的基础地位，民间金融组织作为农村金融体系的补充。这一时期的改革遵循诱导性与强制性相结合的制度变迁方式，实现农村金融制度供给与需求的相对平衡，农村金融组织产权得到明晰，逐步建立起适应农村经济发展的多元化产权结构农村金融组织。

在农村金融"市场化"发展时期，湖北农村金融体制改革分为两个阶段：一是 1994—1996 年分工合作的农村金融体系框架构筑阶段，湖北农村金融机构逐渐从单一和无序转向多元化改革发展，形成为农业和农村经济提供及时有效服务的金融体系。二是 1997—2005 年农村信用合作社主体地位的形成和农村金融改革的深化阶段，加快了农村信用合作社的信贷管理体制和产权制度改革，使得农村信用合作社真正成为自主经营、自我约束、自主发展、风险自负的市场主体。

在农村金融"普惠化"发展时期，湖北村镇银行、小额信贷稳健发展，金融排斥减少，从金融机构、金融机制和金融服务三个方面来打造县域金融体系，打通金融服务"最后一公里"；充分运用现代金融手段，通过移动互联网工具的搭建，利用自助银行、电话银行、手机银行和网上银行等电子银行服务体系组成的立体金融服务体系，使农村金融更加深入农村，增加农村金融供给，农村金融规模和效率得到提升，农村金融体系进一步完善，农村金融发展水平也得到了很大的提升。

本书第九章是改革开放 40 年湖北农村保险领域的改革发展。湖北地处亚热带季风性湿润气候，三面环山、中间低平平原，农业洪涝灾害、干旱灾害、风雹、低温冷害等多种自然灾害频发，农业生产风险较高。自 2006 年政策性农业保险实施以来，湖北农业保险展业公司逐渐增多，农业保险密度逐年增加，逐渐开办了水稻、能繁母猪、奶牛、油菜、棉花、森林等政策性补贴险种以及地区性特殊险种，为湖北省农业发展提供了有效的保障。

本书第十章是改革开放 40 年湖北农村财税与金融体制改革的演变规律与发展展望。本章旨在通过对湖北农业财税和农村金融体制改革的政策演变、政策效果分析、问题与经验总结的分析，总结湖北农村财税金融领域可供推广借鉴的经验和路径。

在本书编写过程中，课题研究组在湖北省档案馆、湖北省统计局查阅了大量的历史资料，对多位改革亲历者进行深度采访，并重点调研了湖北省各级财政部门、税务部门、金融部门，以及中国人保财险湖北分公司、湖北多家小额贷款公司、村镇银行等，以真实还原改革开放 40 年来湖北农村财税与金融领域改革的创新举措、改革经验，并科学评估改革效果，在此对他们的支持和帮助表示感谢！

课题组同时感谢湖北省社会科学院对本书研究的资助。感谢中国社会科学出版社及其相关编辑为本书的出版提供的帮助。感谢湖北省社会科学院宋亚平院长和多位评审人为本书初稿提出的建议和意见。感谢华中农业大学经济管理学院在本书撰写过程中提供的良好软硬件支撑。

本书的研究由华中农业大学农村金融研究团队完成。陶建平、杨芷晴统筹提纲、编写要求和修改稿、定稿，具体研究分析和编写分工如下：第一章刘苇、杨芷晴；第二章何敏、杨芷晴；第三章刘苇、杨芷晴；第四章何敏、杨芷晴；第五章易岚、杨芷晴；第六章代宁、陶建平；第七章齐乐、陶建平；第八章宋婷、马驰、陶建平；第九章谭偲凤、蔡勋、甘琪、贺娟；第十章陶建平。

陶建平

2018 年 7 月初于武汉南湖